슈퍼배터리와
전기자동차 이야기

슈퍼배터리와
전기자동차
이야기

세트 플레처 지음 | **한원철** 옮김

BM (주)도서출판 **성안당**

역자
서문

진부한 표현이지만 기업의 큰 수익원이 되는 캐시 카우(cash cow)를 이야기할 때 사람의 신체에 비유하여 머리(두뇌)는 반도체 사업, 얼굴은 디스플레이, 심장은 전지사업에 비유하곤 하였다. 이들 사업군들은 과거 모두 일본이 세계 시장의 왕좌로 군림했었는데 메모리 반도체의 경우 일본의 도시바, 히타치, NEC에서 현재는 삼성전자, SK하이닉스로 그 선두가 바뀌었고, 디스플레이(특히 LCD)의 경우 일본 샤프에서 LG 디스플레이, 삼성 디스플레이로, 그리고 리튬 이온 전지의 경우는 Panasonic(구 Sanyo), SONY에서 삼성SDI와 LG화학으로 그 선두 그룹이 모두 한국 기업으로 바뀌었다.

이 중 전지사업과 관련하여 이와 직·간접적으로 연계된 모든 분야의 엔지니어, 과학자, 이공학도들 뿐만 아니라 일반인들 중에도 '전기자동차'라는 화두는 한 번쯤은 생각해 봄직한 가슴 벅찬 로망이다. 하지만 사실, 전기자동차(전기차)는 새로운 개념의 전지가 나올 때마다 세상 사람들이 제일 먼저 적용을 고려한 대상이었다. 이 책에도 나와 있듯이 19세기 말에는 전기차가 석유자원에 기초한 가솔린 엔진차와 지금보다 동등 수준으로 도로를 다니고 있었고, 이후 GE의 창업자이기도 한 발명왕 에디슨이 당시로서는 획기적인 에너지 밀도의 니켈 철 전지를 발명하고 전기차에 적용하였으며, 리튬 자원을 이용한 배터리를 최초로 생각한 세계 최대 기업 엑슨 또한-오늘날로 말하자면 스타트업과 같은 엑슨 엔터프라이시스의 전지사업 부문을 통한 첫 번째 적용은 시계이었지만-전기차 적용에 대한 생각은 자연적인 발로였다. 리튬 이온 전지 등 이차 전지를 탑재한 전기차와는 상이하나 2000년 전후 무렵에도 캐나다의 Ballad 사를 필두로 연료 전지 자동차에 대한 이야기는 무르익어 벤츠, 도요타, 혼다, GM 등도 적극적인 행보를 보였으나 결국 현실화되지 않았다.-최근 도요타가 다시 수소 전지(수소 연료 전지)를 탑재한 미라이(미래라는 의미의 일본어)를 미국 테슬라의 순수 전기차보다 한화로 2,000만 원 정도 저렴한 6,000만 원 수준으로 출시하였으나, 이 기술이 안고 있는 고가의 백금전극 사용과 세상에서 제일 작은 원소인 수소를 공급, 저장할 인프라 문제에 대한 솔루션을 제시할 수 있는지 역자로서는 의문이다. - 이 책에서 많이 등장하는 GM 역시도 전기차에 대한 고민에서 연료 전지차를 배제하고 있으나 그렇다고 리튬 이온 전지를 탑재한 전기차가 현재의 석유 자원을 근간으로 한 산업생태계를 단번에 뒤집고 차량의 주동력원이 되기에는 차량의 항속거리 등의 단점이 있다.

하지만 생각해보면 100% 완벽한 신기술이 새로운 시장을 창출한다기 보다는 필요 또는 수요에 의해 기존 기술이 최적화되거나 개선이 되는 경우가 보다 일반적이며, 기존 시장의 주도권을 가지고 이미 많은 수익을 얻고 있는 기업들은 시장의 환경변화 또는 새판짜기의 당

위성이 부족할 수밖에 없다. 1990년대 초 리튬 이온 전지는 기성의 전지업체가 아닌, 전자업체 SONY가 자신이 만든 VAIO 노트PC, 핸디캠이라는 휴대용 비디오 카메라 등에서의 수요처를 생각하고 세상에 모습을 보인 것이다. 그러한 점에서 전기차라는 화두를 생각할 때 애플 컴퓨터로부터 i-pod, 최근의 스마트폰까지 새로운 제품들을 세상에 능숙하게 론칭(launching)한 애플 사의 움직임과 스마트폰에 대한 애플의 경쟁축인 구글 또한 무인 전기차에 대한 개발을 진행하고 있다는 소식은 이 책에서 기술하고 있는 GM(전지 팩 사업 전개 및 이를 전기차의 핵심 경쟁력으로 가져 가고 있음을 시사), 닛산 등과 이외의 유럽 기성 자동차업계의 전기차에 대한 진입 움직임과는 또 다른, 엔진차에서 전기차로의 시장 변화 가능성의 조짐이라고 여겨진다.

사실 이러한 모든 움직임이 석유를 근간으로 한 서구사회를 중심으로 이야기되어 온 것이고, 기후변화에 대한 식상한 우려 목소리와 미국과 유럽의 배기가스 규제가 이전과 같이 언젠가는 사라질 이야기라고 치부되더라도 또 한 가지 언급하지 않을 수 없는 점은 시장환경의 변화로 세계의 공장이며 거대 시장인 중국의 전기차에 대한 움직임에 있다. 버크셔 해서웨이의 워렌 버핏이 대주주로 있는 중국의 전기차업체 BYD는 2015년 세계 전기차 시장 1위를 목표로 하고 있는데, 이러한 배경에는 중국 정부가 2009~2012년까지 전기차 세계 1위 달성을 선언했던 것과 맥락을 같이 한다 하겠다. 중국이 미국과 보다 대등한 G2 또는 세계 1위 국가가 되기 위한 방향에서도 기존 시장이 아닌 새로운 시장의 판짜기를 위한 또 다른 산업생태계의 탄생은 필수인 것이다.

이 책은 지금까지 나온 전지 관련 서적과는 달리 이미 세상에 태어난 지 20여 년이 지난 리튬 이온 전지를 중심으로 한 장대한 현대사와 같다. 이 책을 통하여 학술지에서만 접해 봄직한 이 분야의 대가들을 일상에서 만날 수 있고, 전지와 얽힐 수밖에 없는 전기자동차의 과거와 현재 또한 접할 수 있을 뿐만 아니라 최첨단 전지 및 관련 재료연구의 동향, 세계 리튬자원의 상황과 새롭게 태동하는 전기자동차 산업 관련 중심인물들의 생각을 이해하는 계기가 될 수 있을 것이라고 생각한다.

끝으로 십여 년 전과 똑같이 역자의 갑작스런 제의에도 불구하고 출판을 흔쾌히 허락해 주신 이종춘 회장님과 최옥현 상무님, 그리고 사랑하는 부모님과 가족들에게 감사의 마음을 전하고 싶다.

2015년 설날

애플의 타이탄 전기차 프로젝트 소식을 접하며…

차 례

제너럴 모터스(GM)의 콘셉트카 쉐보레 볼트는 의심 많은 사람들에게 PR용 스탠드 플레이로서 근미래적인 스타일과 허풍 같은 연비의 대폭 상향 약속, 친환경적이라는 위신을 쌓아올리기 위한 계획에 지나지 않았다. 어찌되었든 예년의 북미 국제 오토쇼는 딜러의 부지에서 행해지는 판촉 이벤트와 같은 것이 아닌 파리의 패션쇼에 가까웠다. 매년 1월 디트로이트의 코보 홀은 기발한 콘셉트카가 가득 전시된다. '실용화는 앞으로 1년 후'라고 이야기되어 온 지 오래인 수소 연료 전지차의 환상적인 디자인 스터디는 평범한 세단에 유일하게 개성을 가지게 하는 라디에이터 그릴의 형태를 정하는 데 언젠가 그 윤곽이 드러날 지도 모른다. 별로 나쁘지 않다고 생각한다. 자동차 산업이라는 게 자칫 그러한 것이다. 디자이너와 연구설계 담당자가 즐기면서 경영진과 기술진은 기발함을 참작하여, 실제로 팔릴 것 같다고 임원회가 생각하는 것으로 하는 것이다. 자동차 패션쇼의 무대에서 드러난 기술적 진보가 드디어 현실세계에 정말 나타나게 되는 것도 있다. 그러나 2007년 초의 GM은 의심의 눈초리를 받았다. 해머(군사용 차를 베이스로 한 대형 4륜 구동차)의 메이커가 곧바로 전혀 다른 타입의 21세기 차량을 만들겠다고 하니, 어느 정도까지가 진심인지 의심받는 것은 당연하다 하겠다.

볼트를 둘러싼 불신은 부분적으로는 「누가 전기자동차를 죽였는가?」라는 다큐멘터리 영화가 원인이 되었다. 이 영화는 '선댄스 영화제'에서 개봉되어 홀연 열광적인 히트작이 된 작품으로 제너럴 모터스(GM)가 이전 판매했던 'EV1' 전기자동차를 '슬픔에 잠긴' 운전자로부터 가져다 소량의 샘플만을 남기고 모두 사막으로 운반하여 엄중한 경비 상태의 울타리 내에서 부셔버린 장면을, 생각지도 못한 많은 관객이 보고 있었던 것이다. 이 다큐멘터리는 직접적으로는 GM의 음모를 고발한 것은 아니지만 그러한 것이 문제가 아니었다. 젊고 환경 의식이 높은 사람들 사이에서 새로운 사회 통념이 하나 탄생하게 된 것이다. 미국 기업 GM이 또 다른 석유회사와 결탁하여 눈앞의 위협인 전기차를 이 나라에서 배제시켜 버렸다는 것이다.

그러나 실제로는 오토쇼 날까지 GM은 지금까지의 콘셉트카와 비교하면, 훨씬 양산 시점을 의식한 볼트에 열중하고 있었다. 그것은 쉬운 것이 아니었지만 제품개발 담당부장인 밥 라츠는 볼트의 제작에 성실하게 임하겠다는 확약을 상사로부터 받고 있었다. 볼트는 달 로켓 발사 정도의 획기적인 일이었다. 그것은 매우 새로운 타입의 차이고, 아직까지 만들어진 어떤 전기자동차보다 새로운 의미가 있는 실용적인 차였다. 직렬 하이브리드 전달 메커니즘 즉, 가솔린 동력의 발전기로 백업되는 배터리 구동의 주행 모터에 의해 볼트는 시가지에서는 거의 가솔린을 사용하지 않는다. 그러나 가솔린을 구매하는 것을 싫어하지 않는다면 이 차로 전국을 일주하는 것도 가능하다. 그리고 볼트의 동력 메커니즘은 얼마든지 다른 차로 이식 가능한 것이다.

볼트는(적어도 볼트의 사상은) 극히 유망한 것이어서 일부의 GM 비판자, 특히 「누가 전기자동차를 죽였는가?」의 지지자 중 일부까지도 신중하기는 하지만 받아들여졌다. 이번에는 GM이 정말일지 모른다는 조짐이 있었다. GM이 전기차 제조에 복귀할지도 모른다는 소문은 수개월에 걸쳐 떠돌았다. 「누가 전기자동차를 죽였는가?」는 라츠의 마음을 움직이게 했다. 더욱이 동요가 컸던 것은 새롭고 패셔너블한 하이브리드차 시장에서 GM이 도요타의 프리우스에게 우위를 내어주었다는 것은 통한의 실수라고 밥 라츠는 생각하게 된 것이다. 프리우스의 위세는 2006년 도요타가 만든 승용차와 트럭 모두를 조명하게 하는 계기가 되었다. 프리우스는 GM을 제치고 세계 최대의 자동차 메이커가 되고자 한 도요타에게 있어 궁극적인 이미지 상승효과를 주었다. 그리고 테슬라 모터스와 그의 매력적인 로드스타의 출현에 드디어 밥 라츠는 굴복했다.

어떤 의미에서는 회의파가 맞았다. 쉐보레 볼트는 분명히 이미지업을 위한 것이었다. 이 차는 흡사 비밀 프로젝트처럼 설계되어, 파산하여 이익이 줄고만 있는 GM의 평가를 다시 높이도록 판매된 라츠의 작품이었다. 라츠는 설계진에게 이 차를 박람회 등에서 널리 알릴 것과 어디까지나 전기차로서 수소 연료 전지차가 아닐 것(이 연구를 위해 2006년까지 GM은 적어도 10억 달러를 쏟아부었다.) 이외에는 거의 간섭을 하지 않았다. 설계진이 만든 견본차는 22세기의 카마로와 같은 멋진 것이 되었다. 공개일에 파란색 무대 조명 아래에서 빛나는 미래 자동차 옆에 서있는 밥 라츠는 득의의 미소를 짓고 있는 것처럼 보였다.

볼트 발표에 맞추어 GM의 수뇌부는 중요한 실현기술 즉, 리튬 이온 전지로 인해 전기차의 시대가 드디어 도래했다고 주장했다. 이것은 휴대전화의 경이적 소형화 실현에 쓰인 것과 같은 기술이었다. 이 전지는 EV1을 작동시킨 납축전지 절반의 무게로, 3배의 에너지를 가진다. EV1의 실패를 오게 한 것은 바로 납축전지라고 할 수 있다. 무겁고 비효율적인 납축전지(EV1의 생산이 시작된 1996년 입수 가능한 것 중에는 최고였지만⋯.)는 부피가 상당히 크고, 차량 뒷좌석에 수납이 어려우며 수명이 짧고, 항속거리는 150km 정도로 한정되어 배터리 수명이 다하면 이후 라츠가 말한 것처럼 '완전히 두손을 듦'이라는 것이 회사의 의견이었다. 이것이 EV1의 실패 이유라고 GM은 주장했다. 어차피 납축전지는 자동차 동력원으로는 불충분한 것이었다. 그러나 리튬 이온 전지는 모든 것을 바꾸었다. 그것은 소형 경량의 패키지에 충분한 에너지를 저장하는 것이 가능했다. 이로 인해 4인승 전기차가 적당한 가격에 판매될 가능성이 보이기 시작했다.

그러나 중대 경고가 하나 있었다. 이 전지는 미완성이라는 것이다. 랩톱 컴퓨터나 휴대전화에 사용되는 타입의 리튬 이온 전지는 자동차 용도로는 부적합하다고 전문가들은 지적한다. 안전성·출력·내구성을 생각할 때 전기자동차에 혹사시키기에 적합하지 않다는 것이다. 하지만 그러한 상황도 곧 바뀌어질 것이다. 세계의 많은 전자기업,

벤처기업, 국립 연구소, 대학 연구소의 과학자가 리튬을 베이스로 한 새로운 전지를 개발하여 그것이 볼트의 실현을 가능케 할 힘을 간직하고 있다. 전지만 준비되면 차도 준비된다.

GM은 한 번 더 전기차의 실패를 전지 탓으로 돌리고 있다고 많은 사람들은 생각하고 있었다. 낙천적인 사람마저도 '다시 속는 것이 아닌가?'라고 생각하고 있었다. 이 새로운 배터리 기술은 유망하고 또 볼트의 혼합형 파워 트레인 기술은 전기차의 일반적인 장애인 항속거리 문제를 해결하고 있다. 그 어떤 것도 GM이 이 차를 실제로 양산하지 않고 선전에만 그치도록 방해하는 것은 없었다. 기회가 온 것이었다. 이후 2~3년간 일들이 옳고, 명확하게 이루어진다면 전기차의 시대가 드디어 도래할지도 모른다.

볼트의 발표로부터 3년 후 필자는 볼리비아의 황량한 고원 알티프라노의 한 구석에 있었다. 초콜릿 색깔 진흙에 바닐라 시럽으로 졸인 과자 같은 풍경이 아득한 저편으로 끝없이 이어지고 있었다. 이것이 우유니 염호(소금 호수)이다. 세계 최대의 소금 평원으로, 계산에 따르면 세계에서 용이하게 채굴 가능한 리튬의 절반이 매장되어 있다고 한다. 눈 아래에는 볼리비아 정부의 리튬 생산 파일럿 공장 건설 현장이다. 허술한 판잣집 취락과 벽돌, 목재로 만든 구조물로 이루어진 그것들은 전세계의 주목을 받아 볼리비아 국내에서 여러 가지 혼란을 일으켰다. 한국 정부와 일본, 프랑스의 기업 대표가 이 나라를 방문하고 석유 이후의 미래를 위해서 볼리비아의 풍부한 리튬을 확보하려고 했지만 모두 성사되지 않았다. 볼리비아 대통령 에보 모랄레스

(아이마라 원주민 출신의 사회주의운동당 당수로서, 코카 농가조합의 전 대표)는 외국인이 볼리비아의 리튬을 훔쳐가지 못하도록 정부가 독자 개발하겠다고 선언했다. 이 파일럿 공장은 국영으로 리튬 산업을 구축하기 위한 제일보인 것이다.

석유의 가격과 수입에 대한 불안, 점점 부정하기 어려워지고 있는 기후변화와 이와 동반된 탄소 배출규제 전망, 자원확보에 목말라 하는 중국과 인도의 대두, 디트로이트 자동차사업의 쇠퇴와 부활, 미국 정치의 극적 재편, 대공황 이후 최대의 금융파탄과 그 위기가 가능하게 된 듯한 미국 경제의 개혁 변화, 이러한 상황들이 기묘하게 엮여서 2010년까지 대부분의 주요 자동차 메이커가 전기자동차 개발에 다소라도 투자를 발표하게 되었다. 이러한 상황은 미래의 자동차에 반드시 필요한 전지의 공급을 급증시켰다. 이 때문에 세상에서 가장 진보된 전지의 원료가 되는 원소인 리튬의 공급원에 대한 확보를 둘러싸고 세계적인 경쟁이 시작되었다. 이 모든 것이 놀랄 만큼 빠른 속도로 일어났다. 그것을 지켜 보는 이에게 눈을 뗄 수 없게 만들고 관계자에게 있어서는 때로는 자극적이고, 때로는 가혹한 것이었다. 그리고 소수의 승자와 살아 남은 자들이 기회를 잡게 된 것이다. 그러나 이러한 사건들에 대하여 과거형으로 말할 수 있는 것은 한정되어 있다. 진정한 대변혁은 이제 막 시작된 것이다.

제1장

>> 전기 공학자

🔋 전기의 발견

19세기 초 전지가 발명될 때까지 우리들이 오늘날 아는 것 같은(인간의 뜻대로 되는 전자의 흐름으로서의) 전기는 존재하지 않았다. 전기는 기묘하며 신비로웠다. 유리판에 모피를 문지르기만 해도 전기가 생기는가 하면 종잡을 수 없는 힘의 영역으로 전혀 사용할 수도 없고 무엇하나 제대로 알 수 없었다. 인류가 전지(電池)라고 하는 확실한 전원을 얻고 나서야 전기지식이 크게 변화하기 시작했다.

현재 정전기(靜電氣)라고 불리는 것은 기원전 600년쯤부터 알려져 왔다. 그리스의 철학자 탈레스는 호박(琥珀)의 기묘한 성질에 대해 의문을 가지게 되었다. 호박(그리스어로 일렉트론이라고 불린다.)을 모포로 문지르면 무엇인가 눈에 보이지 않는 작용에 의해 깃털을 잡아 당기는 것이다. 그리스인은 이미 미안델 강가 마그네시아 근처에서 채취되는 철 성분을 가진 돌이 자력(磁力)을 가진 것을 알고 있었고, 이것은 호박의 그 현상과 닮아 있었다. 하지만 인류가 이 2가지의 힘에 대하여 상당한 깊이의 이해를 가지는 데에는 탈레스 이후 2,000년 이상의 시간이 필요했다. 17세기 초 영국여왕 엘리자베스 1세의 주치의 윌리엄 길버트(William Girbert)는 다양한 소재가 마찰에 의해 호박과 같이 대전되는 것을 발견했다. 길버트는 호박을 의미하는 그리스어로부터 '일렉트리서티(electricity : 전기)'라는 단어를 만들어 그가 '일렉트리컬 어프루비아(호박의 磁氣素)'라고 부르던 힘에 이름을 부여했다. 그러나 그 이후 무엇보다 실험을 위한 전기를 저장할 적당한 방법이 없어서 1세기 반 동안 '전기학'에 있어 커다란 진보는 없었다.

거기에 등장한 것이 라이덴병이었다. 1740년대 벨기에의 도시 라이덴에서 발명된 이것은 문자 그대로 전기를 저장하는 병이다. 병의 안팎을 금속으로 코팅하고 물을 채운 후 뚜껑으로부터 드리운 연결부를 통해서 정전기 발생장치로 충전하는 것이다. 지금은 라이덴병이 한쌍의 도체 사이에 전하를 저장하는 콘덴서인 것을 알고 있다. 한 병 또는 직렬로 접속된 여러 병의 라이덴병은 상당량의 전하를 저장할 수 있었다. 1750년 크리스마스 무렵 벤저민 프랭클린(Benjamin Franklin : 18세기 미국의 정치가, 과학자, 발명가)은 크리스마스용 칠면조를 다루기 위해 저장해 둔 전기를 무심코 건드리는 바람에 감전을 경험하였다. 프랭클린은 그 당시의 상황을 '엄청난 충격'이 몸의 내부를 자극해서 '양팔과 머리 뒷부분에 전율이 남고 다음날 아침까지 계속되다 없어졌다.' 라고 표현하고 있다. 하지만 라이덴병은 이와 같이 순간적인 충격으로서, 밖에 전하를 방출할 수밖에 없는 것이기에 실용성에 한계가 있었다. 이 때문에 과학자(자칭 전기공학자라고 하는 경우가 많다.)가 할 수 있는 실험은 한정되어 18세기 후반까지 전기 본연의 성질은 수수께끼였다. 1752년 프랭클린이 유명한 연 실험을 하여 마찰에 의해 생기는 전기는 번개와 동일한 것이라고 결론을 내린 것은 비약적인 진보였다. 그러나 그 동일한 힘이란 무엇인지 아무도 알지 못했다.[1]

갈바니와 볼타

전지(電池)에 대한 이 의문은 두 명의 이탈리아 과학자의 논쟁 중에 우연히 만들어진 것이었다.[2] 한쪽은(청 코너는) 볼로냐 대학 내과의 루이지 갈바니(Luigi Galbani)로, 갈바니는 해부한 개구리의 대퇴부 신경에 메스를 접촉시키자 살아있는 것처럼 다리가 움직이는 것을 발견하였다. 모든 생물의 근육에는 전기를 띤 유체 즉, 뇌에서 발전되는 원동력으로서 전신에 보내지는 '내재하는 전기'가 흐르고 있다고 갈바니는 믿게 되었다.

나머지 한쪽은(홍 코너는) 파비아 대학 물리학과 교수 알레산드로 볼타(Alessandro Volta)이다. 장년의 볼타는 아직까지 마술이라고 여겨지던 현상을 주의깊게 연구하여 미신을 없앨 종합적 연구에 관심을 가지고 있었다. 정신과 혼이라는 개념에 대해서 파고들었던 볼타는 갈바니의 이론을 '의지'와 신체의 작용을 설명 가능한 이론으로서, 한때는 받아들였다. 하지만 얼마 지나지 않아 전기기기를 이용한 실험에 의해 동물전기라는 것은 없고, 전기는 서로 다른 금속의 접속에 의해 발생하는 것이라고 볼타는 확신했다. 육체로부터 분리된 개구리 다리가 전기에 의해 움직이는 것은 인간의 혀와 같이(볼타는 혀로 핥아서 전기를 확인했다.) 그것이 도체이기 때문이다.

갈바니와 볼타는 전기의 본질을 둘러싸고, 1792년부터 몇 년에 걸쳐서 편지와 저술을 통해 서로 대결하였다. 1797년 결정적인 순간이

다가왔다. 이 해에 갈바니는 볼타의 금속전기 이론을 깨어부수는 것을 주안으로 하는 장문의 저술을 출판하였다. 볼타에 있어서 갈바니의 의견에 대항하는 것은 용이하였다. 단, 한 가지 갈바니가 믿고 있는 것을 모두 증명할 수 있는 자연의 예외 법칙, 전기 가오리에 관한 것을 제외하고는 말이다. 전기 가오리는 하등한 가오리의 한 종으로, 인간을 죽일 수 있을 만큼의 전기 쇼크를 발생시킬 수 있는 내부기관을 가지고 있었다. 이것은 갈바니의 생각을 설명하기에 아주 적합했다. 어떤 전기를 띤 유체가 이 물고기의 뇌에서 만들어져 신경계를 통하여 보내진다고 갈바니는 믿고, 그것을 실험에 의해서 증명하고자 하였다.

성가신 전기 가오리의 문제를 재빨리 정리할 필요가 있다고 볼타는 느끼고 있었다. 이를 위해서는 어떻게 하면 좋을까. 영국의 화학자 윌리엄 니콜슨의 논문을 읽은 볼타는 깨달았다.[3] 이 논문은 전기 가오리의 전기가 뇌나 신경, 의지가 아닌 기계적으로 모방 가능한 기관에서 발생하고 있다고 논하였다. 볼타는 니콜슨의 생각에 동조하여 서로 다른 금속의 접속만으로 전기를 만들 수 있는 장치를 만들고자 했다. 수개월 지나지 않아 아연과 구리의 원판에 식염수를 머금은 두꺼운 종이를 끼운 작은 샌드위치 모양의 물건을 겹친 원통을 가지고 볼타는 실험실에 모습을 드러냈다. 1800년 3월 20일 볼타는 영국 학사원의 조셉 뱅크스에게 편지를 보내 "서로 다른 금속의 상호접촉만으로 전기가 발생된다는 것을 발견했다."고 보고하였다.[4] 전지의 탄생이다.

전지의 탄생

전지의 발명 소식은 당시로서는 가장 빠른 속도로 유럽 전역에 전달되었다. 새로운 장치를 설명하는 서신이 영국, 프랑스, 덴마크로 보내졌다. 유럽 전체의 전기공학자들은 볼타의 실험을 재현하기 시작했다. 보다 큰 출력의 전지를 만들게 되었다. 니콜슨도 전지를 만들고, 그것을 이용하여 커다란 폭발음, 대량의 거품, 섬광, 최대 9명 정도의 사람들이 손을 잡고 쇼크를 느끼게 하는 것 이외에도 금속선을 전지회로에 4시간 정도 연결하여 금속선의 9~10배 굵기의 가지들이 갈라진 금속 수지상을 만드는 등 여러 가지 현상을 재현했다고 역사학자 줄리아노 팡카르디는 기록하고 있다.[5] 얼마 되지 않아 전지는 과학의 기초가 되는 커다란 발견을 가능하게 했다. 수주 안에 걸쳐 니콜슨과 동료 안소니 칼라일은 전지를 이용하여 물을 수소와 산소로 분해함으로써 물이 실제로 원소가 아니라 보다 더 세분화할 수 있음을 증명했다.

볼타는 자신의 발명품을 '오르가네 일렉트릭케 알티피셜(인공전기기관)'이라고 불렀다.[6] 니콜슨은 이 장치를 금속과 두꺼운 종이를 겹쳐서 만들었기 때문에 '파일'이라고 불렀다. 그러나 곧 전기를 제공하기 위한 라이덴병을 연속으로 연결하는 행위와 관련하여 '배터리'라는 이름이 일반적으로 사용되게 되었다. 전지의 발명으로 볼타는 카리스마적인 지위를 얻었다. 그것은 "18세기 전기공학자들의 도구, 개념, 방법을 이용한 최대의 대발견이고, 우리들 문명을 바꾸는 무한의 영

역을 연 장치다."라고 역사가 존 H. 하일브론은 쓰고 있다.[7]

역사상 가장 뛰어난 실험주의자라고 많은 사람들이 이야기하는 19세기 말 물리학자 마이클 패러데이는 전지를 '자연철학 연구의 위대한 도구'라고 불렀다.[8] 실증주의 철학의 창시자 오귀스트 콩트는 볼타를 '불멸의 인물'이라고 불렀고,[9] 제창하고 있던 새로운 역법 「실증력」에 볼타의 이름을 올렸다(실증력이란 역사적으로 영향력 있는 인물을 기념하여 날짜에 그 이름을 붙인 것). 과학 역사가 존 서튼에 의하면 "전지는 인류에게 비할 수 없는 새로운 에너지원으로의 길을 열었다."[10]라고 한다.

볼타가 이 정도로 칭송을 받게 된 것은 전지의 역사를 바꾸는 불변의 영향력이 있기 때문이다.[11] 19세기를 통해서 전지는 실험을 위한 전력을 공급하고, 그것에 의해서 인류 역사상 수천년에 걸쳐 사상가들을 혼란시켰던 호박(琥珀)이 가진 힘의 영역을 이용할 수 있게 한 것이다.

저명한 영국의 화학자 함프리 데비는 대형 전지를 사용하여 여러 가지 광물을 칼륨, 나트륨, 마그네슘, 칼슘, 바륨, 스트론튬 등 그때까지 알려지지 않았던 원소로 분해했다. 1820년에 코펜하겐에서 에르스테드(Hans Christian Oersted)는 강의 중에 배터리에서 나온 전류가 옆에 둔 방위자석의 방향을 바꾸는 것을 발견하고, 곧 전기가 자기를 유도하는 것을 증명했다.[12] 그의 발견은 전기와 자기의 관계, 즉 전자계를 표현한 막스웰(James Clerk Maxwell)의 방정식으로 이어져 전기 모터, 발전기, 전화 그 외의 지금까지 발명된 여러 가지 전기 제품을 탄생시켰다.

19세기 중반 전지는 연구실 이외에도 전신(電信)의 전원으로서 사용되었다. 전지는 착실히 개량되었고, 이에 따라 그 용도가 확대되었다.[13] 1859년 프랑스의 물리학자 가스톤 프란트는 비약적인 진보를 이루었다. 최초의 실험적인 축전지, 현재에도 가솔린 자동차의 엔진 시동을 걸기 위해서 사용되는 납축전지의 원형을 개발한 것이다. 1881년 프랑스의 화학 기술자 카뮤 알폰스 포레는 납축전지 제조의 실용적인 방법을 고안했다. 곧 수상한 유럽의 특허 탐색가와 투기꾼들이 포레의 발명으로 한몫 하려는, 지금으로 말하자면 IT 버블의 축소판에 필적하는 무리로까지 확대되었기 때문에 전지 비즈니스는 한때 악평이 자자했다. 그러나 그러하더라도 새로운 기술의 확대는 멈추지 않았다. 20세기 초에 납축전지는 전신(電信)의 전원으로서 변전소의 전기부하 관리용으로, 노면 전차망의 보조전원으로 넓게 이용되었다. 그리고 이 무렵에는 자동차의 동력으로도 많이 사용되었다.

에디슨의 노력과 좌절

자동차 시대의 초기에는 가솔린과 전기, 증기로 움직이는 자동차가 도로에 혼재되어 있어 어느 것도 명확한 승자가 없었다. 그 때문에 초창기의 전기자동차는 커다란 이점을 가지고 있었다. 그것은 청결하고 조용하고 세련되어 있었다. 가솔린 엔진 자동차는 신뢰성이 낮고, 복잡하고, 시끄럽고, 더러웠다. 엔진시동 크랭크를 확실히 돌리지 않으면 엔진이 걸리지 않았고, 크랭크가 튀어서 되돌아올 때는 팔이 부러질 정도의 엄청난 힘이 있어 위험하기도 했다. 하지만 고장과 이러한 부상만 신경쓰지 않는다면 가솔린 자동차는 전기자동차로는 할 수 없는 것이 가능했다. 웬만큼의 항속거리가 있었고, 거기다 잡화점에서 살 수 있는 가솔린 한 깡통이면 항속거리가 수분 이내, 연장 가능한 것이었다.

토머스 에디슨에게 전기자동차는 무척 마음에 드는 아이디어였다. 전기자동차는 자신의 경력을 쌓아온 전력회사에 자연적으로 안정된 이익을 낳을 수 있게 하기 때문이었다. 전기자동차가 폭넓게 받아들여지면 에디슨은 직류전기의 규격을 유지하는 데도 이용할 수 있었을 것이다. 교류전력망으로부터 축전지에 충전을 하기 위해서는 교류-직류 컨버터라고 하는 장치가 더 필요하기 때문이다. 전기자동차가 발전할지 그렇지 않으면 급속히 개량이 진행되고 있는 가솔린 엔진 차에 의하여 사라질 것인지는 전지기술에 달려 있다고 에디슨은 생각했고, 그리고 그는 우연히 새로운 영토를 탐색하고 있었다. 에디슨은 벌써 상장(相場)수신기, 전구, 축음기, 영화를 발명하여 재산을 축적하였고, 또 한차례 잃었다가 다시 되찾고 있었다. 뉴저지 서부에서 철광석을 채굴하는 실험이 대실패로 끝난 직후였다. 1858년 에디슨은 배터리 연구에 관한 문헌을 조사하기 시작했다. 그 후 11년간 그의 인생의 방향을 결정하는 것이 된 탐구의 첫 걸음이었다.[14]

전지산업은 에디슨에 있어서 새로운 세계였다. 그러나 장년의 에디슨은 축전지를 비난하고 있었다. 그의 눈에는 그것은 타락한 촉매이고 사기꾼의 도구로 보였다. 에디슨은 그 기술을 새로운 품위 있는 시대로 가지고 가고자 몰두하여 성공을 확신하고 있었다. "진정으로 열심인 사냥꾼이 축전지의 비밀을 찾아내려고 한다면 자연은 그것을 주지 않으려고 할 정도로 불친절하지 않다고 생각한다."[15]고 에디슨은 친구에게 편지를 썼다. 그러나 에디슨은 자신이 가야 할 방향조차도 잡지 못하고 있었다.

에디슨의 목표는 당시 최첨단인 납축전지의 3배의 용량을 가진 새로운 전지를 만드는 것이었다. 납축전지의 성능을 뛰어넘기 위해서 에디슨은 납과 산(전해액) 양쪽을 개량하여 고출력인 동시에 장수명의 전지가 가능한 새로운 금속과 전해액을 탐색하였다. 이러한 재료를 선택한 이유 중 하나는 가볍고 긴 수명의 전지를 만들기 위해서는 산성이 아닌 알칼리성의 전해액이 필요하다고 믿고 있었기 때문이다. 한편 에디슨은 필라델피아에 있는 시장 1위인 일렉트릭 스토리지 배터리(ESB) 사와 경쟁하고 있었다. 이 회사는 뉴욕의 거물 윌리엄 C. 휘트니가 소유하고 있었고, 납축전지에 관한 특허를 거의 지배하고 있었다. 에디슨은 이미 확립된 동일 토대에서 싸우는 것이 불가능했으므로 다른 방향의 접근법을 찾아내지 않으면 안 되었다.

에디슨의 생애에서 이 시기는 자긍심 높은 재야의 발명가로서 이상적으로 이야기되고 있었다. 이론을 경멸하고, 적당하다고 생각되는 여러 가지의 물질(여러 종류의 품위와 형태의 동, 철, 카드뮴, 코발트, 마그네슘, 수산화니켈, 여기에 더해 다양한 배합의 전해액)을 계통적으로 섞어보고 있었다. 예를 들어, 에디슨의 전기 작가 마슈 조셉슨은 이와 같이 쓰고 있다. "실험한 수는 수백을 넘어 수천에 이르렀다. 그리고 이어서 그 수가 일만을 돌파했을 때 기록을 제로로 되돌려서 다시 시작했다."고 에디슨은 말하고 있다. 1년이 지나 드디어 1년 반이 지났지만 손에 잡히는 것이 없었다.[16]

실제로 에디슨은 손으로 하나 하나 더듬어 가며 움직이고 있었던 것은 아니었다.[17] 그는 문헌의 존재를 알고 있었다. 아마 알칼리 전지의 선구적 연구를 행하고 있었던 스웨덴의 화학자 월데마르 융그너 등에 의한 과학적 연구를 베이스로 하고 있었을 것이다. 또, 에디슨은 경쟁상대인 ESB를 첩보하고 있었던 것 같다. 당시 ESB는 '엑사이드'라고 하는 보다 고성능의 납축전지 개발을 서두르고 있었다.

ESB와 경쟁이 격화되었기 때문에 에디슨은 전지의 기본설계를 선택하고 거의 지체없이 판매촉진에 착수했다. 1902년 에디슨은 「노스 아메리칸 리뷰」에 기사를 써 자신의 연구소는 니켈과 철을 전극으로 하고 칼륨을 베이스로 한 전해액을 사용하는 '축전지의 최종완성'에 도달했다고 보고했다.[18] 비판하는 사람도 있었다. 리치 G. 베츠라는 기자는 잡지 「아우팅」에서 "최경량으로 무진장 손목을 돌리든지 손으로 찌르면 전력을 끌어낼 수 있는 하늘과 공기 등과 같은 것으로부터 충전 가능한 전지"를 약속하고 있다고 에디슨을 비꼬았다. "보라.

문제는 완전 해결되었다. 이상적인 자동차가 여기 있다."[19] 그러나 비판의 목소리는 마술사 에디슨의 신화에 매혹되어 있는 매스컴에 의해 깨끗이 지워지기 십상이었다.

1903년 에디슨의 종업원들이 니켈 철 전지를 자동차에 싣고 달려보기도 하고, 뉴저지주 오렌지에 있는 연구소 3층에서 배터리를 내던지는 등의 원시적인 내구성 테스트를 진행했다. 다음해에는 전지의 성능을 중량 1파운드당 14와트시(Wh)라는 그때까지는 없었던 굉장한 레벨까지 끌어올렸다. 이것은 당시 납축전지의 233% 수준이었다. 엄밀히는 3배에 부족하나 충분히 그것에 가까웠다. 상품을 완성시키지 않은 현대의 대단치 않은 소프트웨어 메이커가 제대로 보이려고 과대광고를 하고 가짜 약속을 하는 것처럼 에디슨은 E형 니켈 철 전지를 팔기 시작했다.

그것은 '혁명적'인 신형 전지로 '자동차 본체보다 4~5배 더 긴 수명을 가지는 것'이었다. 예상대로 언론계의 에디슨을 펀드는 기자들은 "니켈 철 전지는 동력의 세계에 혁명을 일으켰다. 전력저장시대가 도래했다."고 꿈에 부풀었다.[20]

득의의 절정은 오래가지 않았다. 곧 전지는 누액을 시작으로 대부분이 용량의 30%를 급격히 잃어버렸다. 에디슨은 대대적으로 선전한 전지를 회수하여 연구소로 돌아와 그가 언급한 대로 '분통터지는' 문제를 해결하기 위해 매달렸다.

5년이 지나 에디슨의 건강상태가 악화되었다. 조셉슨에 의하면 '압도적으로 우울한 시기'였다. 수년간 전기자동차에 있어서 그것은 험난한 시기였다. 가솔린 엔진은 점점 개량되고 있었다. 1907년에 롤스로이스(Rolls-Royce)는 6기통의 가솔린차를 발표하였고, 1906년에는 포드가 저렴한 가격의 대중형 가솔린차 N형을 팔기 시작했다. 에디슨의 전지 경쟁은 회를 거듭할수록 어려운 상황이 되었다.

에디슨 연구소의 한 종업원이 튼튼한 밀폐용기를 사용하여 누액 문제를 해결했지만 성능은 아직 기대한 정도가 아니었다. 그리고 1908년 진전이 있었다. 다음해, 에디슨은 편지에 이렇게 썼다. "드디어 전지는 완성되었다."[21] 1909년 7월 에디슨은 제2세대의 A형 전지를 발표했다.

이 전지는 성공적이었다. 거의 고장 없이 경쟁회사보다도 수명이 길었던 것이다. 그것은 전기 트럭을 다수 소유한 업자에게는 특히 매력적이었다. 그러나 에디슨의 A형 전지와 ESB의 경쟁상품 아이언 크렛드 엑사이드가 출현한 직후, 찰스 케털링이 가솔린 엔진의 셀프 스타터를 발명하여 초기의 전기승용차는 사실상 끝났다. 곧, ESB는 자사의 납축전지 엑사이드를 내연기관의 시동을 거는 보조적인 역할에 맞추어 개선하였다. 에디슨의 전지는 탄광, 열차, 선박의 점등이나 실험용도로 취급되어 제1차 세계대전 중에는 전신(電信)과 잠수함에 사용되었다. 이후 수십년 가솔린 자동차가 아메리칸 드림의 상징이 되었고, 전기자동차는 길고 긴 휴면에 들어갔다. 에디슨의 전지와 그 경쟁 상대들은 석유가 움직이는 세상에 조연으로 전락하였다.

리튬의 발견

여기에서, 1908년으로 이야기를 되돌리면 에디슨의 전지를 구한 요소가 두 가지 있었다. 하나는 니켈의 박편을 전극에 추가한 것, 다른 하나는 리튬이었다.

1907년 5월 10일에 제출된 특허출원서류 중에는 전해용액 100cc당 2g의 수산화리튬을 더함으로써 배터리의 용량이 10% 증가하여 전지가 전하를 유지 가능한 시간이 비약적으로 연장되었다고 에디슨은 설명하고 있다. 오늘날 전지의 효율을 손상하는 유해한, 예상 외의 화학 반응을 수산화리튬이 막는 역할을 하고 있을 가능성이 상당히 높다는 것을 알고 있다.[22] 그러나 에디슨은 왜 그러한 작용이 있는지 실마리를 찾지 못하고, 그리고 아마 신경 쓰지도 않았을 것이다.

에디슨이 만든 것은 원래의 리튬 전지와 전혀 닮지 않은 것이었다. 리튬은 비프 스튜에 첨가하는 소금 같은 것이었다. 그러나 적어도 상상력을 북돋은 선택이었다. 한 세기 동안 과학자들은 보다 우수한 전지 재료를 찾아 몇 십 년에 걸쳐 주기율표를 바라본 결과, 전기화학적 에너지 저장에 기초가 되는 것으로써 리튬이 최적인 것을 알게 되었다. 우주에는 이 이상의 재료가 존재하지 않는 것이다.

리튬은 현재 조울증 치료약으로부터 항공기의 프레임 강화까지 다양한 목적으로 사용되고 있으나, 가장 원시적인 삼원소의 하나로 빅뱅 이후 최초의 1분에 생기는 물질이다. 랩톱 컴퓨터, 휴대전화 안에 있는 리튬 원자는 우주 최고 물질의 한 종류인 것이다. 세 개의 중성자와 세 개의 양성자(陽性子), 세 개의 전자로 되어 있으며, 주기율표의 3번째 원소로 그보다 앞에는 수소와 헬륨밖에 없다. 금속이지만 밀도는 물의 절반으로 극히 반응하기 쉽기 때문에 원소의 형태로는 자연계에 존재하지 않는다. 순수한 리튬은 은백색의 부드럽고 차가운 까망베르 치즈(Comembert cheese)와 닮아 있다. 공기나 물과의 반응을 막기 위해 기름 속에 보관하지 않으면 안 된다.

나트륨이나 칼륨과 같은 보다 무거운 알칼리 금속들과 같이 리튬은 19세기 초에 최초로 분리되었다. 1800년 스웨덴의 우트 섬에 있는 광산을 방문한 브라질의 화학자가 수정과 같은 광물을 발견하고 각각 스포듀민(리치아 휘석)과 페타라이트(엽장석)라고 이름 붙였다. 어느 것이나 현재에는 알루미늄, 규소, 리튬의 화학물인 것을 알고 있다.[23] 17년 후 앤스 야곱 베르세리우스의 연구소에 근무하고 있던 요한 오거스트 알페드슨이라는 젊은 스웨덴 화학자가 엽장석을 리튬염으로 분리하여 원소를 발견한 것으로 칭송을 받았다.[24] 베르세리우스는 새로운 광물(알페드슨에게는 그것을 순수한 형태로 분리하는 것이 불가능했으나)을 그리스어로 돌을 의미하는 리토스로부터 리튬이라고 이름붙였다.

리튬의 이용 – 소다수, 의약, 병기로부터 i-pod까지

1800년 중반 리튬은 의약품으로서 처음엔 통풍의 치료로, 그 후에는 여러 가지 종류의 병에 사용되었다. 리튬 요법은 19세기 말에 대중화되었다. 통풍에서 천식, 우울증까지 질병은 요산의 밸런스가 무너짐으로써 발생하고, 이때 리튬은 요산을 녹여서 모든 병을 치료할 수 있다는 생각이 널리 퍼졌기 때문이다.[25] 얼마 지나지 않아 리튬염과 리튬이 포함된 '버팔로 리시아 광천수'라고 하는 브랜드 명의 음료가 약으로 널리 판매되었다. 위스콘신 주의 한 양조장에서는 리튬을 많이 포함한 광천수를 사용한 리시아 맥주를 만들었다. 그 중에서도 스테디 셀러가 된 리튬이 들어간 음료는 세인트 루이스의 하우디 사가 1929년에 비브 레벨 리시에테이티드 레몬(라임 소다)의 이름으로 판매한 것이었다. 이 소다수는 숙취 해소용 약으로서 구연산 리튬이 포함되어 있었고, 처음엔 '불쾌감으로부터 통증을 없앤다.'고 하는 광고 문안으로 팔렸다. 나중에 이 회사의 창업자는 드링크의 이름을 '세븐업 리시에테이티드 레몬(라임)'으로 바꾸었고, 지금은 리튬을 뺀 후속상품인 '세븐업'의 이름으로 알려져 있다.

리튬이 들어간 소다는 의심스러운 것이었는지 모르겠으나 해로움은 없었다. 그러나 리튬을 대규모로 의학품으로 응용하는 것이 무해하다고 말할 수 없었다. 1940년대 일부 의사가 심장병 환자에 대해서 통상 나트륨염을 대신하여 염화리튬을 투여하였다. 그 결과 많은 환자가 리튬 과잉 섭취를 일으켜 몇 명이 사망하였고, 리튬의 치사량에

◆ 소방 분야

강좌명	수강료	학습일	강사
[쌍기사 평생연장반] 소방설비기사 전기 x 기계 동시 대비	549,000원	합격할때까지	공하성
[쌍기사 프리패스] 소방설비기사 전기 x 기계 동시 대비	499,000원	365일	공하성
소방설비기사 필기+실기+기출문제풀이	370,000원	170일	공하성
소방설비기사 필기	180,000원	100일	공하성
소방설비기사 실기 이론+기출문제풀이	280,000원	180일	공하성
소방설비산업기사 필기+실기	280,000원	130일	공하성
소방설비산업기사 필기	130,000원	100일	공하성
소방설비산업기사 실기	200,000원	100일	공하성
화재감식평가기사·산업기사	192,000원	120일	김인범

◆ 위험물 · 화학 분야

강좌명	수강료	학습일	강사
위험물기능장 필기+실기	280,000원	180일	현성호,박병호
위험물산업기사 필기+실기	245,000원	150일	박수경
위험물산업기사 필기+실기[대학생 패스]	270,000원	최대4년	현성호
위험물산업기사 필기+실기+과년도	350,000원	180일	현성호
위험물기능사 필기+실기[프리패스]	270,000원	365일	현성호
화학분석기사 실기(필답형+작업형)	150,000원	60일	박수경
화학분석기능사 실기(필답형+작업형)	80,000원	60일	박수경

관한 풍부한 데이터가 모아지게 되었다.[26] 1949년 리튬 중독의 뉴스가 전해진 바로 그때, 오스트레일리아의 정신과 의사 존 게이드가 조울증 치료를 위해 안전량의 리튬약을 사용한 결과 극적인 결과가 보였다고 보고하였지만 타이밍이 나빴다.[27] 과잉 섭취에 의한 중독사건으로 리튬에는 나쁜 이미지가 붙어 있었기 때문에 식품의약품국은 1970년까지 리튬을 정신과 치료약으로서 인가하지 않았다.

리튬은 현재 정신병 치료용으로서 가장 효과가 있는 약재 중 하나로 에스카리스 리소빗드, 리소네이트, 리소텝스와 같은 기분안정제는 조울증 제어를 위해 빼놓을 수 없는 약품이다. 그것이 어떻게 작용하는지는 과학적으로는 아직 정확히 해명되지 않았으나 리튬이 신경전달물질과 세포 내 자극 전달에 작용하고, 세로토닌(serotonin)의 생산을 증가시키는 것으로 알려져 있다. 세레토닌은 기분을 고조시키는 물질로 부족하면 우울증을 일으킨다고 여겨진다.[28] 또 흥미있는 것은 리튬이 뇌세포의 성장을 자극하는 것 같다.[29] 2009년 「영국 정신 의학 잡지」에 발표된 연구에서는 일본의 18개 마을에서 자살률과 음료수 안의 리튬 농도를 비교하여, "음료수 중에 포함된 상당히 낮은 농도의 리튬이 인구 전체의 자살 위험을 감소하는 역할을 할지 모른다."[30]는 것을 확인했다(음료수 중의 리튬은 1리터당 0.7로부터 59마이크로그램(μg)인데, 일반적으로 처방되는 일일 1,800밀리그램(mg)의 탄산리튬 안에는 340밀리그램(mg) 가까운 리튬 원소가 포함되어 있다.). 같은 호에 발표된 해설기사에서는 캐나다의 정신과 의사가 충치예방을 위해서 수돗물에 불소를 첨가하는 것처럼 머지않아 리튬이 음료수에 첨가될지도 모른다고 서술하였다.[31] 갑자기 정부의 위생학자가 "수돗물에 리튬을 섞어 집단 마인드 컨트롤을 하고자 한다."는 망상적인 설이 웹사이트에 퍼져나갔다.

리튬은 정신과 의료용으로서 중요하지만 제약산업계는 매년 약 12만 톤을 채굴하여 가공 판매되는 리튬 화학물의 극히 일부를 사용할 뿐이다. 리튬의 대부분은 합금, 세라믹, 윤활 그리스가 되고, 동시에 고도의 용도로 다양하게 쓰인다. 예를 들어 우주선이나 잠수함 내에서 공기 중에 있는 여분의 이산화탄소를 흡수하는 장치, 로켓의 추진제, 어떤 종류의 원자로 등에서 사용된다. 리튬은 신규제조를 그만두었기 때문에 이미 열 핵병기 생산에는 관여하고 있지 않지만 미국이 폭발 실험을 한 최대의 핵 병기의 기폭제로 리튬의 동위원소가 확실히 사용되었다. 1954년에 '캐슬 브라보 실험'에 사용된 수소폭탄은 히로시마와 나가사키에 투하된 원폭의 1,200배의 폭발력을 방출하여 방사선 강하물이 사람이 사는 남태평양 섬들 사이에 띠 모양으로 흩뿌려졌다.

그러나 여러 가지 리튬의 이용법에서 미래에 무엇보다 크게 영향을 미치는 것—휴대전화, 랩톱 컴퓨터, i-pod을 사용하고 있는 많은 사람들에게 영향을 미치고 자동차의 운전방법이나 에너지의 사용방법을 변형시킬 것 같은 응용처—그것은 전지임에 틀림 없다.

석유를 대신하는 리튬

전기를 전자의 흐름으로 생각해보자. 전기를 저장하기 위해서는 이상적인 도구로써 최대수의 전자를 가능한 한 소형 경량의 장치에 집어넣는 것이다. 그러나 유리전자를 단지 캔에 가두는 것은 불가능하다. 전자를 손에 넣기 위해서는 그것을 원자로부터 분리하지 않으면 안 된다. 이와 같은 이유로 전지로부터 빼낼 수 있는 전자는 모두 양성자(陽性子)와 중성자라고 하는 짐을 동반하고 있다. 어느 쪽도 전자의 1,800배 이상 무겁다. 자동차의 보닛(bonnet) 아래에 수납되어 있는 12볼트의 납축전지를 예로 든다면, 이용 가능한 전자는 무거운 납 원자에 붙들려 있다. 납의 원자핵은 82개의 양성자와 125개의 중성자로 되어 원자량은 207.2이다. 한편, 휴대전화 안의 리튬 전지로부터 가져온 전자에는 3개의 양자와 4개의 중성자밖에 무거운 추가 붙어 있지 않다. 리튬의 원자량은 6.941, 납 원자의 30분의 1이다.

리튬 원자가 외각의 전자를 방출하기 쉬운 것도 다른 대부분의 원소보다 고 에너지 밀도의 전지 재료로서 알맞다는 것을 의미한다. 골똘히 생각하면 전지는 폭발이나 발화하지 않고 유용한 결과를 생산할 수 있도록 통제된 고 에너지의 화학반응인 것이다. 기억해 주기 바란다. 리튬은 순수한 형태로 자연에는 존재할 수 없을 정도로 반응하기 쉬운 것이다. 리튬 이온 전지의 2개의 전극으로부터 활물질을 취해서 섞어 적당한 조건을 주면 굉장한 고성능 폭약이 만들어진다. 그러나 전지는 이와 같이 격렬한 성질을 억누르고 있다. 두 개의 전극을 전해질이라고 하는 다리로 연결한 것으로써 전지는 그 폭탄의 부품을 안전한 거리를 유지하여 폭발을 가사상태에 있게 하고, 가둬 둔 에너지를 꺼내어 이용 가능하게 한 화학 시스템인 것이다.

이 시스템을 알맞게 사용하면 우리들이 기술적 생태계에서 뻥 뚫린 구멍(미숙한 에너지 저장능력)을 막는 데 유용하다. 빌 게이츠가 2010년 강연에서 말한 바와 같이 전 세계의 전지를 모두 모으더라도 세계 전력수요의 10분밖에 저장할 수 없다고 한다. 장래의 에너지 부족이 우려되는 시대에 이것은 심각한 과제인 것이다.

오늘날 우리들은 자동차의 동력으로서 화석화된 유사이전 플랑크톤의 유해 즉, 석유를 이용하고 있다. 이것은 탄화수소 분자를 하나 갖고 있는 에너지를 우리들이 거리에서 움직이는 에너지로 변화시키고 있는 것이다. 석유에는 유리한 점이 많이 있다. 파워가 있는 것, 다용도인 것, 저장이 간단한 것이다. 드럼통이나 가솔린 탱크 등에 넣어두면 되는 것이다. 그러나 석유는 여러 가지 영향을 미친다(환경파괴, 온실효과 가스 방출, 독재자나 테러리스트를 부유하게 하는 등). 이와 동시에 마침내 채굴 가능한 공급원이 고갈되어 대체 에너지를 찾는 것을 피할 수 없다는 것은 명백해졌다.

대체 에너지 중에서도 전기는 가장 깨끗하고 가장 융통성 있는 선택이다. 전국의 어느 가정에도 도달할 수 있고 주행거리당 비용은 가솔린에 비해서 싸다. 수소보다 실현가능성이 높고, 거의 모든 조건에서 에탄올보다 오염물질을 방출하지 않는다. 천연가스·석탄·원자력·수력·태양광·풍력 거의 모든 에너지원으로부터 만드는 것이 가능하다. 석탄화력 발전소에서 발전하더라도 주행거리당 이산화탄소 발생량을 가솔린 엔진보다 적게 할 수 있다.[32] 문제는 전기는 저장이 어렵다는 것이다. 그래서 리튬 이온 전지에 관심이 집중되고 있는 것이다. 이것은 이미 현대사회를 강력하게 추진하고 있음을 잘 알고 있다. 1990년대 초에 리튬 이온 전지의 출현으로 우선 휴대전화가 보급되었다. 그것은 호주머니 안에 들어가는 컴퓨터로 변모되었다. 더 나아가 무선으로 인터넷에 접속 가능한 물건이 되었다. 그리고 컴퓨터, 카메라, MP3 플레이어, GPS, 내비게이터, 무비 플레이어, 만능의 생활 플래너로 여가를 보내는 도구가 되어 정보혁명의 범위를 우리들의 호주머니 속까지 넓히게 된 것이다.

현재 기대되는 것은 리튬 이온 전지, 그리고 앞으로 더욱 진보된 전지에 의해서 전기가 자동차의 동력원으로서 실용성을 갖추는 것이다. 아울러 현재 재생 가능한 에너지의 추진을 방해하는 송전 시스템의 결함을 해결하는 것이다. 벌써 기업은 트레일러 트럭 사이즈의 리튬 이온 전지의 뱅크를 만들어 풍력 발전소나 태양광 발전소에 설치하고 있다. 저장능력을 얻는다면 이러한 단속적인 에너지원(태양은 밤이 되면 지고, 바람은 쉼없이 불진 않는다.)은 석탄과 같은 오염의 원인이 되는 전원을 대체하여 실용성과 채산성을 대폭 증가시킬 것이다.

리튬 전지의 지적 기초를 쌓은 과학자들은 이와 같은 변화를 마음

속에 품고 있다. 그들은 과학적 호기심과 대국적인 사회이익 양쪽을 동기로 하고 있다. 그들이 에너지 저장의 성가신 문제에 집중하기 시작한 것은 40여 년 전, 꼭 지금과 같은 결핍과 불확실성의 시대였다.

[주]

(1) Jonnes, *Emperes of Light*, pp.17-49.

(2) 볼타에 관한 기술은 주로 Pancaldi, Volta, pp. 178-207에 의함.

(3) "생각하는대로 몇 번이나 쇼크를 주어, 그 힘을 몇 개월, 또는 몇 년, 그 한계는 실험해 보지 않으면 알 수 없으나 일정기간 유지가능한 장치를 만드는 것이 가능할지도 모른 다는 것은 확실하다." Ibid.,p.199

(4) Jonnes, *Emperes of Light*, pp.32.

(5) Pancaldi, *Volta*, p.215.

(6) 험프리 데이비가 1803년에 논문 중에 '갈바닉 배터리'라는 용어를 사용하여, 이 건은 대략 결말이 났다. 영국에서는 오늘날에도 아직 파일이라고 부르고 있으나, 이후 그것 이외는 거의, 전기화학 셀은 배터리라고 부르고 있다.

(7) Quoted in Pancaldi, *Volta*, p.211.

(8) Quoted ibid., p.273.

(9) Quoted ibid., p.259.

(10) Quoted ibid., p.273.

(11) 이탈리아에서는, 볼타는 국민적 영웅이 되어 있음. 전지 발명의 100주년 기념식에서 는 이탈리아의 경제단체가 쟈코모 푸치니에게 의뢰하여 기념곡을 만듦. 그 결과 푸치 니 작곡 「전기 쇼크」가 있음. 이후 1927년 볼타 사후 100주년에, 이탈리아의 파시스 트 정부는 볼타의 탄생지 코모에서 대대적인 의식을 개최함. 무솔리니가 식 진행의 명 예의장을 맡기도 함. 14개국 61인의 물리학자가 코모에 모임. 그 중에서도 닐스 보어, 막스 프랑크, 어네스트 래드포드, 베르너 하이젠베르그, 엔리고 페르미 등의 거물도 있었음. 100주년 기념우표에는 알렉스드로 볼타의 초상화가 고대 로마인풍으로 그려 짐. 볼타 전지는 파시스트 정부의 상징인 도끼와 느릅나무 가지 다발 모양으로 꾸며져 있음(ibid. p.246).

(12) Pancaldi, *Volta*, pp.233-34.

(13) 19세기를 통하여, 일차 전지(충전 불가능한 전지)는 세대를 거쳐, 보다 출력이 높은 것 이 등장함. 1836년, 영국의 화학자 존 블레드릭 다니엘이 볼타의 파일을 처음으로 대 폭 개량한 것을 발명함. 이것은 아연 전극과 동전극을 이용하고, 각각을 황산아연, 황 산동 용액을 채운 별도의 용기에 넣고, 서로 간을 염 다리로 연결함. 1844년에는 다른 영국인, 로버트 글로브가 아연과 백금의 전극을 이용하여 1.9볼트에 달하는 전지를 만 들어 냄. 1866년, 조루즈 루크랑제가 아연 탄소 일차 전기를 만듦. 이 설계는 드디어, 전해질로서 종래의 용액을 대신하여 페이스트를 사용하는 최초의 건전지로 이어짐. 상세하게는 Schallenberg, *Bottled Energy*, Schlesinger, *The Battery*) 참조.

(14) 에디슨의 전지 구성에 관한 내용은, 주로 Josephson, *Edison*, Schallenberg, *Bottled Energy*, Schiffer et al., *Taking Charge* 3개의 자료에 의함. 조셉슨은 이 와 같이 쓰고 있음. "1900년 이후, 그의 안중에는 '전력의 소형 저수지'를 만드는 것 외에는 아무것도 없었다."(*Edison*, p.407, 「에디슨의 생애」 p.328).

(15) Josephson, Edison, p. 407.

(16) Ibid., p. 409.

(17) Schallenberg, *Bottled Energy*, pp. 353ff.

(18) Thomas A. Edison, "The Storage Battery and the Motor Car," *North American Review*

175 (1902): 1-4.

(19) Ritchie E. Betts, "Faster than the Locomotive," *Outing: An Illustrated Magazine of Sport, Travel, Adventure & Country Life* 339 (1901-1902). .

(20) Josephson, *Edison*, p. 415.

(21) Quoted ibid., p. 412.

(22) Armstrong, R. A., G. W. D. Briggs, and M. A. Moore. "The Effect of Lithium in Preventing Iron Poisoning in the Nickel Hydroxide Electrode," *Electrochimica Acta* 31, no. 1 (1986): 25-27.

(23) Jose Bonifacio de Andrada e Silva는, 그의 발견을 1880년, *Allgemeines Journal der Chemie*에 기재하고 있음. 상세하게는 Mindat.org의 유트에 관한 페이지 www.mindat.org/loc_3194.html를 참조.

(24) Encyclopedia Britannica Online: "lithium (Li)," www.britannica.com/EBchecked/topic/343644/lithium.

(25) El-Mallakh and Jefferson, "Prethymoleptic Use of Lithium;" El-Mallakh and Jefferson, "Lithiated Lemon-Lime Sodas."

(26) "Prethymoleptic Use of Lithium," p. 129.

(27) Cade, "LIthium Salts in the Treatment of Psychotic Excitement," pp. 349-52.

(28) B. Corbella and E. Vieta, "Molecular Targets of Lithium Action," *Acta Neuropsychiatrica* 15 (2003): 316-40.

(29) Moore et al. "Lithium-Induced Increase in Human Brain Grey Matter."

(30) Ohgami et al., "Lithium Levels in Drinking Water and Risk of Suicide."

(31) Young, "Invited Commentary."

(32) 전기자동차, 플러그인 하이브리드차, 내연기관의 「유전으로부터 자동차까지」의 이산화탄소 방출량을 비교한 연구는 다수 있음. 그 개관은 Sherry Boschert, Well-to-"Wheels Emission Data for Plug-In Hybrids and Electric Vehicles:An Overview," www.sherryboschert.com/Downloads/ Emissions%5B9%5D.pdf.

우리들에게는 두 개의 상태밖에 없다. "현상에 만족하고 있거나, 패닉을 일으키고 있거나이다."

-제임스 R. 슐레진저(미국 에너지성 초대 장관)-

🔋 스모그 위기와 석유 위기

가솔린 엔진 자동차가 전기자동차에 승리를 거둔 후 40년간, 세계 각지의 도시에서는 대기오염이 생명을 위협할 정도로 심각해져 갔다. 이것은 자동차만의 문제는 아니었다. 뉴욕이나 런던에서는 역전층에 붙잡힌 스모그가 자욱해진 경우가 있어 그것에 의한 사망자가 수백 또는 수천 명으로 이야기되었다. 주된 원인은 굴뚝이 내뿜는 매연이었다.[1] 그런데 자동차도 또한 문제를 일으키는 주요 원인 중 하나였다. 로스앤젤레스에서는 자동차가 주범격으로, 그곳의 주민은 실내에서 가스 마스크를 착용해야 할 경우도 있을 정도였다. 배출된 배기가스는 햇볕과 반응하여 치명적인 광화학 스모그가 되고, 수일로부터 수주간 거리의 상공에 드리워질 때도 있었다. 1950년 캘리포니아 공과대학의 교수가 스모그의 주원인이 자동차의 배기 가스인 것을 밝혔을 무렵, 로스앤젤레스에서는 50만 대의 자동차가 다니고 있었다. 로스앤젤레스 시가 산업공해를 10년 동안 엄중히 단속을 해도 문제 해결에는 거의 아무 효과도 없었으며, 자동차의 숫자는 계속해서 늘어났다. 1966년 로스앤젤레스 시에서 하루에 방출되는 1만 3,730톤의 대기오염물질의 90%가 375만 대에 이르는 자동차에서 발생되고 있었다. 어떤 종류의 식물, 예를 들어 시금치나 난은 결국 로스앤젤레스에서는 자라지 않게 되었다. 하지만 문제는 로스앤젤레스 또는 워싱턴 D.C.로부터 뉴욕 시를 연결하는 과밀도시지역만으로 그치지 않고 시카고에서도 대기환경을 측정해보면 운전자가 가스에 취할 정도로 매우 높은 농도의 일산화탄소가 기록되었다. 1966년에는 궤도상을 도는 미국의 우주비행사들이 우주선에서 휴스턴에 있는 기지의 사진을 몇 번이나 찍으려고 했지만 스모그로 희미해져 있어 제대로 사진을 찍을 수가 없었다고 한다.

1961년 캘리포니아는 주 내에서 판매되는 신차에 일정 시스템을 탑재할 것을 요구하기 시작했다. 연소가 완전히 되지 않은 연료를 포함하는 대기 가스를 엔진으로 되돌려서 배기관으로부터 놓치지 않고 태우고자 하는 것이었지만 큰 효과는 없었다. 1967년 1월 타임지가 대기오염을 하늘의 위협이라고 하는 특집기사를 게재했을 무렵 캘리포니아 주의 공중위생 담당자는 같은 잡지에 "지금으로부터 1980년까지 가솔린 엔진을 서서히 폐기하고 전기 유닛으로 바꾸지 않으면 안되는 것이 확실시 되고 있다. 주는 1980년 이후 가솔린으로 움직이는 자동차를 캘리포니아 주에서 운행하는 것을 허가하지 않는 것을 법적으로 통지할 필요가 있다."고 분명히 했다.

그러자 내연기관에 대한 반발이 오늘날로는 상상할 수 없을 정도로 높아졌다.[2] 스모그에 의한 오염물질이 대기에 실려서 미국의 각 도시를 질식시키고 있다는 것을 확실히 알 수 있었다. 몇 십 년 후 지구를 파괴하는 정도를 정확히 알 수 없는 이산화탄소에 의한 위험과는 큰 차이가 있다. 숨을 쉬지 못하면 인간은 반드시 죽게 된다. 미국 의회에서 1970년 대기오염 방지법에 대한 논의가 시작되었을 무렵 자동차에 반발하는 감정은 격화되고 있었다. 캘리포니아 주에서는 한 주의회 의원이 내연기관의 전면금지를 제안했다.[3] 그무렵 산유국의 지리적·정치적 상황도 악몽과 같은 양상을 보였다.[4] 석유수출국은 계약을 재검토하기 시작하여 대폭적인 산유량 삭감을 요구하며 가격을 올리고 때로는 국내에서 조업하고 있는 구미의 석유회사를 국영화시켰다. 그러한 움직임은 1956년의 수에즈 위기(스에즈 운하를 둘러싸고 일어난 영국, 프랑스, 이스라엘과 이집트의 전쟁)로 시작되어 수년간 고조되어 갔다. 이때 이집트의 지도자 가마르 압둘 나세르는 이란에서 산출된 석유의 대부분이 운반되는 수에즈 운하의 지배권을 수중에 넣어 이전의 종주국 영국에게 타격을 주었다. 이집트, 요르단, 시리아가 탄환과 폭탄, 석유병기를 조합하여 이스라엘을 공격하려고 했던 1967년의 6일 전쟁은 1970년대 초의 시점에서는 아직 기억에 생생했을 것이다.

국제분쟁과 환경오염을 별도의 문제로 생각하더라도 미국인은 벌써 지속 불가능한 양의 석유를 계속해서 태우고 있는 것이다. 가솔린 부족은 국제적 위기라기보다는 실정의 결과로서 1973년 초에 시작되었다. 그 해 4월에 닉슨 대통령은 최초의 에너지에 관한 대통령 연설을 했다. 여름이 끝날 무렵 석유는 공시가격보다도 고가로 판매되었다. "이것은 결정적 변화로서 실로 20년의 과잉생산시대에 경종을 울리는 것이었다."라고 석유역사 연구자인 다니엘 야깅은 쓰고 있다.[5]

1973년 10월 이집트, 시리아가 다시 이스라엘을 공격하여 중동의 산유국이 미국에 대한 석유금수의 실행을 촉진시켰고(제4차 중동전쟁) 라이프 스타일을 위협하는 위기가 시작되었다. 아랍의 석유금수 전 10월에는 원유가격이 1배럴당 3달러(2010년의 화폐가치 환산으로 약 15달러)이었다. 곧 유통량이 완전히 부족하게 되었다. 이대로 가면 다음 해 2월에는 미국에 있는 가솔린 탱크의 5분의 1이 비어버리게 되는 것이다.

전기자동차의 부활

석유위기에 휩싸임으로써 스모그 피해 때문에 부활한 전기자동차에 대한 관심이 급격히 높아졌다. 전기자동차의 문제는 다용도성과 출력의 면에서 현대의 가솔린 엔진에 필적할 배터리 기술이 없다는 것이었다. 전기자동차는 60년에 걸쳐서 개량을 거듭한 내연기관에 대항하지 않으면 안 되는 것이다. 1970년대 전반에도 소형 전기자동차를 간신히 실용화할 수 있는 거리 정도를 달리는 전지가 있었지만 그것은 운전자가 급경사를 오른다든지, 고속도로를 달린다든지 하는 경우를 제외한 이야기였다. 그 중에는 급격한 출력 상승에 대응하여 전자를 급속히 토해 낼 수 있는 것이 가능한 전지가 있었지만, 그뿐으로도 대부분의 용량이 곧바로 소모되어 버리는 것이었다. 당시 사용할 수 있는 기술로 움직일 수 있는 것은 마력이 적은 전기자동차뿐으로 극히 빈약하여 운전자가 관심을 가질 만한 것은 아니었다.

한편 그 무렵 과학자의 작은 국제적 네트워크에서 트랜지스터와 집적회로를 만들어 낸 것과 동일한 이론과 방법을 응용하여, 전지과학을 기나긴 정체로부터 흔들어 깨우려고 하고 있었다. 그중에서도 스탠포드 대학의 로버트 허긴스의 연구실은 다시 활기를 띠게 된 전지연구의 중심지로서 1960년대 후반부터 1970년대 전반에 걸쳐서 그의 연구실을 졸업한 대학생과 포스트 닥터가 드디어 전지 과학분야를 부흥시키게 되었다.

1965년 로버트 허긴스는 독일의 막스 프랑크 연구소에 유학하여 칼 와그너라는 교수 아래서 공부했다. 와그너는 고체 중 이온(하전된 원자 또는 분자)의 움직임을 전문으로 하는 과학의 창시자였다. 이렇게 말하면 과학의 전문 분야를 과도하게 세분화하여 말하는 것으로 들릴지 모르지만, 이것은 실로 풍부한 연구의 광맥이었다. 그때까지 전지 연구에서 전지 내부의 중요한 화학반응은 전극의 표면에서 일어난다고 생각하고 있었다. 이온이 고체 내부를 액체 중에 떠있는 원자와 같이 급속도로 돌아다닌다는 것을 알게 된 것은 전지 과학에 있어서 커다란 의미가 있었다. 산성인 전해액에 담긴 납으로 된 납축전지의 전극판을 생각해보기 바란다. 축전지를 작동시키는 반응은 액체의 전해질이 고체의 전극판에 접촉하는 표면에서 발생한다. 전극판 내부의 납은 단지 거기에 있는 것만으로 무게가 있을 뿐이다. 만약 고체 전극의 내부에서 일어나는 반응을 잘만 다룰 수 있다면 사태는 극적으로 변할 것이다. 그것이야 말로 고체 이오닉스(고체 안에서의 이온의 움직임을 연구하는 분야)가 이뤄낸 것이다. "표면에서 반응을 일으키는 것만이 아니라 이와 같이 재료 안에서 이온을 저장하는 것이 가능하다면 훨씬 커다란 용량을 실현할 가능성이 생기는 것이다."라고 로버트 허긴스는 말한다. 연구를 위해 와그너가 있는 곳에 갔을 때 로버트 허긴스는 전지를 만들겠다는 생각은 없었다. 그러나 로버트 허긴스가 미국으로 돌아온 것은 우연히 전지로 움직이는 자동차가 몇 가지 커다란 문제의 해결책으로서 기대되기 시작한 때였던 것이다. "나는 전혀 다른 새로운 도구, 그때까지는 없었던 견해를 가지고 돌아왔다."고 그는 이야기한다.

돌아와서 얼마 지나지 않아 포드 자동차로부터 이런 발표가 있었다. 1967년 미시건 주 디어본에 있는 포드 연구소에 근무하는 연구원 닐 웨버와 조세프 T. 쿤머, 두 사람이 지금까지와는 근본적으로 다른 전지를 개발했다. 그것은 이전의 전지를 처음부터 끝까지 정반대로 한 것이었다.[6] 종래에 자동차에서 사용되는 12볼트의 시동용 납축전지에서는 액체의 전해질 안에 고체의 전극이 담겨진 것이었다. 포드의 새로운 전지는 그와 반대였다. 전극이 액체이고, 전해질이 고체인 것이었다. 보다 정확하게 말하면, 양극과 음극(다른 말로는 각각 +극과 -극)은 용융상태인 것이다. 한쪽은 황 또 한쪽은 나트륨으로 둘 다 300℃까지 가열되어 고체 세라믹 전해질로 분리되어 있다. 한 학회 발표논문에서 허긴스는 이것을 '혁명적' 접근이라고 불렀다.

포드 자동차가 개발한 완전히 변모된 전해질—양극과 음극을 나누어 전자의 이동을 저해하면서 이온은 이동 가능한 매질—은 우선 연구자들의 관심을 끌어 모았다. 베타 알루미나라고 부르는 값싼 세라믹의 산화알루미늄은 수십 년 전에도 있었던 물질이었으나 포드가 새롭게 전해질로서 사용할 때까지 누구도 그만큼 관심을 갖고 있지 않았다. 사람들의 눈에 베타 알루미나는 번쩍일 정도로 새하얀 고체로 보이지만 분자 레벨에서 보면 그것은 계단이 없는 고층 빌딩과 같은 구조를 하고 있다. 나트륨 이온은 각층에 거주해 있으나 창문을 통해서만 이동이 가능한 것이다. 베타 알루미나를 신형 전지의 중심에 설치함으로써 오랜 시간의 정체는 무너졌다. "나트륨 베타 알루미나는 누구에게나 충격이었다."라고 로버트 허긴스는 말한다. 옛날부터 사용되어온 전지와는 완전히 다른 것으로 실로 흥미로웠다.

로버트 허긴스의 그룹을 포함하여 세계의 많은 대학, 기업의 연구자들이 베타 알루미나에 주목했다. 로버트 허긴스의 연구실에 마이클 스텐리 휘팅검이라는 젊은 포스트 닥터가 있었다. 그는 1968년 포드 자동차의 발표가 있은 다음해, 옥스퍼드 대학의 박사과정을 졸업하고 곧바로 스탠포드 대학에 왔다. 휘팅검의 졸업논문은 텅스텐 브론즈라는 재료를 테마로 하고 있었다. 이 소재는 이온과 전자 양쪽을 전달하여 석탄의 가스화에 사용되는 촉매로서 무엇보다 유망시되는 물질이었다. 파로알트(스탠포드 대학의 소재지)에 온 직후 휘팅검 그룹은 이온이 포드의 베타 알루미나 전해질 속을 어느 정도 빨리 빠져나올 수 있는지 정확히 조사해 보았다. 이 실험을 진행하기 위해서 전기 화학 전지를 만들 필요가 있었고, 거기에는 특별한 전극 소재가 요구되었다.

실험을 하는 데 있어서 휘팅검의 브론즈는 상당히 유용했다. 그것은 삽입 화학물, 후에 인터칼레이션(층간) 화합물이라고 불리는 것이다.[7] 인터칼레이션의 원래 의미는 예를 들어, 윤년에는 2월 29일이 더해지는 것처럼 달력 안에 하루 더 끼워넣는 것이다. 이 경우의 인터칼레이션은 기본구조를 바꾸지 않고 이온을 사이에 삽입하는 것이 가능한 결정 구조를 가진 재료의 한 종류를 가리킨다. 분자 레벨에서는 이 브론즈에는 터널이 무수히 있고, 정상적인 화학반응을 일으키면 이온은 이 터널에 삽입되고, 그리고 삽입 화학물의 구조를 바꾸지 않고 반복해서 빠져 나오게 된다. 이러한 실험은 순수하게 학문적인 목적으로 행해졌지만 곧 세계 최초의 리튬 축전지를 만들어 내는 지식을 축적하는 데 있어서 빼놓을 수 없는 것이었다. "상당히 재미있는 상황이었다. 실제로 움직이고 있었다."라고 로버트 허긴스는 말한다. 고체 전기화학과 배터리, 연료전지와 같은 응용분야와의 융합, 이것은 전혀 새로운 것이었다. 연구는 기초적인 것이었지만 로버트 허긴스 연구실의 멤버들에게는 이상으로 여기는 목표가 있었다. 당시 로버트 허긴스의 아래에서 대학원생이었던 미셸 알만은 말한다. "나는 낡은 자동차를 샀다. 바퀴가 붙어있는 고래 같은 물건이어서, 시가지에서의 연비는 리터당 2km 정도였다. 이때부터 나는 교통을 위해 뭔가 하지 않으면 안 된다고 확신했다."

　1972년에는 세계에서 상당수의 과학자가 고체 이온학에 몰두하여 학회를 열 정도의 규모가 되었다. 그 해 9월 로버트 허긴스, 휘팅검, 알만을 시작으로 80명이 이탈리아 알프스 지방의 베르지라떼 마을에 모였다. 밀라노 북방의 산간부에 있는 이 작은 마을에서 그들은 이온 수송을 전지나 연료전지의 제작에 적용하는 아이디어로 토론하였다. 참가자의 대부분은 30대에서 40대 정도였는데 그 중에 연로한 대가 한 사람이 있었다. 칼 와그너였다. "그분이 출석하게 되어 우리들은 크게 기뻤다."라고 로버트 허긴스는 당시를 회고했다.

알렉산드로 볼타의 고향, 코모로부터 자동차로 1시간 정도 떨어진 베르지라떼에 모인 참석자들은 나트륨황, 리튬-황, 리튬-알루미늄-황화철, 아연브롬, 리튬염소 등 당시 생각할 수 있는 여러 가지 새로운 전기 화학에 대해서 이야기를 나누었고 마그네슘 공기, 나트륨 공기, 리튬-불화동, 아연 이산화은의 가능성에 대해서 의논했다. 그 중에서도 그들은 이론상 가장 유망한 후보인 '금속 공기 전지'—아연 공기, 마그네슘 공기, 알루미늄 공기, 나트륨 공기—를 열망했다.

이 설립 집회에서 마침내 세계에 필적할 수 없는 영향을 미칠 극히 좁은 학문분야가 시작된 것이다. 회의록이 누렇게 바랜 흑백사진에는 침엽수 앞에 늘어서 있는 참가자들이 찍혀 있다. 아직 그 정체도 알 수 없는 과학단체의 사진이었다.[8] 오늘날 살아 있는 멤버들은 학계에서 전지연구의 제일인자로서, 40년의 지루한 시간을 지나 드디어 찬란한 연구의 빛을 본 거목이 되었다.

새로운 전지 재료를 찾아서

베르지라떼 회의 무렵 전동 모터와 선진적 전지의 연구는 산업계에 급속히 확대되고 있었다. 1972년 GM, 포드, 크라이슬러, 아메리칸 모터스는 빠짐없이 전지자동차에 몰두하고 있었다. 도요타도 마찬가지였다. 다임러 벤츠, 폭스바겐, 보슈, 지멘스 등으로 이루어진 독일 기업 8개 회사의 연합체, 그리고 피아트도 있었다. 일본, 프랑스, 영국에서는 국가적으로 이것에 몰두하기도 했다. 전지 자체에 대해서는 대학을 거점으로 하는 계획 이외에도 아르고누 국립연구소, 벨 연구소, 전력연구소, 다우 케미컬, 제너럴 일렉트릭(GE)의 과학자들도 전지 문제의 해결을 위해서 원소 주기율표를 응시하고 있었다.

석유회사도 몸이 달았다. 그 중에서도 소위 업계 최대의 메이저인 엑슨도 있었다. 이 거대 석유 기업은 수십 년 이내에, 아마도 2000년이 된 직후에 석유생산이 피크를 맞을 것이라고 생각하고, 지금 현재 제품을 다양화할 필요가 있다고 생각하고 있었다. 그 때문에, 우선 벤처 투자 회사로서 조업하는 엑슨 엔터프라이시스라는 부문을 세웠다. 지구상에서 가장 자금이 풍부한 생산회사를 후원자로 한 엑슨 엔터프라이시스는 오피스 용품, 원자로, 솔라 패널 등 다양한 비즈니스에 파고 들었다.

엑슨은 지금도 옛날도 변함없이 기술자 주도의 운영체제를 긍지로 생각하기 때문에 신사업을 위해 세계 일류 대학에서 인재를 뽑아오고

찾을 수 있는 한 가장 우수한 기술자를 고용하여 여러 가지 신발명에 응용할 수 있는 기초연구를 할당하고 있다. 마이클 스텐리 휘팅검도 그 중에 있었다.

베르지라떼 회의 직후 엑슨 리서치 앤드 엔지니어링은 휘팅검을 뉴저지 주 동부의 음울한 공업지대로 초대했다. 충분한 연구비를 받은 그의 일은 석유 이외의 여러 가지 에너지에 관한 기초 연구를 행하는 것이었다. 루트 1과 루트 9의 건너편으로부터 정류소가 보이는 린덴의 작은 연구소에서 휘팅검은 동료들과 함께 석유가 고갈되어도 엑슨이 흑자를 계속 내기 위한 실험을 진행하게 되었다.

휘팅검 등은 우선 초전도체에 손을 대었다. 실온에서 저항이 없는 전기를 전달하는 소재를 찾을 수 있다면 여러 가지 전기계통의 효율을(이론상으로는) 비약적으로 높여 전혀 새로운 일렉트로닉스를 만들어내는 것이 가능하다는 것은 말할 필요도 없다. 그들은 이황화탄탈(TaS_2)에 이온을 주입하는 것으로부터 시작했다.[9] 이 물질은 원자 레벨에서는 결정구조가 샌드위치 모양으로, 중심부에 비어 있는 장소(galley라고 불리는)가 있고 여기에 이온이 들어간다. 이 이온이 이황화탄탈에 재미있는 현상을 불러일으킨다. 통상 이 물질은 절대 0도보다 0.8℃ 높은 온도에서 초전도체가 된다. 그러나 이 겔리에 칼륨이온을 더하면 그 온도가 큰 폭으로 상승하는 것이다.

휘팅검은 여러 가지 물질을 수산화칼륨으로 처리하여 칼륨 이온을 이황화탄탈에 가하면 초전도 전이 온도가 상승하는 이유를 이해하고자 했다. 그는 이 과정에서 칼륨을 주입한 이황화탄탈이 극히 높은 '생성 자유 에너지'를 가진—각각의 분자가 화학결합의 안에 가두어진 대량의 에너지를 보유하고 있음—것을 알게 되었다. 곧 휘팅검 등에게 한 가지 착상이 떠올랐다. "그때 우리들은 이 안에 에너지를 저장할 수 있다."고 생각했다. 새로운 고출력의 전지 재료가 발견될지도 모른다고 그들의 팀은 상사에게 보고했다. 엑슨 경영진은 전기자동차를 만들겠다는 생각에 즉각 달려들었다.

그 후 탄탈을 전지로 만들기에는 너무 무겁다는 것을 알게 되었고, 보다 가벼운 전이 금속인 티탄으로 바꾸게 되었다. 곧 휘팅검 등은 샌드위치 모양의 분자 구조를 가진 또 하나의 물질, 이황화티탄(TiS_2)에 대한 실험을 시작했다. 이황화티탄은 적절한 음극과 조합을 하면 이론상 1킬로그램(kg)당 최대 480와트시($W \cdot h$)의 에너지 밀도를 가지는 전지가 된다. 일반적으로 실용적인 전기자동차의 동력원으로서 필요하다고 생각되는 것에 두 배 이상이다. 또 가볍고 풍부하게 존재하며, 전도성이 뛰어난 티탄은 이상적인 재료였다.[10] 그들은 당초 이황화티탄을 칼륨 음극과 조합하려고 했다. 하지만 칼륨은 취급이 극히 위험했다. 대신에 휘팅검은 리튬으로 눈을 돌렸다.

리튬을 생각한 것은 그 무렵 일본의 어부들이 리튬 베이스의 일차전지(충전되지 않는 전지)를 밤에도 그물이 보일 수 있도록 부표에 사용하기 시작했기 때문이었다고 휘팅검은 말한다. 하지만 리튬을 축전지에 사용하는 생각은 당시로서는 뜬 구름같은 이야기였다. 그것은 원래 베르지라떼 회의에서 부상하여 소하이오(석유회사의 하나), 제너럴모터스(GM), 아르고누 국립연구소 등 어느 곳이나 리튬 베이스의 전지를 거의 동시에 연구하고 있었다. 다른 것은 이들 프로젝트가 모두 상당히 고온을 조건으로 하는 것이었다. 그 설계는 용융된 전극을 사용하기 때문에 비실용적인 고온을 유지하지 않으면 안 되는 포드의 나트륨 황 전지와 닮아 있었다.

휘팅검과 엑슨은 자신들이 만들어낸 물건의 장래성을 감지했다. 당시에 있었던 경쟁 화학물질 중에서 그들의 것은 실온에서 작동하는 유일한 리튬 베이스의 화합물이었다. 그러므로 휘팅검은 허드슨 강을 건너 맨하튼 6번가에 있는 요새와 같은 엑슨 본사 빌딩에서 리튬 전지에 관한 연구 발표를 임원회의에서 행했을 때도, 설득은 쉬운 것이었다. 이 무렵 엑슨은 지금까지와는 다른 비즈니스에 손을 뻗치고자 했고, 이 기술은 그 타개책으로서 생각되었다. 이 프로젝트는 일렉트로닉스와 대체 에너지로 이행하려고 하는 엑슨의 바람에 딱 맞았다. 회답은 곧 있었고 프로젝트에 어느 정도 출자받게 되었다.

불을 뿜는 전지

휘팅검의 전지 제조는 자칭 전지 마니아라고 하는 밥 햄린이라는 인물에게 맡겨졌다. 엑슨의 부탁이 있기 전까지 햄린은 제너럴 일렉트릭 사(GE) 전기 화학부분의 리더로서 긴 시간 전지에 관한 실험을 하고 있었다. 1973년 뉴욕 북부에서 출신지 뉴저지로 옮겨와 매일 린덴으로 출근하여 휘팅검의 아이디어를 비즈니스화하는 형태의 작업에 몰두하고 있었다.

햄린이 도착했을 때 전해질에 무엇을 이용할 것인가가 최대의 문제가 되고 있었다. 실온에서 작동하는 전지에서 전해질은 대부분이 액체(용매)와 염류(용질)의 두 종류의 물질로 이루어지는 용액이다. 전지를 저온에서 동작시키기 위해서는 액체 응고점이 극히 낮지 않으면 안 된다. 빙점 이하 −30℃ 정도이든지 가능하면 보다 더 낮은 것이 좋다. 또 전자를 발생시켜 전지에서 내보내기 위해서는 이온 반응과 전자 반응을 나누어 둘 필요가 있기 때문에 전해질은 절연체(전기를 통하지 않은 물질)가 아니면 안 된다. 마지막으로, 전기화학반응에 필요한 적당한 이온으로 나누어지는 염이 녹아 있지 않으면 안 되었고, 그 때문에 염(그것도 햄린 그룹이 찾아내지 않으면 안 되었다.)이 용매에 완전히 적합할 필요가 있었다.

이 문제를 해결하기 위해서 햄린 그룹은 우선 과염소산리튬을 디옥소란이라고 하는 무색 투명한 가연성 유기용제에 녹였다. 과염소산리튬이 용해되면 +로 하전된 리튬 이온이 −이온(이 경우는 네 개의 산소 원자에 의해 둘러싸인 염소의 완벽한 대칭을 이루는 클러스터)으로부터 튀어 나오게 된다. 쇼트가 되어 온도가 급상승하면 이 산소가 모두 용매 안의 수소 및 탄소와 반응한다. 이것은 휘팅검의 전지에 사용된 금속 리튬 음극의 폭발성과 더불어 실험을 성가시게 했다. 소방서에서는 린덴 연구소에 몇 번이고 입회조사를 한 후에 리튬 화재의 소화에 필요한 특수한 화학물질의 비용을 엑슨에 지불하게 하겠다고 협박했다.

얼마 지나지 않아 햄린 팀의 한 연구원이 제대로 작동하는 용질을 개발했기 때문에 엑슨은 그 성과를 공개하기로 했다. 햄린 그룹은 실험용 전지를 몇 개 만들어 시카고에서 열리는 자동차 기술자 협회 회의에 보냈다. "리튬을 비행기로 보내는 것은 불가능하다. 그래서 한 사람이 전지를 가지고 열차를 타고 갔다."라고 햄린은 말했다. 한 사람의 동료가 시카고에서 발표하고 있을 무렵, 햄린 등은 바람직하지 않은 문제를 발견했다. 새로운 전해질은 서서히 분해되어 기체를 발생하고, 자동차 기술 협회의 회원들을 놀라게 할 전지는 내압이 거의 확실히 높아지게 된다. 더구나 곤란한 것은 내부에서 거품으로 일고 있는 기체는 지보란으로 습도가 높은 공기와 접촉하면 불타오르게 된다.

"지금 생각하면 말도 안 되는 위험한 짓을 한 것이었다."라고 햄린은 말한다. "우리들은 전화를 걸어 이렇게 말했다. '전지는 매일 밤 호텔 방으로 가지고 돌아가라.' 다행히 운이 좋게도 전지 상부에는 작은 통기구가 열려 있었다. '가스압이 빠질 때까지 조심해서 약간만 통기구를 헐겁게 해라. 그렇더라도 손은 조심해라. 밖으로 내용물이 튀어나오는 순간 불이 붙는다.' 이렇게 해서 매일 시카고에 출장 나가 있던 엑슨의 연구원은 자사의 획기적 리튬 축전지를 공개하였다. 그리고 매일 밤 호텔 방으로 돌아오면 하나씩 전지 상부의 나사를 조심조심 헐겁게 해서 불꽃이 튀는 현상을 목격했다.

다음에 실험한 전해질은 비교적 안전하였지만 한편으로 잃는 것도 있었다. 반응이 격하지 않은 전해질은 전지의 출력을 약하게 했다. 폭발성의 금속 리튬 음극도 알루미늄으로 바꾸어 보다 안전한 전지로 만들었다. 1976년 그룹은 충분한 진보를 보여 드디어 공표의 때가 왔다. 그 해 휘팅검은 $LiTiS_2$ 전지에 관한 획기적인 논문을 「사이언스」에 발표했다.[11] 때를 같이해서 엑슨은 뉴저지 동부의 너저분한 공업지대에서 서쪽으로 50km 정도 떨어진 작은 마을 브런치버그에 새롭게 만들어진 공업단지에 최초의 입주자로서 개발 센터를 두었다. 석유의 왕자 엑슨이 전지산업에 참여한 것이다.

붐의 도래

1976년에는 전지산업에서 붐의 조짐이 보였다. 그 전 해에 「포브스」지는 "전지사업이 무엇보다도 오늘날 가장 활기가 있는 분야이다."라고 선언했다.[12] 1976년이 되자 의회가 「전기 및 하이브리드 자동차 연구개발 실증법」을 가결시켰다. 이 법률은 가솔린 엔진을 본격적으로 대체할 물건의 제조를 장려하는 것을 목적으로 하고 있다. 전기자동차와 그것을 움직이는 전지에 대한 관심은 극히 높아져 의회는 제럴드 포드 대통령의 거부권을 뒤집고 법안을 통과시켰다. 1976년 10월 「포브스」의 기사는 "당면한(그리고 만만치 않은) 문제는 있지만 전기자동차의 부활은 석유 수입 의존을 종결시킬 필요성과 같이 명백한 것이다."라고 썼다.[13] 업계 잡지도 자신만만했다. 「케미컬 위크」 지에 의하면 "거의 50년의 공백을 지나 전기자동차가 재기의 준비를 갖췄다. 그리고 이번에는 상용차와 승용차의 양 분야에 있어서 경쟁력 있는 시장영역을 전기자동차가 만들어내기에 충분한 가능성이 있다."[14] 라고 평했다.

엑슨은 석유의 장래를 위태롭게 생각하는 것과 석유를 대신할 새로운 에너지원에 희망을 가지고 있는 것을 소리 높여 이야기하기 시작했다. 석유산업은 몹시 혼란에 빠져 있어 저널리스트 중에는 엑슨이 살아남는 것마저도 불가능한 것이 아닌가 하고 생각하는 이도 있었다. 「포브스」는 이와 같이 이야기하고 있다. "우선 지질학 그리고 정치와 사회라고 하는 두 개의 커다란 조류를 고려하면 강대한 엑슨 사가 10년 이내에 적어도 부분적으로 정리를 강요당할 가능성이 있다. 그와 같은 것이 일어나지 않을지도 모르지만, 가능성은 있는 것이다."[15] 최대의 이유는 석유가 급격히 고갈되고 있다고 보이는 것이다. "현재의 예상되지 않는 사태가 일어나지 않는 한 세계의 석유 매장량은 수 년 이내에 피크를 맞게 되고 이후 천천히 하강으로 전환하게 되어, 마침내 석유와 가스는 너무 비싼 에너지로서 사용할 수 없는 것이 된다."라고 기사는 이어진다. 그렇게 되면 지구상의 조금 남아있는 석유는 세계에서 다른 용도로 사용되기 때문에 자동차의 동력원으로 다른 물건을 찾지 않으면 안 될 것이다.

엑슨의 중역으로 엑슨 엔터프라이시스의 총 책임자인 조지 피아시는 교섭 불능에 빠진 제1차 오일 쇼크 전의 절망적인 기간에 대형 석유회사 대표단을 인솔하고 있었다. 1973년 비엔나의 호텔 안에서 피아시는 사우디의 석유 장관 샤이프 야마니에게 석유회사는 OPEC가 요구하는 100% 인상에 대해 거부할 의향을 보였다.[16] OPEC의 요구에 응할 권리가 없는 데다 그러한 급격한 인상은 소비국의 경제를 몹시 혼란시킬 가능성이 있기 때문에 거래 전에 정부와 상담할 필요가 있다고 피아시는 말했다. 그러자 야마니는 수화기를 들어 바그다드의 동료에게 전화를 걸었다. 그리고 전화를 끊고 피아시 쪽을 향해 이렇게 말했다. "그들은 머리 끝까지 화가 나 있다." 피아시가 야마니에게 다음엔 어떻게 할지 묻자 야마니는 유명한 대답을 되돌려 주었다. "라디오를 들어보라." 일주일 정도 후 아랍의 석유 수출 금지가 시작되었다.

이 경험으로부터 피아시는 아마 당시의 누구보다도 석유회사의 입장이 위태로움을 알고 있었다. 피아시는 대체 에너지의 필요성을, 더욱이 전기자동차용 전지와 모터가 회사의 이익이 되는 것을 인식하고 있었다. 그렇더라도 휘팅검의 전지를 드디어 판매할 때 엑슨은 소규모로 판매를 시작하지 않으면 안 되었다. 그것은 정말로 소규모였다.

당초의 제품—최초의 시판 리튬 축전지—은 스위스의 에보슈 사(현재에는 스워치 계열)가 만들려고 했던 태양전지 구동의 '영구시계'를 움직이기 위한 두 개, 한 조의 버튼 사이즈 전지였다. 전지 부문은 법인 고객을 대상으로 하는 팸플릿을 만들어서 자사의 획기적인 전지를 소개했다. '이것은 흔한 버튼형 전지로 보일지 모르지만 그렇지 않다. 이것은 에너지 저장의 새로운 선진기술의 성과이고, 희박하고 단속적인 태양으로부터의 빛을 저장하기 위한 수단을 인류에게 제공한다. 지금까지 없던 방법이다. 엑슨은 이제 단순한 석유회사가 아니다.' 설명문구는 이어진다. '에너지 자원과 니즈에 대한 의식이 높아진 이 시대, 배터리라는 뛰어난 에너지 자원 저장기술에 전념하고 있다.'

손목시계는 엑슨의 전지를 처음으로 응용한 것으로서 보잘 것 없다고 생각될지 모르지만, 1970년대에 일본에서 디지털 손목시계가 등장한 것은 실은 전지기술에 있어서 사소한 듯 하지만 중요한 전환기였다. 그때부터 전지는 서랍 안에 넣어두는 것에서 몸에 지니고 걸어 다니는 것으로 변하기 시작한 것이다. 디지털 손목시계는 소형의 리튬 1차 전지가 널리 응용되기 시작한 시초였다. "디지털 손목시계는 몸에 지니는 전지를 본격적으로 대량 시장으로 가지고 오게 했다고 말해도 좋을 것이다."라고 스코틀랜드의 세인트 엔드류 대학에서 오랫동안 리튬 전지를 연구해온 피터 부르스는 말한다. 그리고 그것으로부터 다른 휴대용 전기기기를 지니고 걸어 다닐 수 있음을 생각해 보는 것은 자연적인 흐름이었다.

엑슨의 전지는 이 회사가 판촉용 경품으로 사용하고 있었던 알람 시계보다도 큰 물건을 움직여 본 적이 없었다. 그러나 휘팅검, 햄린으로 시작되는 열렬한 지지자들에게는 이것은 당연한 방향임을 알고 있었다. 이 기술은 드디어 확대될 것이다. 그리고 소형 기기 시장에서 엑슨의 전지는 경쟁상대에 비해 몇 가지 커다란 우위를 가지고 있다. 니켈 카드늄 전지는 단시간에 에너지를 방출해 버리고, 은아연 전지는 단지 20~25회 충·방전으로 사용할 수 없게 되어 버린다. 그러나 엑슨의 조그만 밀폐된 전지는 경쟁상대보다도 전압이 높고, 적응성을 갖추고 있었다. 그것은 즉 당시 많은 손목시계 설계자가 목표로 하고 있었던 솔라 시계에 넣게 되면, 전지 교환 없이 반영구적으로 시계를 움직일 수 있는 가능성이 있는 것이었다. 태양전지가 축전지에 충전을 계속하는 한 기본적으로 멈출 일이 없는 것이다.

시계용 전지사업의 확장에 힘쓰는 한편, 햄린은 지금까지 가장 유망한 전기자동차용 전지의 주성분이라고 강조하며 자신들이 개발한 재료 '엑슨 컴파운드'의 장래성을 설명하고 다녔다. 미국 과학진흥협회의 1978년 총회에서 행해진 발표에서, 햄린의 발언을 업계잡지 「캐미컬 위크」는 다음과 같이 정리하고 있다. 이 전지는 '코스트와 효율의 관점에서 미래의 전기자동차에도 가장 이상적인 동력원이 될 가능성이 있다.' 또 '예측되는 성능 레벨로, 시가지에서의 항속거리가 100마일인 2인승 전기자동차를 약 5,000달러의 코스트로 제조 가능할 것이다.'[17]

엑슨은 전지 이외의 분야에서도 전기자동차 사업을 향해 나아가고 있었다. 1979년에 이 회사는 12억 달러로 클리브랜드의 전기 모터 제조회사 '릴라이언스 일렉트릭'을 인수했다.[18] 엑슨 엔터프라이시스의 한 전기 기술자는 "이 회사가 교류합성기(ACS)라고 부르는 기계를 개발하고 있다."라고 했다. 이것은 교류 모터의 제어장치로 모터의 회전속도를 보다 효율이 좋도록 바꾸는 것이 가능한 장치였다. 반 기업합동의 태도를 취하고 있었던 법무성은 릴라이언스 인수를 저지하려고 했기 때문에 엑슨은 ACS에 대해 대담한 주장을 하여 인수를 정당화하기 위해 이용했다. ACS는 드디어 산업용 연료 펌프, 컴프레서, 팬, 송풍기 등을 움직이는, 몇 만의 전동 모터의 표준장치가 될 것이라고 엑슨은 주장했다. 「이코노미스트」에 의하면 엑슨은 만약 1990년까지 미국에 있는 100~200마력 클래스의 산업용 모터의 절반이 이 신형 제어장치를 사용하면 하루에 석유 100만 배럴 상당의 에너지가 절약될 것이라고 전망했다. 즉 석유 메이저 7개 회사의 TOP이 석유고갈이 시작되는 날을 향해 준비하고 있는 것이다.[19]

그리고 실제 그대로였다. 문제는 단순했다. "세계가 사용하고 있는 만큼의 석유가 발견되지 않았다."라고 엑슨 회장 크립톤 가빙은 1979년 7월에 「비즈니스위크」에 말했다.[20] "긴 안목으로 보면 어떠한 에너지원도 무시할 수 없을 것이다. 2년 전의 위기감이 없는 상태로 돌아가는 것은 불가능한 것이다."

당시 엑슨은 합성 탄화수소 원료(셰일 오일이나 석탄가스 등)에 강하게 끌리고 있었다. 그러나 가빙은 전기자동차의 중요성을 피해갈 수 없는 것이라고 늘 강조했다. 엑슨 자체는 전기자동차를 제조할 생각은 없으나 릴라이언스를 통해서 모터를, 전지부문을 통해서 전지를 공급하고자 생각하고 있다고 가빙은 말했다. "이후 언젠가 30~40년 후에는 전기를 기반으로 하는 사회가 되어 전기자동차로 돌아다니게 될 것이라고 나는 우연한 기회에 믿게 되었다."

1979년 10월 전기자동차는 시대의 최첨단이라고 생각되었다. 「포춘」은 엑슨과 GM의 개발을 예로 들면서 '전기시대가 왔다.'라는 표제로 재미있는 기사를 게재했다. GM은 일렉트로 베트라는 자동차에 싣기 위한 신형전지 아연 산화니켈의 파워 팩을 발표했다. 이 자동차는 쉐보레 셰벳의 뒷좌석을 전지로 가득 채워 150km의 항속거리를 가진 것이었다(단지 시속 80km 이상을 내지 않는 전제하에서). 엑슨은 이 무렵 크라이슬러 코르도바를 개조한, 가솔린과 전기의 하이브리드 차를 시험제작하고 있었다. 모터를 판매하고자 하는 것이고 전기자동차를 제조하는 것이 아니라고 엑슨은 반복해서 이야기했다. 「포춘」은 강하게 비꼬며 이렇게 쓰고 있다. "그쪽이 좋을 것이다. 마케팅력에서 GM과 비교되지 않는다.[21] GM이 자사의 과학 프로젝트를 '일렉트로 베트'라고 부르며 매력적으로 만들고 있는 것에 대해 엑슨은 그 자동차를 '시험 제작 하이브리드 전기자동차'라고 부르고 있다."

🫘 빨랐던 붐의 끝

한 순간에 전기자동차 붐은 사라졌다.

우선 1979년부터 1980년의 불황때문에 엑슨을 시작으로 각 사는 코스트 삭감태세에 들어갔다. 솔라 패널이나 전지 등의 채산성이 없는 분야로 확장되었고, 당시의 주요 목표였던 생존이라는 관점에서 보면, 벌써 여분의 도락(道樂)이라고 보이게 된 것이다. "엑슨 엔터프라이시스 내부에서는 혼란의 시기였다."라고 햄린은 말한다. "그 중에서 10억 달러 규모의 사업이 될 가능성이 있는 제품 이외에는 관여하고 싶지 않았다. 그리고 확실히 말하면 그 기준에 맞는 것은 아무것도 없다는 결론에 이르렀다." 여기서 아무것도 없다는 것은 석유이외에 아무것도 없다는 의미이다.[22]

전지부분의 갈 방향을 정하는 회의에 햄린이 참석했을 때 햄린의 팀은 아직 에보슈와 공동으로 실험을 행하고 있었다. "한 발표에서 우리들이 '이와 같은 것은 온전히 5억 달러의 사업은 될 것이다. 그러나 10억 달러는 어렵다.'라고 말하면, '농담하지 말라. 그러한 것은 필요 없다. 팔아서 외부에 라이센스를 주면 될 것이다.'라고 이야기되었다." 그리고 그렇게 되었다.

그때 햄린의 일은 배터리 부문을 해체하는 것이 되었다. 엑슨은 휘팅검의 기술에 대한 라이센스를 일본, 유럽, 미국의 3기업에 공여했다. 미국의 기업은 당시 유니언 카바이드가 소유하고 있었던 에버레디였다. 에버레디의 기술자는 하늘에서 떨어진 것 같은, 햄린의 데이터를 그대로 손에 넣었다.

불황과 석유거래의 하락이 엑슨 엔터프라이시스의 여러 사업을 저격했다고 하면, 이어서 일어난 석유 공급 과잉은 그것을 영구히 매장해 버렸다. 1986년에는 원유가격이 다시 1배럴당 15달러를 밑돌게 되어 상상할 수 있는 정도의 장래까지 공급은 안정되어 있다고 생각되었다. 각국 정부와 석유회사는 오일 쇼크 동안 축전지와 태양 전지의 제조를 시작한 것만이 아니라, 동시에 미발견 석유를 찾아서 지구 구석구석까지 뒤지고 다녔다. 그리고 발견했던 것이다. 북해, 알래스카, 멕시코에 상당한 매장량이 있었다. 영국은 수에즈 위기에 의한 질식 직전의 상태에서 벗어나 원유 수출국이 되었다. 더욱이 1970년대 중반 미국에서 도입된 에너지 절약 정책은 눈부신 효과를 올리고 있었다. 평균 연비의 기준을 1겔론당 27.5마일(1리터당 약 11.7km)로 설정된 기업평균 연비(CAFE)의 요구에 의해 1975년부터 1985년 사이에 하루에 200만 배럴이 절약되었다. 여기에 더하여 석유회사는 1970년대의 위기를 통하여 석유를 비축하고 있었기 때문에 여유의 양이 있었다. 신규 유전의 개발, 에너지 절약, 비축 모두가 함께 이루어져 1980년대 중반에는 국립연구소도, 대기업도 석유의 대체 에너지 개발에 대해 완전히 흥미를 잃어버렸다.

엑슨의 결정에 의한 영향은 사내에 머무르지 않았다. "엑슨이 멈추면 연방정부도 이유도 알아보지 않고 판단했다. '엑슨이 하지 않는다면 할 가치가 없는 것이다.'라고 휘팅검은 말한다. 타사도 그런 형편이었다. '자, 왜 엑슨이 그만두었을까? 기술적인 문제가 있는 것일까? 시간을 가지고 대응하자.'라고 생각하지 않고 말이다."

1980년에 로널드 레이건이 대통령에 선출되어 대체 에너지에 대한 정부의 관심이 우선 중단되었다. "카터 정권이 시작한 계획을 레이건이 계속 이어나갔다면, 우리들은 보다 앞으로 나아갔을 것이다."라고 허긴스는 말한다. "하지만 그렇게 되지 않고, 그 결과 이러한 공백기간이 있게 된 것이다."

산업계와 정부의 투자가 없어지자 선진 전지연구는 정체되었다. "돈이 없어지면 교수들은 다른 것에 손을 댄다."라고 허긴스는 말한다. "대학원생을 유지하기 위해서는 자금을 얻지 않으면 안 된다. 그리고 미국에서의 자금은 주로 정부로부터 나오기 때문에 정부에서 무엇에 관심을 가지고 있는가는 연구의 방향에 엄청난 영향을 준다. 이렇게 말할 수 있는 예는 어디에나 있다. 전기공학으로 눈을 돌리면, 긴 시간에 걸쳐서 레이저에 관한 연구가 극히 많았던 것을 알 수 있다. 왜인가? 군이 레이저에 관심을 갖고 있기 때문이다. 사람은 돈이 있는 곳에 가기 마련이다."

"레이건이 정권을 잡자 에너지 효율과 재생 에너지에 관한 프로그램을 80% 정도 줄였다." 당시 로렌스 버클리 국립연구소에서 선진 전지 연구를 행하고 있었던 엘튼 케언스는 말한다. "우리들을 포함해 모든 연구소는 그 결과 한때 해고되는 쓰라림이 있었다. 예산 삭감은 하룻밤에 일어난 것이었다. 그 때문에 DOE 연구소가 전지와 연료 전지 프로그램에 깊게 관여하는 것은 그 시점에서 종료되었다.”

1970년대에 빨랐던 스타트의 종료를 맞이할 무렵에는 필요에 의해 재촉 받았던 시기의 지식 진보가 상품의 발전으로 이어지지 않은 것이다. 그 해 돌아다니던 최우량의 전지가 비축할 수 있었던 것은 30~35Wh/kg이었고, 에너지 밀도는 가솔린의 500분의 1이었다.

엑슨에서는 클립톤 가빙이 8년 전에 자기자신이 경고한 위기감이 없는 상태에 빠져 있었다. “우리들은 석유나 가스에서 보일 수 있는 수익의 기준을 만족하지 않는 사업에 장기적으로 관여하는 것에 흥미가 없다.”고 가빙은 1984년에 「포춘」에서 이야기했다.[23] 같은 해에 제너럴 일렉트릭(GE)은 나트륨 황 전지의 연구를 중지했다. 시장이 없기 때문에 개발해도 무엇이 될 것인가라고 그 회사의 한 연구자는 「케미컬 위크」에서 말했다.[24] 당시 엘튼 케언스는 배터리 사업의 역학에 대해서 간단한 수식을 사용해서 같은 잡지에 설명하고 있는데, 그것은 지금도 여전히 적용된다 하겠다. 어떠한 타입이라 하더라도 선진적 전지가 실현될지 안 될지는 가격과 석유공급이 열쇠가 되는 것이다.

그로부터 수십 년 간에 걸쳐 리튬 이온 전지가 중산계급의 호주머니에 GPS 기능이 부여된 위성과 링크된 컴퓨팅을 가능하게 하고, 오랜 세월의 꿈이었던 전기자동차를 절반 실현한 것으로 그린 에너지의 미래를 가능하게 한 핵심으로서 널리 이야기되는 지금, 봅 햄린은 자신의 엑슨 시대를 회한을 담아 이야기했다. "스탠 휘팅검에게 이러한 말을 한 적이 있다. '지금 되돌아 생각하면 도대체 왜 리튬과 탄소를 섞어 볼 생각을 하지 않았을까? 그것은 알고 있는 것처럼 현재의 리튬 이온 전지를 가능하게 한 것이다. 말하는 것은 쉽고 행하는 것이 어려울지 모르겠지만 거기에는 특정 종류의 탄소가 필요하고 과거의 경험이 없으면 간단히 구분할 수 있는 것이 불가능했을 것이다. 나의 좌우명은 돌발적인 비약은 타인에게서 일어나기 마련이다.'라는 것이다. 대약진으로서 전해지는 진보는 지금까지 몇 가지 있었지만 하나하나 주의 깊게 보면 관계자의 오랜 기간에 걸친 몰두가 있었던 것이다. 나는 그러한 경험을 충분히 해왔다."

[주]

(1) 스모그 위기에 대해서 상세는 "Menance in the Skies," *Time*, January 27, 1967으로부터 발췌. 로스앤젤레스의 스모그 문제에 관한 전체적인 역사는 Jacobs and Kelly, Smogtown을 참조.

(2) Doyle, *Taken for a Ride*, pp. 55ff.

(3) Ibid., p.55. 캘리포니아 주 상원의원 니콜라스 C. 페트리스가 1969년에 그와 같은 법안을 제출했다.

(4) 1960년대에서 1970년대 석유정세를 조사하는 데 있어, 필자는 Daniel Yergin저 *The Prize*(『석유의 세기』 히타카 미키, 타케다 나오무 공역 일본방송출판협회(1991년)에 의하고 있음. 본서는 이 흔들리는 시대에 전체상을 명확히 하고 있음. 석유의 개괄적인 역사와 제1차 오일 쇼크의 관한 직접적인 저널리스틱한 해설로서는, Sampson, The seven sisters 도 참조.

(5) Yergin, The Prize, p. 573. 야긴. 「석유의 세기」(하) p.271.

(6) Weber and Kummer, *Proceedings of the Annual Power Source Conference* 21 (1967): 37.

(7) Huggins, *Advanced Batteries*, p. 61

(8) van Gool, *Fast Ion Transport in Solids*.

(9) Interview with Michael Stanley Whittingham, SUNY Binghanton, October 30, 2000, http://authors.library.caltech.edu/5456/1/hrst.mit.edu/hrs/materials/public/Whittingham_interview.htm.

(10) 이것은 커다란 진보였다. 그 이외의 대부분의 전극재료는 전도성을 얻기 위해서 상당량의 카본 블랙을 섞지 않으면 안 되었다. 전극의 20%를 카본이 점유하게 되면 포함되는 전극 활물질이 20%가 적어져, 즉 전지 안에 실제로 전하를 운반하는 역할을 하는 리튬 이온의 양이 20% 적게 되는 것이다. 이황화티탄은 상당히 우수한 전도체이므로, 카본 블랙을 완전히 생략하는 것이 가능하다.

(11) Whittingham, "Electric Energy Storage and Intercalation Chemistry."

(12) "The Best Growth Business," *Forbes*, May 15, 1975.

(13) "Car of the Future," *Forbes*, October 15, 1976.

(14) "New Batteries Are in the Running," *Chemical Week*, December 1, 1976.

(15) James Flanigan, "Does Exxon Have a Future?" *Forbes*, August 15, 1977.

(16) Yergin, The Prize, p. 583.

(17) "Down to Earth Talk on Far Out Ideas," *Chemical Week*, February 22, 1978, p. 42.

(18) Richard I. Kirkland, Jr., and Susan Kuhn, "Exxon Rededicates Itself to Oil," *Fortune*, July 23, 1984.

(19) "Exxon Puts a Tiger in Your Electric Motor," *Economist*, May 26, 1979, p. 111.

(20) "Interview with Clifton Garvin: 'The Quicker We Get at Synthetic Fuels, the Better We'er Going to Be,'" *BusinessWeek*, July 16, 1979, p. 80.

(21) "Here Come the Electrics," *Fortune*, October 22, 1979, p. 80.

(22) 전지 부문의 중지선언은 대대적인 거래가 될 것이 중지된 때에 발발했다고 믿고 있음. 이 그룹은 전지의 보다 큰 이용법을 차례로 찾아가고 있었다. 특히 충전식 태양전지 시계는 찰스 댄디(그 이름을 딴 컴퓨터 회사의 창업자이고, 현재는 잊혀져 버림)의 눈에 띄었다. 댄디는 라디오샤크를 인수한 직후이었다. 댄디가 5만 개의 리튬 전지

구동시계를 사려 했다는 것을 믿을 수 있는 충분한 이유가 햄린에게는 있었다. 그러나, 1978년 11월 29일에 댄디는 심장발작 때문에 60세에 서거. 거래는 종료되었다. 엑슨 엔터프라이시스는 기업의 다각화 실패에 대한 케이스 스터디가 되었다. 엑슨 엔터프라이시스에 이전 근무자 호리스터 B. 사이크스는, 1986년 5월에 「하버드 비즈니스 리뷰」에서 다음과 같이 서술하고 있다. "당사의 자산을 정하는 R&D 벤처의 비율이 높았기 때문에, 실패의 리스크는 대폭 늘어났고, 조업 개시로부터 목표 매출달성까지의 기간은 길어졌다. 대부분의 기업은 주력 부문의 경기 순환을 경험하고 있기 때문에, 주류로부터 벗어난 이익이 되지 않는 사업은 특히 약하다. 엑슨도 예외가 아니었다. 1979년부터 1982년에 석유제품과 천연 가스 제품에 급격한 소비량 저하가 불안을 불러 일으켰다. 엑슨의 주력사업이 축소됨과 함께 소규모의 벤처는 거의 매각 또는 해산되었다."

(23) Kirkland and Kuhn, "Exxon Rededicates Itself to Oil."
(24) "The Slow, Sure Advance Toward Better Batteries," *Chemical Week*, November 28, 1984.

≫ 모바일 혁명

🦉 노과학자의 내력

엑슨의 전지 벤처 사업이 실패한 이후 리튬 축전기의 난문에 대해 전혀 다른 새로운 접근법에 몰두하여, 드디어 이 기술을 부활시키는 것이 가능하게 되었다. 그 새로운 접근법은 존 바니스터 굿이노프 (John B. Goodenough)의 연구소에서 탄생했다. 굿이노프는 물리학에서 고체과학으로 전환한 학자로, 휘팅검의 전지가 좌절한 이후부터 20년 후인 1990~2000년대의 가젯(gadget) 붐, 즉 휴대전화를 가능하게 한 것을 포함해 오늘날 사용되고 있는 주요한 3계통의 리튬 이온 전지의 개발에 기여한 인물이다.

굿이노프는 현재 오스틴에 있는 텍사스 대학의 교수로 근무하고 있다.[1] 88세인 그는 원래는 벌써 은퇴를 했어야 하지만 지금도 연구를 하며 대학원생을 지도하고 있다. 장신이지만 최근 허리가 굽어서 키가 줄어버렸고, 금속재의 네발 지팡이에 의지해서 걸어 다닌다. 그래도 아직 부엉이를 닮은 깃털 모양의 눈썹을 기른 위엄 있는 얼굴을 하고 있고, 돌연 굵직한 음성으로 웃기 시작하면 잘 멈추지 않아 같이 있는 사람을 당혹하게 한다. 할아버지와 같은 말투로 자신으로부터 만물의 의미에 대해서 강의를 자처한다. "자신의 뿌리를 잊지 말라."라고 그는 필자에게 조언해 주었다. 그리고 이렇게 말했다. "인생은 잠깐의 순간이다."

굿이노프는 1922년 미국인 양친 사이에서 독일에서 태어나 12세

때까지 예일 대학이 있는 코네티컷 주 뉴헤븐 교외의 작은 도시에서 살았다. 아버지는 예일 대학의 역사학 조교수를 하고 있었다. 굿이노프는 어린 시절을 향수하며 깊은 음울함이 뒤섞인 기분으로 회상했다. 향수하는 것은 반려견 맥, 집 옆에 있던 늪의 두루미, 사과 나무, 안뜰의 풍차에 관한 것이었다. 한편, 유년기를 고통스럽게 한 깊은 아픔에 대해서는 굿이노프는 자비로 출판한 영혼의 자서전 「은총의 증인」이라는 작은 책자에 기록하고 있다. 양친은 대학촌을 산보하고 있었다. 애견 맥이 소년 굿이노프의 친구였다. 책을 읽게 되기까지 고생했기 때문에 12살 때에 매사추세츠의 명문기숙학교 그로톤 학교에 합격한 것은 기적이었다고 굿이노프는 회상했다.

그로톤에서 굿이노프는 자아에 눈뜨기 시작했다. "나는 향수병에는 걸리지 않았다."라고 그는 쓰고 있다. "양친이 면회에 오지도 않았고, 새로운 생활에 개입되지 않는 것이 기뻤다." 그로톤 학교 졸업 후 예일 대학에 입학한 굿이노프는 징병되기 전까지 가능한 한 많은 과정을 수료해 두려고 했다. 1938년에 전쟁을 피할 수 없는 정세라고 생각했기 때문이었다. 굿이노프는 자연과학의 필수과목 학점을 채웠고, 아울러 의학부 선택을 남겨두고 있었기 때문에 1년차 때 화학을 이수했다. 그는 제정신이 아닌 세계를 살아가는 젊은이로서의 책임과 씨름했다. '인생의 의미는 타인으로부터 칭찬받는 것이 아니라, 위대하고 영원한 것에 매진하는 것'임을 그는 느끼기 시작했다고 굿이노프는 기록하고 있다.

굿이노프에게 있어서 가장 영원한 것이라고 생각된 것은 과학이었다. 그는 근본적인 것이라고 생각한 과학철학과 물리학의 연구부터 시작하기로 했다. 졸업이 가까웠을 무렵, 수학 교수로부터 "해병대에 들어가 전쟁영웅이 되는 것보다도 기상학자로서 육군 항공대에 입대하는 것이 어떠냐?"라고 권유 받았다. 머지않아 굿이노프는 처음은 뉴펀들랜드 나중에는 아소레스 제도의 관측소에서 대서양 일대로 항공기를 보내는 임무를 맡았다. 무사히 전시를 보내고 아소레스에 1946년까지 주재하고 있었으나, 어느날 워싱턴으로 복귀하라는 전보가 도착했다. 모국에서 우연히 손대지 않고 남아있는 정부예산이 있어 그것이 전도유망한 학자를 민간으로 복귀시키기 위해 할당되었다는 것이었다. 예일 대학에 있는 한 교수가 추천해 준 덕택에 굿이노프는 노스웨스턴 대학과 시카고 대학에서 물리학과 수학을 배울 21명의 사관 중 한 사람으로 뽑혔다.

되돌아보면 전쟁터로 향하기 전 굿이노프는 알프레드 노스 화이트헤드의 「과학과 근대세계」를 읽고 지내면서 한 가지 결심을 했다. "만약 전쟁에서 살아서 돌아와 대학원으로 돌아갈 찬스가 생긴다면 꼭 물리학을 연구하겠다." 이것은 벌써 몇 년이나 잊고 있었지만 새로운 기회는 신의 계시와 같이 생각되었다. 굿이노프는 시카고 대학원의 물리학 과정에 입학하여 엔리코 페르미로부터 양자역학을 배웠다. 박사논문은 고체물리학에 관한 것으로, 「탄소 또는 질소를 첨가한 철선의 내부 마찰」을 측정하는 것이었다. 수년 전 입학했을 무렵 교무처로부터 들은 격려의 말을 굿이노프는 전혀 문제삼지 않았다.

"당신들의 군대 복귀는 이해가 가지 않는다. 물리학에서 무엇인가 흥미가 있는 것을 했던 선배들은 당신들의 연령 나이 때에 일가를 이룬 것을 모르는가?"

굿이노프 박사의 몰두

굿이노프는 엄밀한 의미에서 물리학 분야에 머무르지 않고 많은 업적을 쌓게 된다. 박사학위를 취득하자 매사추세츠 공과대학의 링컨 연구소에 직장을 얻었다. 그곳은 연방정부가 자금을 제공하는 국방연구소로, 최초의 완전한 트랜지스터식 컴퓨터 TX-0의 개발을 포함하여 초기 컴퓨터 기술에 몇 가지 획기적인 진보를 낳은 장소였다. 링컨 연구소에서 굿이노프는 랜덤 엑세스 메모리의 연구에 참여했다. 그에게 배정된 일은 체육관 정도의 크기인 당시의 진공관 컴퓨터용으로 데이터를 기록하기 위한 자성체를 개발하는 것이었다. 그는 곧 전문분야간 조정계 역할을 맡았다. 같은 목표를 향해서 함께 작업하며 서로에게 이야기가 통하지 않는 공학자·화학자·물리학자를 연결해 주는 역할이었다. 굿이노프는 화학, 물리학, 공학이 부딪히는 원자간의 영역을 직감적으로 이해 할 수 있게 되었다.

굿이노프가 링컨 연구소에 왔을 무렵, 동부 해안 수백 km 남하한 곳에 있는 별도의 유명한 연구소에서 두 사람의 과학자가 이동 전화를 개발하고 있었다. 1947년의 일이었다. 그중 벨 연구소의 연구자는 더글라스 H. 링과 윌리엄 로우 영이었다.[2] 그들의 발상은 다수의 저출력 기지국—본질적으로는 무선송신기—을 넓은 지역에 점재시켜 전파 도달 범위의 셀을 만드는 것이었다. 유저(사용자)가 한 셀로부터 다른 셀로 이동하면 신호는 기지국으로부터 기지국으로 전달된다. 이 것은 시스템이 주파수를 재이용 가능하도록 하는 것으로, 시스템이 반송 가능한 신호의 수를 늘린다고 하는 혁신적인 발상이었다.

당초 이 아이디어로부터는 커다란 결과가 나오지 않았지만, 1970 년대가 되어서 벨 연구소에서의 수십 년에 걸친 연구와 마이크로 프로세서의 상품화, 셀 간의 통화 인계가 제어되는 컴퓨터에 의해 관리되는 교환대의 출현에 의해 처음으로 실제로 가동되는 실용적인 이동 전화가 탄생됐다. 버튼을 누르고 "말씀해 주세요."라고 말하지 않아도 두 사람 간에 자연스러운 대화를 나누는 것이 가능해진 것이다.

무선전화의 가능성이 높아지자 쌍방향 무선의 왕자 모토로라와 당시 미국의 전화시장의 80%를 지배하고 있던 AT&T의 경쟁이 시작되었다. 이 경쟁이 손에 휴대하는 이동전화의 탄생으로 이어지게 되었다. 1973년 4월 3일 마틴 쿠퍼라고 하는 모토로라의 연구자는 뉴욕 시내를 걸으면서 처음으로 손에 든 이동전화로 통화를 하여 승리를 선언했다. 무게 1kg의 전화를 이용해서 연구소의 라이벌에게 전화하여 그가 승자임을 알게 한 것이다.

1973년 4월 3일 존 굿이노프는 아직 링컨 연구소에 있었고, 이동 전화에 대해서는 생각하지 않았지만 얼마 되지 않아 안절부절 못해졌다.[3] 굿이노프는 고체과학의 기초연구를 사회를 위해서 이용하는 새로운 길을 찾고 있었다. 1973년 과학자로서 훈련을 받은 사람들에게 있어서 가장 절박하게 다가온 프로젝트는 새로운 에너지원을 탐구하는 것이었다. "1970년에는 벌써 해외의 석유에 대한 의존이 러시아의 탄도 미사일의 위협과 같이 우리나라를 약하게 하는 것이 분명하다."고 굿이노프는 회상록에 쓰고 있다. 굿이노프가 이치에 맞다고 생각하는 대체 에너지원은 수력·지열·태양광·풍력·원자력이었다. 수력은 벌써 보급되어 있다. 지열은 지리적으로 한정된다. 굿이노프는 원자물리학자는 아니었다. 소급법적으로 그는 태양광에 귀결되었다.[4] 그러나 태양광발전에는 전기자동차와 동일한 문제가 있다는 것을 깨닫게 되었다. 전기를 저장하여 쓸만한 방법이 없는 것이다. 거기에서 굿이노프는 에너지 저장으로 눈을 돌렸다.

링컨 연구소에서 굿이노프는 광전기 분해, 연료전지, 나트륨 황 전지(이와 관련 1967년 포드 자동차의 획기적 발명품을 평가하고자 수년 전 에너지 성으로부터 협력을 의뢰 받았을 무렵 관여한 적이 있었다.)에 몰두했다. 그후 1973년 정부가 출자한 연구에 관여하였는데, 관료주의가 확대되어 있는 것에 염증이 난 굿이노프는 링컨을 떠나기로 했다. 그리고 이란에서 국왕으로부터 700만 달러의 보조금을 받아 태양 에너지 연구 기관을 설립하는 안건에 흥미본위로 손을 뻗쳤다. 그러나 이란의 프로젝트에 관여하기 직전에 그다지 결심할 만한 것은 아니었으나 한가지 권유가 있었다. 그에게 옥스포드 대학으로부터 무기화학 연구실장 직이 비어 있으니 응모해 보지 않겠느냐는 편지가 온 것이다. 굿이노프는 자신이 채용될 가능성은 거의 없다고 생각했다. 무엇보다 자신은 물리학자로서 지금까지 화학 관련 강좌는 두 가지밖에 수강한 적이 없었기 때문이었다. 그러나 어떠한 이유였는지 그는 그 직장을 얻었다.

1976년 옥스퍼드에 도착한 굿이노프는 에너지 저장 연구에 전념했다. 그것은 그 후에 커리어의 방향을 결정짓게 되었다. 리튬 전지의 새로운 소재의 설계에 착수하기 전 스텐리 휘팅검이 엑슨에서 개발한 티탄 베이스의 전지에 관해서도 알고 있었기 때문에 굿이노프는 메탄올 연료전지와 전기분해를 연구하고 있었다. 린덴의 소방서에서 알고 있었던 바와 같은 안전상의 이유로 굿이노프는 금속 리튬 음극을 사용하지 않기로 했다. 휘팅검의 그룹은 알루미늄 음극으로 전환하는 것에 의해서 전지의 폭발문제를 해결했지만 굿이노프는 전지 설계를 일신할 필요가 있다고 느꼈다.

산화물(휘팅검이 사용한 황화물이 아닌)을 베이스로 한 리튬 축전지가 보다 높은 전압에 도달하는 것을 굿이노프는 알고 있었다. 어느 산화물로 목표를 좁힐지에 대해서 결정은 어려웠지만 1978년에 실마리가 잡혔다. 한 학부생(굿이노프는 그 여학생의 이름을 기억하지 못해서 가슴 아프게 생각하고 있다고 말했다.)이 $LiMO_2$ 산화물의 조성에 대해서 논문을 썼다. 여기서 M은 다수의 천이 금속을 나타내는 변수이다. 그것을 읽은 굿이노프는 1950년대에 니켈산리튬에 대하여 행했던 연구를 기억해 내었다. 붕괴를 시작할 때까지 어느 정도 리튬을 거기로부터 뽑아

낼 수 있을지 굿이노프는 생각했다.[5] 우연히 미즈시마라고 하는 일본의 물리학자가 동경 대학에서 파견되어 와 있었다. 굿이노프는 미즈시마와 포스트 닥터로 화학자인 필립 와이즈만을 한 조로 하여 연구 과제를 배당했다. 크롬, 코발트, 니켈을 이용한 이 화학물에 여러 가지 변종을 만들어 그것이 불안정할 때까지 어느 정도의 리튬을 빼낼 수 있는지 조사하고, 거기에 실용적인 리튬 전지로 만들 경우 각 물질이 어느 정도의 전압을 만들 수 있는지 테스트하는 것이었다.

미즈시마와 와이즈만은 리튬의 절반을 꺼냈다. 후보 중 두 개가 안정했고 양호했다. 전압은 어떠한가? 휘팅검의 전지가 만들어내는 실용 전압은 2.4볼트인데 이것을 크게 상회하는 4볼트라는 놀라운 결과를 보였다.

굿이노프에 의한 비약적 진보의 열쇠 중 하나는 전지에 대해서 상식으로 여겨졌던 이론—전지는 완전 충전상태에서 만들지 않으면 안 된다.—을 뒤집은 것이다.[6] 방전상태에서 시작하도록 전지를 작성함으로써 보통 공기 중에서 완전히 안정된 물질을 사용하는 것이 가능해져(즉, 건조실이나 아르곤 채임버에서 만들지 않아도 좋다.), 최초부터 에너지가 가득 채워진 전지를 만들고자 하는 일반적인 방법을 사용하는 것보다 고전압을 얻는 것이 가능한 것이었다. 그러나 굿이노프는 영국에도, 유럽에도, 아메리카에도 자신의 발명 라이센스를 필요로 하는 전지 메이커를 하나도 발견할 수 없었다. "정설을 따른 방법이 아니었기 때문이었다."라고 굿이노프는 말한다.

정설을 뒤집은 것에 대해서 결과적으로 문제는 없었다. 오늘날 이 방법으로 '세계의 모든'이라고 말해도 좋을 만큼의 모바일 전원이 될 수십 억의 전지가 제조되고 있다. 그래서 굿이노프는 리튬 이온 전지의 시판을 위해서 불가결한 기술 혁신인 코발트산리튬 양극의 이야기를 즐겨 마무리로 사용한다. 이리하여 무선혁명(모바일 혁명)이 시작된 것이다.

최초의 휴대전화

1973년 마틴 쿠퍼의 휴대전화에 의한 최초의 통화가 행해진 이후로 굿이노프가 코발트산리튬을 발표한 1980년 사이에 휴대전화는 전혀 진보되지 않았다. 한 가지 문제는 기업이 통화에 사용하는 주파수를 규제하기 때문에 연방통신위원회(FCC)가 10년 가까이 시간을 기다리게 한 것이다. 한편, 대형 전화 회사에서는 휴대전화를 필요로 하는 사람이 거의 없었고, 전혀 새로운 인프라의 정비를 정당화할 정도의 숫자가 채워지지 않을 거라 생각하고 있었다.

그러나 그것은 미국만이었다.[7] 1970년대가 끝날 무렵부터 1980년대 초에 걸쳐 소규모의 셀 전화망이 일본, 바레인, 사우디아라비아, 스칸디나비아 제국에서 늘어나고 있었다. 1981년 8월에는 멕시코 시티의 북 아메리카에서 최초의 네트워크가 만들어졌다. 1982년 8월 24일 미국의 전기통신은 양상이 일변했다. 사법부가 AT&T를 분할하여 각 시장에 두 개의 통신 사업자가 있지 않으면 안 된다는 규제를 정한 것이다. 그러한 통신사업자의 하나는 지역의 유선 전화 회사가 된다. 또 하나는 대략 FCC가 판매하는 일정 폭의 주파수대의 면허를 추첨으로 취득한 신규사업자다.

드디어 1983년 10월 13일 시카고에서 새롭게 설립된 AT&T의 자회사 '아메리텍 모바일 커뮤니케이션즈'가 최초의 셀 네트워크인 '어드밴스 모바일 폰 서비스(AMPS)'를 개시했다. 솔저필드 경기장 밖의 자동차에 있던 아메리텍의 사장 로버트 바네트는 베를린에 있는 알렉산더 그라함 벨의 손자에게 처음으로 전화를 걸었다.[8] 「뉴욕 타임스」지는 AMPS를 이렇게 불렀다. '국내 최초의 상용 셀식 휴대 무선 서비스.' 컴퓨터가 제어하는 전화기술로서 지지자들에 의하면 자동전화 서비스의 능력을 대폭 확대하여 그 질을 향상시킨다고 한다. 벌써 자동차 전화망이 있는 도시도 있었지만 개량 이동전화 서비스라고 불리는 이 시스템은 12채널밖에 사용할 수 없는 1기의 고출력 안테나를 중심으로 하는 원시적인 과거의 유산이었다. 즉 1기의 안테나가 동시에 처리 가능한 자동차 전화는 12통뿐이라는 것이다. AMPS는 벨 연구소의 연구자가 35년 전에 생각한 기본 구상을 이용하고 있다. 서로 간섭하지 않는 정도의 출력이 낮은 작은 기지국을 나열하여 지리적인 세포(셀)를 연속적으로 커버한다. 유저가 셀로부터 셀로 이동함에 따라 컴퓨터화된 교환 시스템에서 제어되는 기지국은 이동 중에 통화가 새로운 셀에 들어가자마자 새로운 주파수를 할당하기 때문에 대화에는 느껴질 정도의 중단은 일어나지 않는다. "이것은 꽤 괜찮은 것이다."라고 말할 수 있는 것은 아메리텍의 자동차 전화기 본체는 약

3,000달러, 기본요금은 월 50달러, 통화료는 1분간 24~40센트이었다.[9] 이러한 고액의 통화를 중단시키는 일이 있어서는 안 되기 때문이다.

1984년 최초의 휴대용 이동전화가 발매되었다. 구두 상자 사이즈의 모토로라 다이나텍 8000X의 양산형이 시험 제작품으로서 공표되었고 10년에 거쳐서 약 3,995달러에 판매가 되었다.[10] FCC는 이 전화기를 전년에 막 승인한 상태였다. 그 해에 모토로라는 처음으로 다이나텍 이동체 통신 네트워크를 볼티모어와 워싱턴 D.C.에 배치했다. 다이나텍은 드디어 1987년의 영화 「월가」의 덕택으로 비꼬는 듯한 문화적 기호가 되었다. 마이클 더글러스는 햄프턴 해안을 어슬렁거리며 토스트 정도 크기의 휴대전화(라고 부를지 어떨지는 의문이지만)를 향해서 이야기를 하는 것이다. 이것이 모토로라 다이나텍의 초기형이었다.

이러한 초기의 거대한 휴대전화가 팔림과 동시에 전지도 화제의 대상이 되었다. 원래 굿이노프의 리튬 코발트 전지기술의 인수 상대가 없었지만 말이다. 소니 워크맨을 필두로 하는 1980년대 초의 휴대기기붐은 일회용 알칼리 전지의 소비량을 크게 늘렸다. 워크맨은 특히 전기를 많이 소비했다. 카세트 타입의 휠을 돌리는 모터를 구동시키지 않으면 안 되기 때문이었다. 워크맨의 인기는 전지 메이커에 있어서는 뜻밖의 행운이었다. 레이오백의 사장은 1982년 「포브스」에서 "우리들은 마이크로 일렉트로닉스 혁명의 완전한 덕을 보았다."라고 언급했다.

그러나 워크맨이나 그것에 촉발된 가제트(휴대기기)는[11] 일본에 있어서는 괜찮은 것이 아니었다. 1980년대 초, 가제트의 포로가 된 일본에서는 전지를 발생원으로 하는 오염이 긴급하고도 주목도가 높은 환경문제로 대두되었다. 1984년 「뉴욕 타임스」 기사에는 일본이 수은이 채워진 사용이 끝난 전지의 바닥으로 가라앉는 것처럼 보도되었다. "대부분의 전지에 사용되는 유독한 금속 수은이 쓰레기 처리장 주변의 토양에 스며들기 시작했다. 그것은 전자계산기, 카메라, 포터블 스테레오, 손목 시계를 움직이는 건전지로서, 일본이 서서히 오염되고 있다는 염려가 생겼다."[12] 전지에 관해서 일본이 안고 있는 문제는 수은 오염만이 아니었다. '오연(실수로 삼킴)문제' 라고 하는 것도 있었다.[13] 점점 작아지는 전지를 삼켜버리는 아이들의 숫자가 늘고 있었다. 그리고 「뉴욕 타임스」에 써진 것처럼 "삼켜진 전지는 장을 태워 궤양을 만들면서 염증을 일으킨다."는 것이었다. 중독 센터의 소장이 이 잡지에 밝힌대로, "일본에는 매년 5,000건의 전지 오연사고가 일어나고 있다."고 추정했다. 이 두 개의 문제는 전지업계에 심각한 문제를 일으키고 있었다. "보통은 아무도 전지 등에 관심을 갖지 않는다. 그러나 돌연 우리들은 너무 유명해져 버렸다."라고 일본 건전지 공업회의 홍보담당자는 말했다.

일본에서 새로운 무해한 전지기술을 추구하기 시작했다. 그것은 가정용 전기제품 산업으로, 일본의 지배력과 함께 세계의 전지산업의 방향을 바꾸기 시작했다. 몇 개의 축전지가 빼놓을 수 없을 만큼 중요하게 되었을 때, 즉 디지털 시계나 환상적인 모습의 휴대전화가 아닌 에너지 안전보장의 문제가 되었을 때, 일본기업이 우위에 서는 것은 확실한 것이다. 1980년대 초 에버레디를 소유한 미국 기업 유니언 카바이드가 세계의 전지시장에 군림하고 있었다. 파나소닉은 세계적인 세력을 가지고 있었지만, 미국에서는 미국기업인 듀러 셀이나 레이오백에 뒤쳐져 있었다. 일본 기업이 1980년대를 통하여 미래전지를 개발하려고 고심하는 것에 대해 미국의 기업은 마치 남의 일처럼 거의 움직이지 않았다.

"당시 구미에서는 리튬 전지에 전혀 관심이 없었다."라고 굿이노프의 옥스퍼드 연구소에서 1980년대 포스트 닥터로서 근무했던 피터 부르스는 말한다. 1980년대 고체화학에서 주목받는 이야기라고 하면 고온 초전도였다. 1970년대 에너지 위기가 과거의 것이 되었을 무렵 전지는 식상해져 있었고 초전도—그것은 하얀색 옷을 입은 과학자가 금속 조각을 극저온의 원반 위에 부양시키는 그 시대의 IBM 광고에 그려져 있는—는 마법과 같이 생각되었다. 어느 쪽도 고체 이오닉스가 관계되어 있어 그 때문에 부르스에게는 당시 가장 매력적이었던 과학에 뜻을 둘 자격이 충분히 있었다. "그것은 편한 길이었을 것이다. 자금이 여기저기서 쏟아져 나왔기 때문이다. 리튬 전지에서는 자금을 받을 수 없었다."고 부르스는 말한다. 그러나 부르스는 객원교수로서 1개월간 일본으로 가서 체류 중 우연히 몇 개의 일렉트로닉스 기업을 방문했다. 리튬 전지를 1차 전지 즉, 1회용으로부터 충전가능한 것으로 하기 위해서 그들이 행하고 있던 장기간의 계획과 연구를 보고 놀랐다. 이 방문으로 부르스는 이전부터 막연히 생각하고 있었던 것을 확신했다. 어찌되었던 에너지 저장은 마침내 중요하게 된다. "중요하게 될 것을 확실히 알았다."고 부르스는 말했다. "에너지는 사회에 있어서 중요하다. 인간에게 에너지가 필요하다. 인간이 이동하기 위해서는 에너지가 필요하고 이러한 원리가 사라지지는 않는다."

엘튼 케언스도 1980년대에 여전히 리튬 전지에 몰두하고 있었던 얼마 되지 않은 서구과학자의 한 사람이었다. 케언스는 벌써 긴 커리어를 쌓고 있었고 1978년에 캘리포니아 대학 버클리교에 직장을 얻을 때까지 제너럴 모터스에서 콘셉트카, 일렉트로 베트에 탑재할 전지개발을 지휘하고 있었다. 부르스와 같이 케언스도 구미기업이 이 새로운 사업을 경쟁상대인 일본 기업에 내어주는 모습을 보고 있었다. 1980년대를 통하여 일본은 정말 끈기 있게 연구를 계속하고 있었다고 케언스는 말한다. "시판용 리튬 이온 전지를 개발하기 위해서는 꼼꼼한 작업이 몇 가지 필요했다. 음극에 사용할 탄소의 시험, 양극을 만드는 방법의 연구, 가장 적합한 전해질의 탐구, 그러나 일본인은 그것을 묵묵히 진행했다. 그러한 몰두는 얼핏 보면, 상품화를 향한 움직임이라는 의미에서는 무엇을 하고 있는지 잘 알 수 없었다. 에버레디와 듀라 셀은 무엇을 하고 있었는가를 물으면, 미국의 전지 메이커가 연구에 열심이었던 적은 없었다. 이러한 회사는 뒤떨어지기 마련이었다."[14]

🔋 소니의 대약진

1980년대 전반, 소니는 자회사 소니 에버레디(대형 건전지 메이커인 에버레디를 거느린 유니언 카바이드의 합병회사)를 통하여 독성이 없는 전지의 개발을 계속하고 있었다. 소니 사의 역사를 보면 이 회사는 에버레디와 리튬 축전지를 공동 개발하고 싶었다고 한다. 그러나 1984년 12월 3일 유니언 카바이드는 대참사를 일으켰다.[15] 인도의 보팔에 있는 농약공장에서 일어난 사고에 의해 발생한 42톤의 이소시안산 메틸 가스가 마을을 덮친 것이었다. 50만 명이 이 독가스에 노출되었다. 2,259명이 즉사하고, 최종적으로 적어도 2만5,000명이 사고로 목숨을 잃었다.

유니언 카바이드는 인도에서 수십 년에 걸치는 소송에 휘말렸다. 하지만 사고 직후 이 회사는 별도의 위험에 직면한다. 뉴저지 주의 화학회사 GAF에 의한 적대적 인수이다.[16] 자본조달을 위해 유니언 카바이드는 모든 소비재 사업을 매각했다. 그 중에는 글라드나 STP와 같은 미국을 상징하는 브랜드도 포함되어 있었다. 이 회사의 전지부문(에버레디와 에너자이저 제품에 의해 미국 국내시장의 60%, 세계시장의 30%를 점유하고 있다.)을 랄스톤 퓨리나에 14억 달러에 매각했다.

이렇게 10억 달러 규모의 매각의 그림자에 가리워져 소니 에버레디 합병회사의 운명은 거의 주목 받지 못했다. 소니 측의 증언에 의하면 소니 에버레디의 회장 토자와는 유니언 카바이드의 처분 특매를 전보로 알게 되어 즉시 변호사의 한 무리들과 함께 미국으로 향했다. 명칭을 바꾸면 사업을 계속해도 좋다고 하는 조건으로 유니언 카바이드가 보유하고 있던 소니 에버레디 합병 전지회사의 전출자액으로부터 토자와는 불과 1,200만 달러를 확보했다. 소니는 이 기업의 이름을 소니 에너지텍으로 하였다.

1987년 토자와 그룹은 드디어 매스 마켓을 향한 리튬 축전지 개발에 힘을 쏟기로 결정했다. 그들은 공개된 20년 분의 연구성과를 사용하는 것이 가능했다. 스텐 휘팅검, 밥 허긴스, 마이클 아만드, 엘톤 케언스, 존 굿이노프 등에 의한 연구였다. 1980년대 말, 소니 에너지텍이 망간산 리튬 전지의 가능성에 활기를 띠고 있다는 정보를 일본의 미디어는 짧게 보도했다. 만약 그렇다고 한다면, 그것은 존 굿이노프가 남아프리카에서 파견된 마이켈 사크레이라는 연구자와 함께 개발한 화학반응에 기초해서 만들어진 것일 것이다. 그러나 이러한 보도는 곧 사라지고 대량생산을 향해 리튬 이온 전지의 안전하고 값싼 제조방법을 토자와 팀이 드디어 발견했다는 뉴스로 바뀌었다.

안전하고 값싼 제조방법의 열쇠는 탄소 음극이었다. 굿이노프의 코발트 화학물을 양극으로, 소니의 탄소를 음극으로 사용하면 전지는 이와 같이 단순한 반응으로 작동한다.

$$LiC_6 + CoO_2 = C_6 + LiCoO_2$$

리튬과 탄소로 이루어진 화학물(LiC_6)이 코발트와 산소로 만들어진 화학물(CoO_2)과 반응한다. 리튬 이온은 탄소를 주성분으로 하는 전극으로부터 빠져 나와 전해질을 통해서 양극 쪽으로 헤엄쳐간다. 양극에 도착하면 이온은 코발트 산화물의 결정격자로 파고 들어가고 딱 맞게 수납되어 새로운 화합물인 이산화코발트리튬을 만든다. 한편, 이 반응에서 음극으로부터 외부회로를 통한 전류의 흐름이 일정하게 보내어진다. 외부회로를 떠난 전자는 양극으로 들어가 원자의 젠가(나무토막을 쌓아 하나씩 뽑아내는 놀이)와 같은 구조를 가진 삽입 화학물의 배터리 소재에 위치할 장소를 얻는다.

양쪽 극 사이의 높은 전기화학 포텐셜에 의해 이 전지는 3.6볼트라는 높은 전압을 가진다. 이것의 상황이 좋은 것은 $P=VI$라는 공식이 있기 때문이다. 전기출력(P)은 전압(V)과 전류(I)를 곱한 것과 같다. 전압이 높을수록 같은 양의 전류로 커다란 출력을 얻을 수 있다. 그러므로 많은 경우 기기를 움직일 때에 전압이 높을수록 효율이 높은 것이다.

소니의 리튬 축전지가 가져온 전압의 대폭 향상과 두 배 가까운 에너지 용량은 여러 가지 휴대기기의 전원을 극히 소형화시켰다. 예를 들어 당시 휴대전화는 전기신호를 고주파로 전환시켜서 기지국에 발신하기 위해서 7볼트의 고주파 전력 증폭기를 사용하고 있었다. 니켈 카드뮴(니카드) 전지 또는 1990년대에 새롭게 등장한 니켈 수소 전지에서도 전압이 불과 1.2볼트였다. 즉, 휴대전화의 전력증폭기를 작동시키기 위해서 필요한 7볼트에 도달하기 위해서는 시판되고 있는 가장 선진적인 전지가 6개 필요한 것이다. 거기에 소니의 리튬 축전지가 등장한 것이다. 3.6볼트로써 휴대전화의 전원에 필요한 전지의 수는 6개로부터 2개로 줄어든다. 한대의 전화기에 들어갈 필요가 있는 전지의 스페이스가 극적으로 줄어드는 것이다.

또 소니의 신형전지는 종래의 어떤 전지보다도 장수명이었다. 기본이 되는 화학반응이 상당히 가역적이었던 것이다. 전자를 역방향으로 흘리면 정반대의 반응이 일어난다. 양쪽 극은 원래의 변화를 일으키기 이전 상태로 되돌아간다. 이것을 몇 번이라도 반복하는 것이 가능하여 그것에 따른 손상은 극히 적다. 즉 이 전지는 사용할 수 없을 만큼의 커다란 용량저하가 없이 수백 회의 충·방전하는 것이 가능한 것이다. 거기에 리튬 이온은 '메모리 효과'의 결점이 없었다. 니카드 전지나 니켈 수소 전지와 같이 완전히 방전될 때까지 방전하기 전에 충전을 하면 에너지 용량을 잃어버리는 경향을 가지지 않는 것이다.

이러한 이점으로부터 소니의 전지는 혁명적인 것이 되었다. 1988년에는 이 회사의 전지를 제조하기 위해 고오리야마(郡山) 공장을 준비하고 있었다. 1970년대에 엑슨에서 뉴스의 특종이 된 타오르는 금속 리튬 베이스의 전지와 구별하기 위해서 소니는 이것을 리튬 이온 전지라고 부르기로 했다. 1990년 2월 소니는 생산을 공식적으로 발표했다.[17] 20년 이상의 실패를 거쳐 리튬 축전지가 드디어 세상에 나온 것이었다.

🦬 모리 에너지의 열정

소니의 발표에 의해 즉각적으로 자금과 주목이 다시 선진적 전지 연구에 모아졌다. "리튬 전지 상품화는 반대파의 주장을 단념시켰다." 라고 피터 브루스는 말한다. 반대파는 "리튬은 인화성이 너무 강해서 축전지로는 사용할 수 없다."고 주장했다. 문외한의 입장에서는 이론적으로 가능성이 있지만 실용화는 할 수 없는 것이었다. 상품화는 그것이 가능하다는 것을 증명한 것이다. 리튬 축전지는 결코 실용화될 수 없다는 비관적 주장에는 적어도 두 가지 밑바침이 되는 무리가 없는 조언이 있었다. 엑슨과 그리고 캐나다의 기업 모리 에너지의 사례였다. 모리 에너지는 소니의 리튬 이온 기술이 등장하기 3년 전에 리튬 축전지를 위주로 일본에서 휴대전화용으로써 판매하고 있었다.

모리는 애초 한 광물자원의 유용한 용법을 찾는 것부터 시작했다. 창시자 루디 헤이링은 브리티시 콜롬비아 대학의 물리학 교수로서, 1970년대 말에 엑슨의 이황화티탄의 전지에 대해서 알고 있었다.[18] 헤이링은 이황화티탄과 같은 층상 화학물에 관심을 가지고 있었고, 캐나다의 자신이 사는 지방에 우연히 그리고 별도의, 그러나 무척 닮은 층상 화합물인 이황화몰리브덴(MoS_2)이 대량으로 매장되어 잠자고 있다는 것을 알고 있었다. 이황화몰리브덴은 이황화티탄과 거의 같은 구조를 가진다. 다른 것은 이황화몰리브덴은 안정되고 내구성이 높은 광물로 비바람을 견디기 때문에 자연에 존재하는 것이다. 이황화티탄(TiS_2)은 정반대로, 양자를 비교하면 엑슨이 휘팅검의 TiS_2 전지를 중지한 것은 타당한 판단이라고 생각된다.

"TiS_2를 선택한 것은 좋지 않았다."고 노바스코시아에 있는 다르후지 대학의 과학자로, 1980년대의 모리의 연구원으로서 근무하고 있었던 제프 단은 말한다. "그것은 완전히 밀폐상태에서 합성하지 않으면 안 된다. 여기에는 무척 비용이 많이 든다. 그리고 공기에 접한 순간 냄새를 낸다. 정말 지독한 냄새다. 공기 중의 수분이 TiS_2와 반응하여 황화수소가 만들어지기 때문이다. 스탠 휘팅검이라든지 그 주변의 사람들은 아마 이야기했을 것이다. '아, 엑슨은 1970년대에 무엇이라도 파악하고 있었다. 모두 경영의 실패.'라고…. 그러나 그렇지 않다. 그들의 전극재료는 전혀 쓸만한 것이 아니었다." 엑슨이 휘팅검의 전지에 열심히 몰두하기 시작했을 때 한 기업이 이황화티탄 원료의 대량생산에 뛰어들었다. "TiS_2원료는 고작 1kg에 1,000달러 정도였다."고 단은 말한다. "바보 같다. 나는 어떤 물건인지 알아보기 위해 1kg 정도를 구입했으나 캔을 열자마자 방의 공기를 환기하지 않으면 안 되었다. 완전히 두 손 들었다."

1977년, 지역에 매장되어 있는 막대한 이황화몰리브덴의 채굴권을 가진 인물로부터 자금을 얻어 헤이링은 모리 에너지를 설립했다. 회사 이름은 몰리브덴과 리튬의 원소기호를 조합한 것이었다. 본래의 목표는 전기자동차를 움직일만 한 대형의 전지를 제조하는 것이었으나 엑슨과 같이 모리도 훨씬 작은 것부터 시작하지 않으면 안 되었다.

1980년대 중반까지 모리는 연구 개발 활동을 행하는 비상장기업이었다. 제프 단은 재료과학의 프로젝트 리더로서 1985년에 고용되었다. "내가 모리에 들어갔을 때 300회 정도의 충·방전이 가능한 리튬이황화몰리브덴 전지의 시험제작품이 있었고, 여러 고객을 상대로 데먼스트레이션을 한다든지 샘플을 보낸다든지를 하고 있었다."라고 단은 말했다. "모두 흥미를 보이고 있었다. 당시의 경쟁상대였던 니카드 전지보다 훨씬 좋았기 때문이다."

1988년 봄, 모리는 브리티시 콜롬비아 주 버나비에 있는 연구개발 시설에서 하루에 400개의 리튬 축전지를 제조하고, 곧 그 기술을 '거의 반세기만의 전지기술의 약진'으로서 선전했다.[19] 이 회사의 상급 연구원 제임스 스타일즈는 「글로브 앤드 메일」이라는 잡지에서 종래의 무명의 리튬 축전지와는 달리 "당사의 전지는 폭발하지 않는다."고 자부심을 가지고 말했다. 미쓰이 물산은 이 전지의 일본 내 판매권을 취득하였고, 미군도 흥미를 보였다.

그 해 모리는 주식을 공개하고 그 자금을 바탕으로 벤쿠버 교외의 메이플릿지에 공장을 건설했다. 이 공장은 연간 3,000만 개의 전지를 제조 가능하도록 설계되었다.[20] 제조 설비에 문제가 있었기 때문에 공장이 생산에 들어갈 때까지 대혼란이 있었다. 모리 에너지는 음극에 금속 리튬 박의 극히 얇은 시트를 사용하고 있었다. 이 시트는 팽팽하게 당겨진 상태에서 기계 안으로 흘러들어갈 필요가 있었지만 이것이 과제였다. "리튬 박은 습한 라자니아의 기지와 같이 다루지 않으면 안 되었다."고 단은 말한다. "우리들의 공장은 처음으로 리튬 축전지를 제조하는 공장이었다. 지금은 리튬 이온 전지 공장을 세우는 것이 여기저기에 넘쳐나는 평범한 것으로, 일본이나 중국의 제조 기기 메이커에 가서 '권취기를 달라.'고 말하면 되는 것이다. 그러면 제대로 사용할 수 있는 기계를 받을 수 있다." 권취기라는 것은 얇은 시트상의 전극을 원통형 용기에 수납하기 전에 롤 상태로 감기 위한 장치이다. 이러한 설비의 부적합은 생산의 지연과 함께 엄청난 비용의 낭비로 이어졌다.

1988년 되풀이되는 기술적 수정과 두 번의 자금조달을 거쳐서 최초의 전지 2.2볼트의 모리 셀이 발매되었다.[21] 그 대부분은 일본에 보내어져 NEC의 랩톱 컴퓨터와 NTT의 휴대전화에 사용되었다. 그러나 이 전지는 폭발까지는 하지 않았지만 상당히 연소하기 쉬웠고, 불과 수개월 사용으로 자연 발화되는 것으로 판명되었다. 실제로 8월에는 모리의 전지를 탑재한 NTT의 전화기가[22] 불을 뿜어 소비자가 화상을 입었기 때문에 NTT는 모리의 전지를 사용하고 있는 1만 대의 전화기를 회수했다. 모리는 생산을 중단하고 그 후 수개월에 걸쳐서 중대 상황을 상정한 안정성 시험을 개시했다.

"우리들은 크게 쇼크를 받았다. 우리 회사의 전지는 극히 철저한 안전성 테스트를 거쳤기 때문이었다."고 단은 말한다. "전부 합격했던 것이다. 그래서 연구개발 부분에서는 '그런 바보 같은 일이, 대체 어떻게 된 거야?'라고 이야기했던 것이다. 우리들은 바늘 방석에 앉아 있는 것 같았다."

"우리가 알게 된 것은 휴대전화를 사용하는 경우 전화가 46시간 동안 대기상태에 놓여지는 것이었다. 스위치를 켜 둔 상태로 두면 조금씩 방전이 된다. 전지가 완전히 방전이 될 때까지 4일에서 5일이 걸리고 그렇게 되면 충전하지 않으면 안 되는 것이다. 이와 같은 조건으로 전지를 테스트한 적은 없었다." 납기를 재촉 받은 모리의 기술자들은 전지를 이와 같은 완만한 사이클에 두는 것을 생각하지 않았던 것이다. 이 사이클에서 전지는 5일에 걸쳐서 서서히 제로가 되고 그로부터 10시간 동안 충전된다. 이 과정이 몇 백 회 반복되는 것이다. 이와 같은 조건에서 무엇이 일어날까라고 하면 리튬의 표면적이 '극도로' 크게 된다. 그러면 무언가의 부조화가 일어났을 때에 전해질과 격렬한 반응을 일으키는 상태가 된다. 실제의 경우 200만 개의 모리의 전지 중에서 부적합을 일으킨 것은 20개가 되지 않았다. "어떠한 조건의 시험에서도 발견하기는 어려운 결함인 것"을 단은 강조한다.

10월 모리는 191명의 종업원 중 56명을 해고하여 업계에 충격을 주었다. 그로부터 4일 후 토론토 증권거래소는 이 회사의 거래를 정지하고[23] 머지않아 모리는 도산했다. 미쓰이 물산이 개입하여 이 회사를 인수했기 때문에 오늘날에도 이것은 '이원 모리 에너지 캐나다'의 형태로 존재한다.[24] 그러나 이 회사는 지금은 금속 리튬을 사용한 축전지를 제조하고 있지는 않다.

1980년대 말, 모리의 파탄을 구실로 리튬 축전지가 결코 제대로 사용할 수 없다고 주장하는 사람들은 새로운 리튬 이온 전지—금속 리튬을 사용하지 않고 하전된 무해한 리튬 이온밖에 포함하지 않는다.—의 출현을 예상하지 않았다. 단에게 있어서도 모리의 교훈은 "리튬 금속은 감당할 수 있는 대상이 아니다. 소비자가 어떻게 사용할 지를 관여할 수 없기 때문이다."라는 것이었다.

💭 모바일 혁명

'터무니 없이 비싼 가격, 볼품없이 큰 부피, 좁은 통화 범위'에도 불구하고 휴대전화는 1980년대 말 미국에 안정된 기반을 쌓았다. 모토로라는 1984년에 휴대전화가 시장에 나온 최초의 해의 연말까지 1억 8,000만 달러 상당의 매상을 올렸다.[25] 휴대전화의 공급자가 있는 도시의 숫자는 1984년의 2개소에서 1985년에 82개소로 늘어났다. 1990년에는 미국의 어느 도시에도 최저 한 개의 휴대전화 공급처가 있었고 500만의 미국인이 휴대전화 서비스를 받고 있었다.

휴대전화와 그 이외의 휴대기기가 보급됨에 따라 전지의 출력은 또 널리 인식되게 되었다. "경쟁이 격렬해졌다. 누구나가 수명이 길고 중량이 가벼운 제품을 요구하고 있다."고 산요(三洋)전지의 전지 공장장은 AP통신에서 말했다.[26] 1992년에 「이코노미스트」는 전지 비즈니스가 그 이외의 가전업계를 거의 따라잡고 있다고 선언했다. "전자기기 메이커는 보다 작고, 보다 뛰어난 기기를 출시하는 것에 비해 움직임이 둔한 전지업계는 그다지 변화가 없었다. 휴대기기 부문은 극히 가벼워졌고 지금은 전지가 그 중량의 4분의 1을 점유하고 있다. 10년 전에는 그것은 10분의 1이었다. 마이크로 칩 기술의 진보에 의해서 보다 작은 전기 제품의 제조가 가능하기 때문에 전지 메이커는 그와 같은 기계의 양산을 이행하기 위해 필요한 보다 경량·고출력·장수명 전지의 개발에 앞다투고 있는 것이다."[27]

1990년 니켈 수소 전지가 니카드 전지를 대신하는 독성이 낮고, 고에너지의 전지로서 등장하여 매상이 급격히 늘어났다. 그러나 곧 그것은 소니의 리튬 이온 전지에 완전히 추월당했다. 1992년부터 소니는 신형의 리튬 이온 전지를 핸디캠 CCD-TR1이라고 하는 8mm 비디오 카메라에 옵션 전원으로서 60달러에 제공했다.[28] 그것은 같은 양의 에너지를 가진 니카드 전지보다 30% 작고 35% 가벼웠다. 비축 가능한 에너지는 1kg당 90와트시(Wh)로 납 전지의 3배, 니카드 전지의 2배에 가까웠고, 니켈 수소 전지에도 족히 10~20% 우위였다. 소니의 리튬 이온 전지의 수요는 급격히 늘어났다. 1993년 3월까지 이 회사는 약 300만 개를 출하하였고 다음해에 그 수는 1,500만 개에 달했다.

같은 업종의 업자들이 곧 경쟁에 참여했다. 그 대부분은 일본 기업이었다. 수 년 내에 산요(三洋), 마쓰시다(松下), 미쓰이(三井), 유아사(湯淺) 전지, AT 배터리(도시바(東芝)와 아사히가세이(旭化成)가 소유하는 기업), 새롭게 일본 기업의 소유가 된 이원 모리 에너지 등의 기업들이 리튬 이온 전지 경쟁에서 소니의 뒤를 쫓고 있었다.

한편 휴대전화는 주류의 길을 걷기 시작했다. "불과 5년 전 휴대전화의 필요성은 아직 2대째의 포르쉐 정도라고 생각되었지만, 지금은 없어서는 안 될 존재가 되었다."라고, 그 해 10월에 「이코노미스트」는 평했다. 1993년 미국에는 1,300만 대의 휴대전화가 있었고,[29] 한 해에 25% 정도의 비율로 가격이 싸졌다.[30] 한편, 유선혁명은 산통을 경험하고 있었다. 1992년 「USA 위크엔드」지는 보다 위기감을 가지는 건강문제가 무엇인지 독자들에게 앙케이트 조사를 한 결과 전자파가 1위가 된 것이었다.[31] 1993년 1월에는 인기 토크 방송 「레리킹 라이브」의 한 게스트가 자신의 처가 뇌종양인 것은 휴대전화를 사용한 것이 원인이라고 말함으로써[32] 모토로라의 주식은 폭락했다(그 후 곧 반등하였지만). 또 무선통신 사업자가 나라 안에 안테나를 세우기 시작하자 '우리 집 근처에는 세우지 말라.' 라고 하는 반대운동이 널리 일어났다. 그러나 이러한 반발의 목소리에도 불구하고 휴대전화는 하루하루 진보하고 있었다.

1994년에 발표된 모토로라 마이크로텍 엘리트는 리튬 이온 전지를 사용한 최초의 일반 시장을 겨눈 휴대전화였다. 단, 아직 7볼트의 고주파 전력 증폭기를 사용하고 있었기 때문에 전지는 2개가 필요했다. '세계 최고 경량 휴대전화' 의 등장을 대대적으로 알리는 언론 보도자료는 전화가 경량인 것을 서술하는 문맥에서 전지와의 대비를 사용했다. 이 전체 중량 111g의 전화기는 단일건전지 한 개보다 가볍다고 했다. 그 통화시간은 45분, 대기시간은 6시간으로 보이스 메일 기능을 구비한 최초의 전화이기도 했다.

모바일 혁명을 이끈 것은 컴퓨터 칩 가격의 급락, 이용 가능한 무선 스펙트럼의 확대, 호주머니 안에 들어가는 SF적 전화기를 드디어 실현한 전지 기술의 등장이라는 것을, 이에 관심을 가지고 있는 사람이라면 일목요연하게 알아챘을 것이다. 1994년 「일렉트릭 엔지니어링 타임스」는 리튬 이온 전지에 대해서 '휴대 전자기기 산업이 급성장을 계속하는 것을 가능하게 한 '실현기술'이고, 이 혁명적 전지는 현재 개발 중이거나 막 등장했으나 휴대 전자기기의 보급에 있어서 틀림없이 중요한 요소일 것이다.' 라고 강조하였다.[33]

일본의 메이커도 수요를 채우기 위해 분투하고 있었다.[34] 그 해 소니는 제2의 리튬 이온 전지 공장의 건설에 착수했다. NEC는 생산 확대를 시작했고 미쓰비시 케이블과 같은 새로운 얼굴이 사업에 참가했다. 드디어 이 초기의 붐은 일본이 리튬 이온 산업을 완전히 지배하는 결과를 가져왔다.[35] 액정 디스플레이가 그러했던 것처럼, "일본 기업은 중요성을 더하고 있는 일렉트로닉스의 구성요소—이번에는 리튬 이온 전지—의 생산을 거의 확실히 수중에 넣고 있다."고 「니케이 위클리」는 쓰고 있다.

굿이노프 박사의 분노

존 굿이노프는 코발트산리튬 전지를 상품화한 소니의 과학자 누구도 만난 적이 없다. 소니가 1990년에 전면적으로 상품화가 곧 이루어진다는 발표를 할 것이라고는 생각지도 않았다. 현재 세계에 있는 수십억 대의 휴대전화, 랩톱 컴퓨터, i-pod, 디지털 카메라의 거의 전부를 움직이고 있는 전지의 가장 중요한 활성물질의 발명에 대해서 특허 사용료를 받아 본 적이 없다고 굿이노프는 말한다.

하지만 굿이노프는 소니를 원망하고 있지 않다. "소니의 사원이 그것을 생각해서 실행한 것을 기쁘게 생각하고 있다. 그들은 칭찬받을 만하다."고 굿이노프는 필자에게 이야기했다. 한편 굿이노프의 분노는 영국의 원자력 연구소(AERE)를 향하고 있다. 코발트산리튬 양극의 라이선스 대상 기업을 찾지 못하고 있을 때, 굿이노프는 옥스퍼드 가까이 하웰에 있는 AERE에 지원을 요청했다. 그는 그곳의 과학자와 함께 전지 연구의 자금을 유럽 경제 공동체로부터 받고자 움직이고 있었지만 그다지 잘 되지 않았다. "하웰 연구소의 변호사는 무엇이든 모든 것을 낡아챘다."고 굿이노프는 필자에게 말했다.

나는 그 직원과 구두로 합의한 것이다. "좋고말고…, 당신들이 특허를 취하고 나는 특허 취득의 비용을 당신들이 전부 회수할 때까지 인정하겠다. 그리고 나중에 절반씩 나누자. 나는 그것을 타당한 제안이라고 생각했다. 하지만 계약하는 날이 되어서 그는 이렇게 말했다. '당신이 권리 양보에 서명하지 않는다면, 아무것도 하지 않겠다.'고 변호사가 말했다. 그것이 휴대전화에 사용되는 것은 알지 못했다. 거기다 유럽에도, 영국에도, 미국에도 당시 그것을 필요하다고 하는 전지 메이커는 없었다. 그래서 나는 권리를 양도하는 서명을 한 것이다." 이 부분에서 그는 울부짖는 것 같은 웃음 소리를 내었다. 코발트산리튬의 특허가 2002년에 끝날 때까지 모든 리튬 이온 전지 메이커는 하웰 연구소에 라이선스료를 지불하지 않으면 안 되었다. "그들은 몇 십억도 벌었을 것이다. 그런데도 나의 대학에는 한 푼도 주지 않았다."고 굿이노프는 이야기를 이어갔다.

손바닥 사이즈의 휴대전화

휴대전화는 급격히 그리고 또 엄청나게 소형화되었다. 그것이 본격화된 것은 1996년 모토로라 스타텍이 등장한 때였다. 그 발표는 무선통신의 역사의 전환기, 작고 패션어블한 휴대전화가 모든 곳에 존재하는 시대의 막을 연 것이다. 무게가 불과 88g의 스타텍은 최초의 폴더식 휴대전화였다.[36] 매년 라스베이거스에서 크게 개최되는 가전전시회 '컨슈머 일렉트로닉스 쇼(CES)'에서 베일을 벗은 이 휴대전화는 새로운 제품 카테고리 '몸에 착용하는 전화'로서 광고되었다. 유럽으로 가는 스타텍의 보도자료에는 이와 같이 쓰여 있었다. '스타텍은 매력적이면서 눈에 띄지 않으므로 많은 소비자들이 이것을 들고 걷는 것이 아니라, 벨트에 착용한다든지 뒷호주머니에 넣는다든지 또는 목걸이처럼 목에 거는 형태로 몸에 착용될 것이라고 당사는 생각합니다.'[37]

1990년대 후반 어느 정도의 사람들이 스타텍을 펜던트와 같이 몸에 착용했는지는 확실치 않지만 1,000~2,000달러에 팔린 이 전화기는 확실히 패션 아이템이 되었다. "이전에는 커다란 휴대전화가 권력의 상징이었지만 지금은 소형화가 주목 받는 시대가 되었다."라고 「포브스」는 쓰고 있다.[38] 「포춘」은 스타텍을, 350달러인 브리오니의 가운이나 375달러의 알테 엔드 쿠오이오의 가죽 백에 들어가는 휴대용 골프 세트와 함께 "공항을 집이라 부를 정도로 여행을 자주 다니는 사람들에게 빼놓을 수 없는 20개의 고급품" 안에 추가했다.[39] 스타텍은 '엔터테이먼트 위클리'의 토팩 아말 샤클 살해에 관한 기사 중에서도 갱스터 패션의 아이템으로 지목되었다. "많은 유명 래퍼의 생활이란, 실은 고급 베르사체와 모스키노를 입고, 최고급 샴페인 크리스탈을 한 모금 단숨에 들이키며 포케벨을 체크한 후 1,000달러 정도의 작은 스타텍 휴대전화를 거는 것이다."[40] 그러나 그 이외의 패션 아이템과는 달리 스타텍은 계속해서 영향력을 가지게 되었다. 이 전화의 발매로부터 9년 후, 「PC 월드」는 스타텍을 과거 50년간 가장 위대한 휴대기기 제6위(1위는 워크맨)에 올렸다.[41]

스타텍의 소형화를 가능하게 한 것은 리튬 이온 전지와 또 하나, 싼 가격의 3볼트 고주파 전력 증폭기의 진보였다. "이것으로 전화를 작동시키려면 리튬 이온 전지 하나로 가능해진 것이다."라고 1993년 모토로라에서 전지의 연구를 시작한 제이슨 하워드는 말한다. "필요한 전압을 얻기 위해서 전지를 직렬로 연결함으로써 일어나는 문제는 모두 해결되었다." 고전압·고에너지로 초경량의 리튬 이온 전지와 저전압의 고주파 전력 증폭기의 조합에 의해서 전지 여섯 개를 필요로 했던 휴대전화는 불과 수 년 안에 전지 한 개로 움직이게 된 것이다.

진화하는 휴대전화

1997년 세계의 휴대전화 가입자수는 1억 2,000만 명을 넘었고[42], 더욱이 1년 후 그 숫자는 2배 이상이 되었다. 한 업계 소식지에 의하면 신규 가입자수는 2초에 한 명 꼴이 되었다.[43] 한편으로 리튬 이온 전지 시장도 한 해에 200~300% 속도로 확대되고 있었다.[44]

1999년 휴대전화는 스마트폰으로 변모하기 시작했다. 지금에 와서는 익숙한 한 손에 들어오는 만능기기이다. 그 해 일본 제일의 마켓 수요를 가진 전화 회사 NTT 도코모가 인터넷 접속이 가능한 전화 'ⅰ 모드'를 세상에 선보였다.[45] 휴대전화와 인터넷에 접속된 컴퓨터의 융합은 그 해 10월 경제지 「이코노미스트」에서 '로케이션의 극복'이라고 이야기되었다.[46] 최근까지 정보시대의 가장 성가신 일면은 자택이나 사무실로부터 바깥에 나왔을 때 항상 배터리가 떨어질(배터리가 방전되어 버리는) 위험이 있는 것이었다. '이제 휴대전화에 통신수단이 탑재되었다.'라고 기사에 쓰였다.

다음 해 「타임」의 기사는 무선통신에 대해서 숨돌릴 틈 없이 열정을 가지고 기술하고 있다.[47] 퀄컴의 주식이 불과 1년 동안 3,000%나 올라간 것을 언급하면서 기사는 다음과 같이 해설하고 있다. '증기기관차, 자동차, 컴퓨터와 어깨를 나란히 하는 기술사회의 큰 변동은 아주 가까이왔다. 그것은 정보화시대를 향한 궁극적인 기술혁신을 약속한다. 휴가 중이든, 친척집에 방문을 하고 있든, 피지에 여행 중이든, 여러 가지 정보가 언제라도 손에 들어오는 것이다. 물리적인 위치의 중요성이 적고 무의미하게 되어, 어디에 있든지 상사의 이메일에 답하고 기업연금을 운영하고 아이들에게 영상과 음성이 붙은 자장가를 노래하는 것이 가능하다."

그러나 항상 네트워크에 접속되어 있으면 단점도 있다는 것을 사람들은 곧 깨닫게 되었다. "보다 귀찮은 무선 네트워크 접속에 따른 부산물은 제한이 없는 노동 시간일 것이다."라고 「비즈니스 위크」는 2000년에 경고했었다. "휴대전화와 인터넷은 벌써 일하는 시간을 늘리고 있다. 두 개 기술의 융합은 이러한 경향에 박차를 가할 것이다. 기기에 스위치를 꺼두면 된다고 말하면 간단하지만, 스위치를 끈 노동자는 승진이나 보너스에서 스위치를 끄지 않은 노동자와 경쟁하게 될지 모른다."(48)

이러한 걱정을 제쳐 두고라도 2002년에 휴대전화는 리튬 이온 전지로 차고 넘치는 존재가 되었다. 그 해 시장에 있는 휴대전화의 약 95%가 코스트와 관계없이 리튬 이온 전지를 사용하고 있었다. 과거의 실험적인 기술은 10년도 지나기 전에 가전제품의 표준적 전원으로서 위치를 확립한 것이다. 2002년에 「이코노미스트」는 당시 최신의 휴대 전화기와 1982년에 발표된 무게 9.8kg의 콘크리트 벽돌과 같은 노키아의 자동차 전화 '모빌라 베네타'를 비교하면서 리튬 이온 전지를 '디지털 혁명의 첨병'이라고 불렀다.[49] '오늘날 일반적인 휴대전화는 이 자동차 전화의 100분의 1(100g 이하)이고 와이셔츠 포켓에 넣을 수 있다.'라고 「리튬의 포로」라는 표제가 붙은 기사에서 언급했다. "이 99%의 감량은 주로 전지 기술의 진보에 의해 달성된 것이다. 그것은 한 기술혁신에 의한 것이었다. 바로 리튬 이온 전지의 등장이다."

[주]

(1) 굿이노프의 상세한 경력은 본인의 저작 *Witness to Grace*에 의함.

(2) Private Line, "Cellular Telephone Basics," January 1, 2006, www.privateline.com/mt_

(3) cellbasics/ii_cellular_history/.

(4) Stephanie N. Mehta, "Cellular Evolution," *Fortune*, August 23, 2004, p. 80.
Bernadette Bensaude-Vincent and Arne Hessenbruch, "Interview of John B. Goodenough," March 2001, http//authors.library.caltech.edu/5456/1/hrst.mit.edu/

(5) 방전 중 리튬 이온은 음극으로부터 양극으로 옮겨 가고 양극의 결정격자 안으로 파고 들어간다. 전지가 충전될 때에는 리튬 이온은 양극을 떠나 음극으로 되돌아 온다. 프로젝트의 전체는 리튬 이온의 절반을 떼내어도, 결정격자라고 하는 현미경 사이즈의 젠가 퍼즐이 서 있는지 어떤지에 걸려 있다.

(6) K. Mizushima, et al., "LixCoO$_2$ (0<x<-1).

(7) 이 문단은 Tom Farley의 기사 "Mobile Telephone History," *Telektronikk* 3/4 (2005): 22-34에 의거한다.

(8) "Cellular Mobile Phone Debut," *New York Times*, October 14, 1983.

(9) Ibid.

(10) Ted Oehmke, "Cell Phones Ruin the Opera? Meet the Culpit," *New York Times*, January 6, 2000.

(11) Jonathan Greenberg, "The Battery Boom," *Fobes*, November 8, 1982.

(12) Andrew Pollack, "Battery Pollution Worries Japanese," *New York Times*, June 25, 1984.

(13) 2010년 여름의 '오연문제'는 재부상했다. 이번 용의자는 버튼형 리튬 1차전지였다.

(14) 일부의 업계 관계자는 미국의 전지 메이커가 축전지에 관심을 가지지 않는 것은 단순한 욕심때문이라고 의심하고 있다. 무엇보다 1차 전지 메이커는 일회용 제품을 팔아서 돈을 벌기 때문이다. 그러나 그것만으로 멈추지 않고 2005년에 미국 국립 표준 연구소의 프로그램에 의해 의탁된 조사에서 리튬 이온 전지 산업이 미국에서 뿌리내리지 않은 몇 가지 이유를 특정지었다. 선진적 축전지의 진보를 선도한 일본기업은 단순한 전지 메이커가 아니다. 그것은 일렉트로닉스(전자제품) 메이커이고, 특정 기기에 사용되는 특정 전원을 설계 가능한 전지 메이커를 내부에 가지고 있어서, 보다 뛰어난 이익을 낳는 휴대기기 개발에 연결시키는 것은 이치에 맞았다. 또 선진전지의 수요증가를 촉진한 휴대기기는, 전부분을 가진 일본 기업이 설계했기 때문에, 미국의 메이커는 어떻게든 시장에 참여하려고 해도 어려웠을 것이다. 더구나 미국과 일본의 기업에는 관습의 차이가 있어—가장 현저한 것은 단기적인 이익과 장기적인 성공 어디에 중심을 두는지이다. —일본이 리튬 이온 전지 시장을 석권한 것은 의외의 일이 아니었다. Ralph J. Brodd, "Factors Affecting U. S. Production Decisions: Why Are There No Volume Lithium-Ion Battery Manufactures in the United States?" June 2005, www.atp.nist.gov/eao/wp05-01/contents.htm.

(15) www.sony.net/SonyInfo/CorporateInfo/History/SonyHistory/index.html.

(16) States News Service, April 16, 1986.

(17) "Sony Subsidiary to Begin Shipping Lithium Ion Battery." Japan Economic Newswire, February 14, 1990.

(18) Interviews with Jeff Dahn; Ann Shortell Vansun, "Recharging Moli's Battery,"

Vancouver Sun, September 26, 1991.

(19) David Climenhaga, "Firm Finds Battery Has Drawing Power," *Globe and Mail,* March
(20) 13, 1986.

(21) "Moli Starts Producing at Vancouver Plant," *Battery and EV Technology* 19 (1994).

"Moli Energy Introduces New High-Energy, High-Voltage Rechargeable," *PR*
(22) *Newswire,* December 15, 1988.

(23) Ann Shortell Vansun, "The Question of Quality," *Vancouver Sun,* October 1, 1991.

(24) "Moli Energy Lays off 56," Financial Post (Tronto), October 2, 1989.

Anne Fletcher, "Mitsui & Co. to Take Control of Troubled Moli," *Financial Post*
(25) (Tronto), March 12, 1990.

이 단계의 숫자는 "The Role of NSF's Support of Engineering in Enabling Technological
(26) Innovation; Phase II," Chapter 4, SRI International, May 1998, www.sri.com/policy/
csted/reports/scrdt/techinZ/chp4.html より。

(27) David Thurber, "Dull but Durable, Rechargeable Batteries Enjoy Surging Demand,"
(28) Associated Press, March 10, 1992.

(29) "The Battery Market; Recharged," *Economist,* May 2, 1992.

(30) "Sony's 'Handycam Station,'" *Consumer Electronics,* September 7, 1992.

(31) Peter Haynes, "The End of the Line," *Economist,* October 23, 1993.

(32) Ibid.

(33) David Kirkpatrick, "Do Cellular Phones Cause Cancer?" *Fortune,* March 8, 1993.

"The Wireless Wonder," *Forbes,* April 26, 1993.

(34) Martin G. Rosansky and Ian D. Irving, "Lithium-Ion Offers Better Choices,"
Electronic Engineering Times, May 23, 1994.

(35) 경쟁회사가 리튬 이온 사업에 참여해도, 소니는 훨씬 더 앞서 가고 있었다. 1995년
11월 4일 소니 에너지텍 고오리야마(郡山) 공장에서 발생한 화재로, 세계적인 전지
서플라이 체인 상에 문제가 생겼을 때 소니의 경쟁 상대중, 그 부족 물량을 이럭저럭
대신할 곳은 없었다. 소니는 고오리야마에서 1개월에 300만 개의 전지를 제조하고
있었다. 화재가 일어났을 때, 이바라기 공장은 아직 가동하고 있지 않았다. 일본의
한 애널리스트는 당시 다음과 같이 쓰고 있다. "올해 전세계 리튬 이온 전지 수요는
4,000만 개로, AT, 마쓰시타, 산요가 전력을 쏟아도, 소니 화재로 인해 약 1,000만
개의 전지가 시장에서 부족하게 될 것이다.
Mark LaPedus, "Fire Chokes Battery Supply----Sony Halts Output at Lithium- Ion
Plant," *Electronic Buyers' News,* November 13, 1995.

(36) Scott Hume, "Motorola's Big Push for Smallest Phone," *Adweek,* January 8, 1996.

(37) "Motorola Unveils European StarTAC Cellular Telephone," Motorola press release,
March 28, 1996.

(38) Paul Hochman, "Mine Is Smaller Than Yours," *Forbes,* November 18, 1996, p. 136.

(39) Esther Wachs Book, "Tis the Season to Covet," *Fortune,* December 6, 1996, p. 258.

(40) Dana Kennedy, "Deadly Business," *Entertainment Weekly,*" December 6, 1996, p. 34.

(41) Dan Tynan, "The 50 Greatest Gadgets of the Past 50 Years," *PCWorld,* December 24,
2005.

(42) Richard Ernsberger, Jr., and Judith Warner, "War for the World," *Newsweek,* February

10, 1997.

(43) Manuel Del Castillo and Henry Valenzuela, "The Role of Microwave Technologies in the Wireless Revolution," *Mircowave Journal,* September 1, 1998.

(44) "Battery Manufactures Charge Ahead, Despite Impending Glut," *Nikkei Weekly,* July 28, 1997.

(45) "The World in Your Pocket," *Economist,* October 9, 1999.

(46) "The Conquest of Location," ibid.

(47) Adam Cohen, "Wireless Summer," *Time,* May 29, 2000.

(48) Stephen Baker, Neil Gross, Irene M. Kunii, and Roger O. Crockett, "The Wireless Internet," *Business Week,* May 22, 2000.

(49) "Hooked on Lithium," *Economist,* June 22, 2002.

제4장

전기자동차의 부활

📟 전자 서적에서 전기자동차까지

리튬 이온 전지가 자동차의 영역에 들어가게 된 것은 필연이었다. 이 기술 이전(移轉)의 초기 단계에서 중요한 역할을 한 사람은 1990년 대의 전자 서적 출판 업계에서 2000년대부터 전기자동차 업계로 참여한 마틴 에버하드였다. 실리콘 밸리의 전기기술자였던 에버하드가 처음 리튬 이온 전지를 만난 것은 1996년 공동 경영자인 마크 터페닝과 함께 누보 미디어라고 하는 전자 서적 회사를 설립했을 때였다. 두 사람은 자사의 최초 제품에 리튬 이온 전지를 채용하고 싶다고 생각했지만 당시 리튬 이온 전지는 아직 충분히 이해되지 않았기 때문에 전지회사는 구매자를 선택하고 있는 상황이었다. 리튬 이온 전지는 그때까지 보급되었던 니켈 수소 전지에 비해 취급시 주위하여 유지할 필요가 있었고, 또 전압평형화가 제대로 이루어지지 않으면 전지가 위험한 상태가 될 가능성이 있었다. 그후, 누보 미디어사가 제2세대 전자 서적 리더(reader)를 제작할 무렵에는 기쁘게 공급하겠다는 전지 메이커가 생겼다. 엔지니어 몇 명을 리튬 이온 전지 강습회에 참가시켜 제품의 제어 회로 설계도를 제출하여 승인을 받는 것이 조건이었다. 누보 미디어는 요구에 응했다. 그것은 결과적으로 좋은 것이었다. 리튬 이온 전지가 그때까지 없었던 커다란 진보인 것을 알고 있었기 때문이라고 에버하드는 말한다.

2000년에 에버하드와 터페닝이 누보 미디어사를 1억 8,700만 달러에 매각했다.[1] 많은 자금을 얻은 두 사람은 다음 벤처 사업을 모색

했다. 에버하드는 정치·환경 등 여러 가지 관점에서 전기자동차를 추진했다. 그는 우선 리튬 이온 전지를 염두에 두었다. 이 전지를 충분히 합치면 실제로 제대로 된 자동차가 될 것이라고 생각했다. '제대로 된 자동차'라는 것은 1회 충전으로 300km 이상 달리는 자동차, 즉 작은 지역 안에서밖에 사용 할 수 없는 조그마한 골프 카트 같은 교통수단이라는 악평을 불식시키는 자동차이다.

에버하드와 터페닝은 리튬 이온 전기자동차의 대략적인 아이디어를 그려보고 가능성을 확신했다. 때마침 에버하드는 누보 미디어 사의 매각 이익의 일부를 로스앤젤레스에 있는 소규모 자동차 메이커 AC 프로퍼션 사를 구제하기 위해 제공한 직후였다. 이 회사는 tzero 라고 하는 납축전지를 전원으로 하는 전기 스포츠카를 제조하고 있었다. 곧 에버하드는 리튬 이온 전지를 자동차에 실어보지 않겠느냐고 이 회사에 타진했다. "처음 그들은 그 이야기를 따르지 않았다."고 에버하드는 말한다.

아마 같은 것을 생각했기 때문일 것이다. 얼마 지나지 않아 AC 프로퍼션은 태도를 바꾸어 에버하드와 정보 교환을 시작했다. "그들의 아이디어는 기본적으로 전지를 몇 개 정도 강력접착제로 붙여서 상하에 커넥터(접속기)를 붙이는 것이었다."고 에버하드는 말한다. AC 프로퍼션은 전기기술자의 조언만이 아니라 자금을 필요로 하고 있었다. 그는 양쪽을 다 제공하였고, 이렇게 하여 에버하드와 AC 프로퍼션은 공동으로 리튬 이온 전지를 전원으로 하는 tzero를 제작했다. 완성된 자동차는 에버하드의 희망대로 멋진 것이 되었다. 전기자동차 한 대를 만든 것이었지만 시속 0~60마일(90km/h)까지 3.6초에 가속되었고, 한 번의 충전으로 최고 480km를 달릴 수 있는 순수한 전기 스포츠카였다. 전동과 고성능은 양립 불가능한 것이 아니었다.

에버하드는 리튬 이온을 실은 tzero를 소유하고 싶어졌다. 손에 넣기 위해서는 자동차 회사를 시작하지 않으면 안 되었다. 그러나 AC 프로퍼션은 본격적으로 자동차 업체가 될 마음이 없었다. 드디어 이 회사는 여유가 없다는 이유로 에버하드의 tzero의 제작을 중단했다. "만들어 주었다면 나는 테슬라 모터스를 설립하지 않았을 것이다."라고 에버하드는 회고했다.

🐭 테슬라 모터스

2003년 7월 1일 에버하드와 터페닝은 지금까지 없었던 고성능 전기자동차를 만드는 것을 목표로 테슬라 모터스를 법인화하였다. 실은 이 직전 1990년대에 전기자동차의 작은 버블이 꺼진 상태였다. GM, 도요타 이외의 일부 자동차 회사가 전기자동차를 소수 제작하였으나, 그 동기가 된 공해 방지법을 없애는 것에 성공했기 때문에 계획을 완전히 중지해버린 것이었다. 그러나 에버하드는 그것에 주눅들지 않았다. 지금까지 시험된 것보다도 훨씬 뛰어난 기술을 이용하는 것에 더하여 라이벌이 모두 전기자동차 사업으로부터 떠나버린 지금, 에버하드는 이 분야를 독점하고자 했다. 에버하드는 투자자를 모집하기 시작했다. "설득 요소 중 하나가 전기자동차의 운전도 즐거울 수 있다고 증명하는 이 자동차(리튬 이온 전지로 달리는 tzero)인 것이다."라고 에버하드는 말한다. "더욱이 우리들은 독특한 입장이었다. 본래 라이벌이 될 만한 기업이 모두 시장 밖으로 나와 있었기 때문이다."

테슬라의 근본이 된 생각은 가격보다도 성능으로 승부하는 것이었다. 가격을 올리면 2만 달러가 넘는 배터리 팩이 손에 들어오고 첨단의 전동 모터를 사용할 수 있다. 최고치에서 시작함으로써 전기자동차의 가능성과 21세기의 기술을 이용한 전기자동차의 진정한 모습을 보여주고자 했다.

회사를 법인화하자마자 곧 에버하드와 터페닝은 메론파크에 5~6명이 들어갈 수 있는 오피스를 빌렸다. 차고가 없었지만 특별히 문제될 것이 없었다. 자동차를 만들 준비는 아직 아무것도 되어 있는 것이 없었기 때문이다. 할 것이라고 하면 컴퓨터로 디자인 워크, 비즈니스 플랜의 재검토, 전세계 각처의 파트너 검색이었다. GM이나 포드와 같은 기업과 거래를 동경하며, 꿈을 품고 있는 2인조의 프레젠테이션을 기쁘게 맞이해 줄 기특한 부품 제조업자를 그들은 찾고 있었다.

최초의 커다란 찬스는 그 해가 끝날 무렵 찾아왔다. "마크와 나는 로스앤젤레스 오토쇼에서 로터스의 사원에게 양해를 얻어 무척 무리한 요청을 했고, 승낙을 얻었다."라고 에버하드는 말한다. "로터스 사는 마음에 들어 했다. 우리들은 구두로 계약을 맺고 로터스의 협력을 얻었다." 로터스의 플랫폼으로 만들 수 있게 되면, 만들고 싶은 자동차의 컴퓨터 모델링은 개시 가능한 것이었다. 그들은 본질적인 문제에 대해서 구체적으로 검토에 들어갔다. 로터스의 플랫폼을 베이스로 하는 로드스타에 몇 개 전지가 수납될 것인가? 그것으로 어느 정도의 항속거리가 얻어질 것인가?

　배터리 팩 설계는 곧 완성되었다. 그것은 6,831개의 랩톱 컴퓨터용 전지를 실은 것이었다.[2] 이 아이디어를 기본으로 해서 생산이 가능한 배터리 팩을 만들기에는 상당히 많은 작업이 필요했다. 하나하나 전지의 효율을 신중하게 측정하지 않으면 안 되었다. 효율이 나쁘면 열이 발생하고 열은 참사로 이어질 수밖에 없기 때문이다. '전지로부터 열을 제거하기 위해서 최선의 방법이 무엇인가? 액체 냉각은 어떠한가, 공랭은 어떠한가.'라는 결정을 둘러싸고 위궤양이 생길 정도로 논쟁했다. 실험실의 조건 아래에서 열영상 카메라를 사용하여 전지를 관찰하고 컴퓨터 시뮬레이션을 행한 결과 액체 냉각 시스템에 결착되었다.

　그러나 계획을 중단하지 않으면 안 될 문제가 생겼다. 설계를 시작해서 1년 정도 지났을 무렵 테슬라 모터스의 엔지니어가 전지 관련 회의에 참석했을 때 리튬 이온 전지의 열폭주 가능성에 관한 논문이 몇 개 발표된 것이다. 에버하드는 이렇게 이야기했다. "그것은 정말로 놀라웠다. 당시 전지 메이커가 만들어낸 데이터 시트를 읽어보면 관통시켜도, 과충전을 해도, 부딪혀도, 전지는 안전하다고 쓰여 있었다. 어떻게 해석해도 전지는 부적합한 상태가 일어난다고는 생각할 수 없었다. 그러나 발표된 논문은 반대의 것을 이야기하고 있었다." 머지않아 랩톱 컴퓨터가 가끔 불을 뿜는다는 이야기가 인터넷에서 널리 퍼지기 시작했기 때문에 그의 팀은 독자적으로 실험을 해 보기로 했다.

최초의 테스트에서 테슬라의 엔지니어는 주차장에 단독의 랩톱용 전지(그 사이즈로 인해서 18650전지라고 불린다.)를 세워놓고, 니크롬선(토스터에 사용되는 저항을 크게 하는 전선)을 감아서 가열했다. "불꽃놀이 같이 폭발했다."고 에버하드는 말했다. 다음으로 에버하드는 자택의 안뜰에서 구멍을 파고 전지를 도선으로 연결하여 하나의 뭉치로 만든 전지에 온도 검출기, 전압 측정기, 비디오 카메라를 붙여서 묻었다. 다음으로 전지 하나를 과열시켜서 발화시킨 순간, 드디어 격렬하게 불을 뿜으며 옆에 있는 전지로 옮겨붙었다. 전체에 미치는 연쇄반응이 시작된 것이다. "그것은 참으로 대단히 공포스러운 것이었다."

에버하드는 임원 회의에서 전지의 안전성이 해결될 때까지 자동차의 생산 중지를 보고했다. 해결에는 시간이 길게 걸리지 않았다. "배터리 시스템을 적절히 설계하면 한 개의 전지가 타더라도 다른 전지로 인화되지 않도록 만들 수 있다는 것을 알았다. 그것은 실험과 모델링으로 증명 가능하다."고 에버하드는 말한다. 하지만 안전 문제로 이 회사는 수개월 발이 묶였다.

다행히 계획의 지연을 견딜 만큼의 충분한 자금이 있었다. 2004년 2월에는 페이팔의 공동 설립자이고 2002년의 우주 로켓 회사 스페이스 X를 세운 엘런 머스크를 설득해서, 대형 투자가의 대열에 포함시켰다. 투자의 조건으로 마스크는 테슬라의 회장에 임명하기로 했다. 마스크는 그 후 몇 차례에 걸쳐서 자금 조달을 총괄하고, 구글의 세르게이 브린과 래리 페이지, e-Bay의 제프 소콜 등 쟁쟁한 친구들을 설득해서 투자에 참여시켰다. 그래도 계획의 지연은 고통스러웠다.

테슬라 팀은 비밀주의에 구애 받은 나머지 컴버터블 형의 2인승 스포츠카 전반을 의미하는 '로드스타'라고 최종적으로 이름 붙여진 자동차의 암호명까지 만들었다(로드스타 대신에 다크스타라고 불렀던 것이다.). 하지만 테슬라가 그 자동차를 공표했을 때는 받아들여질지 어떨지 알지 못했다. 우선 테슬라의 진심을 보여주는 것이 중요하다고 생각한 것이다. 보다 우수한 엔지니어를 끌어들여 대형 자동차 부품업체에 테슬라가 제대로 받아들여지게 하기 위해서는 "저속한 AC 프로퍼션과의 관계에 선을 그을 필요가 있다."고 에버하드는 말하고, 그리고 이어서 "생각해 보라. 2005년 무렵에 지멘스 사에 전화를 해서 이렇게 말했다고 하자. '귀사의 에어백을 사고 싶은데, 전용설계도를 덧붙여서…' 그들은 캘리포니아의 왠 기인별종인가하고 그 자리에서 웃어버릴 것이 뻔하다. 그것만으로는 곤란한 것이다. 공표한다는 것의 의미는 우리들이 정말로 자동차를 생산하기로 했다는 것을 나타내는 것이다."

피로연은 2006년 7월 19일 캘리포니아의 맑은 저녁 무렵 산타모니카 공항의 격납고에서 행해졌다. 마이클 아이즈너아와 아놀드 슈월제네거, 거기에 전기자동차를 지지하는 서해안의 중진 지식인—투자가와 다큐멘터리 영화감독—들이 모습을 보였다. 에버하드는 신바람이 났다.

낮은 차체와 유선형을 한 테슬라 로드스타는 기본적으로 로터스를 고품격으로 전동화한 것이고 지금까지 본 적이 없을 정도로 압도적으로 멋있는 전기자동차였다. 수 시간에 걸쳐서 참석자들은 공항의 활주로에서 자동차에 타보기도 했고, 운전을 해보는 유력인사도 있었다. 자동차는 시속 0~60마일(90km/h)까지 4초가 걸려 화살과 같이 가속되었다. 이것은 포르쉐나 페라리에 필적하는 레벨이다. 강력한 전지로부터 특제 교류 유도 모터를 흐르는 전자의 힘으로 소리도 없이 가속되는 것이다.

열광적인 리뷰가 곧 나돌았다. 열렬한 비평이었다. 「뉴욕 타임스」의 편집국마저도 흥분의 소용돌이에 빠져들었다. '달려라! 스피드 레이서'라는 표지의 사설에서 편집국은 이렇게 말했다. '실리콘 밸리의 신흥기업 테슬라 모터스가 시속 60마일(90km/h)까지 4초에 가속되는 2인승 스포츠카를 개발하여 골프 카트에 겉 모양을 장식한 전기자동차를 뒤떨어진 시대의 산물로 만들었다.'[3] 그 해 연말 「타임」은 테슬라 로드스타를 2006년 최대의 발명품 중 하나로 추켜 세웠다.[4]

🦫 만신창이 GM

디트로이트에서는 밥 라츠가 불만에 싸여, 가열되는 테슬라의 보도를 좇고 있었다. 74세가 되는 장신의 남자 밥 라츠가 글로벌 제품개발 담당부장을 맡고 있는 제너럴 모터스에 있어서 좋지 않은 해였다. GM은 자금난에 들볶이고 있었다. 수 십 년간 전미 자동차 노동조합과 맺고 있는 건강보험료 및 연봉의 협정 때문에 연간 60억 달러를 지불하고 있었다.[5] 더구나 대형 SUV와 트럭에 전념하고 있었던 것이 예상에서 벗어났다. 드라이버가 가솔린을 먹어 치우는 거대한 자동차를 등한시하기 시작한 것이다. GM이 모색하고 있었던 비즈니스 수법으로는 갑작스러운 원유 인상과 소비자의 기호 변화에 대응할 여유가 없었다. 제품의 이익이 작아지는 한편 종업원의 건강보험이나 연봉에 드는 경비는 불어나고 있었다. 2005년 CEO 릭 웨그너는 회사의 개혁, 코스트 삭감, 건강보험에 관한 조합과의 재교섭에 한창이었다. 그러나 그것으로도 부족했다. 2005년 일사분기에 GM은 11억 달러를 잃었다.[6] 하지만 그 숫자도 수년 동안 기록하게 되는, 이해하기 어려운 현실에 비교하면 아주 적은 것이었다.

2006년 1월 「누가 전기자동차를 죽였는가?」라는 다큐멘터리 영화가 선댄스 영화제에서 개봉되었다. 그 해 여름에는 일반 영화관에서 상영되어 예상 외의 히트작이 되었다. 이 영화는 제너럴 모터스가 대체 에너지에 대하여 불성실한 자세를 가지고 있다는 인식을 강하게 하는 역할을 했다.

더구나 프리우스의 사건이 있었다. 모르는 사람이 없는 이 하이브리드 차를 도요타가 2001년에 미국에서 판매하기 시작했을 때 라츠를 시작으로 GM의 경영진은 판촉용의 화제 만들기로 취급해 버렸다. "1갤런 당 2~3마일 이상 무리하게 달리게 하기 위해서 고가의 니켈 수소 전지를 탑재한 볼품없는 소형 경제 자동차라니? 참아다오. 이건 진짜 자동차가 아니다. 이런 건 두렵지 않다." 제너럴 모터스의 경영진은 프리우스가 위협이 아니라고 철저히 믿고 있었다. 그것이 실제로 위협이 될 때까지는 프리우스는 도요타의 대폭적인 이미지업으로 이어졌다. 테슬라와 「누가 전기자동차를 죽였는가?」가 출현할 무렵에는 도요타는 제너럴 모터스를 추월하여 세계 최대의 자동차 메이커가 되려 하고 있었다.

사실 라츠는 이전부터 전기자동차 계획의 재기를 위하여 싸우고 있었다. "도요타가 프리우스로부터 실제로 PR 효과를 얻을 무렵에는 리튬 이온 전지를 사용한 완전한 전기자동차를 자사도 만들자고 제안했다. 2004년쯤이었을 것이다. 나의 원래 발상은 오히려 리브에 가까웠다. 즉 엄청나게 큰 25kWh의 리튬 이온 전지를 싣고, 100마일 정도의 항속거리를 얻는 것이다. 하지만 그것은 깨끗이 기각되었다. 모두 EV1의 참담한 상태와 매스컴으로부터 받은 혹평을 기억했기 때문이다."라고 라츠는 필자에게 말했다.

라츠는 다음과 같은 반론도 받았다. "우리 회사는 이미 수소연료 전지자동차가 있지 않은가!" 과연 GM은 수소연료 전지자동차에 막

대한 비용을 쏟아 부었다. 2000년대 초반 수소는 대체연료로서 사람들을 유혹했다. 그러나 가솔린을 별도의 액체연료(덧붙여 말하면 그것은 거의 천연 가스에서 유래됨)로 바꾸기 위해 필요한 인프라는 상당히 고가로, 정비하는 데 수십 년이 걸릴 것이 점점 분명해졌다. 라츠는 이렇게 말했다. "그러니까, 확실히 말해 누구에게도 진심으로 받아들여지지 못할 것이라고 생각해요. 그러하더라도 수소 공급의 인프라가 없으면 보급이 엄청나게 힘들지만 연료전지 기술에 우리 회사가 몰두하고 있다고 말하는 건 어수룩하니까요."

이와 같은 비판을 가라앉힐 수 있는 것은 전기자동차밖에 없었다. 라츠는 이렇게 주장했다. "우리들이 좋아하고 좋아하지 않고와 관계없이 환경의식이 높은 사람들, 캘리포니아 주의 공무원, 자동차 마니아 누구나가 전기자동차가 답이라고 믿고 있는 것 같다. 그리고 리튬 이온 전지가 등장함으로써 그것이 실현 가능한 때가 왔다고 나는 생각한다."

라츠의 발상은 기술적 견지에서 다시 깨졌다. "몇 사람의 전지 전문가에게서 설명을 들었다. 리튬 이온 전지는 파워 배터리가 아닌 에너지 배터리이므로 자동차용 도로는 맞지 않다고 한다. '랩톱 컴퓨터나 전자기기를 움직이기에는 좋지만 리튬 이온으로부터 파워 배터리를 만드는 것은 불가능하다.'라든가, 그래서 나는 마지못해 잠시 동안 그 제안을 유보해두기로 했다."

그 당시 라츠는 테슬라 로드스타의 소문을 들었다. "한 자동차 전략회의에서 호통을 쳤다. '모두가 전기자동차가 안 된다.'고 나를 설복시키려 했다. 우리 회사는 세계에서 가장 능력 있는 자동차 회사일 것이다. 전문가는 누구나 리튬 전지는 사용할 수 없다고 설명했다. 그러나 들은 적도 없는 캘리포니아의 한 회사가 리튬 이온 전지를 탑재한 자동차를 판매한다. '시속 제로에서 60마일까지 4점 몇 초 정도로 가속하여 최고 속도는 225km/h, 항속거리는 320km라고 한다. 이것은 어떤 것인가?'라고 말이죠. 전기차에 반대하는 사람들은 '밥, 그런 과장된 이야기를 진중하게 듣지마라.'라는 것이었다. 그때 나는 말했다. '그것 대단하네, 그 말을 2할만 믿어보자. 그래도 센세이션한 이야기인 걸.' 물론 그때는 10만 달러라고 하는 가격에 관한 것도 극히 소량생산이라는 것도 알지 못했다. 그러나 나에게 있어 그것은 '역시 리튬 이온 전지가 있으면 거기까지 할 수 있구나.'라는 신호였다."

자동차 업계에서 40년을 지낸 베테랑 라츠는 1960년대의 황금시대에 시작된 화려한 경력을 가지고 있다. 그것은 영광을 잃어버리고 도산의 벼랑 끝에 선 세계 최대의 자동차 기업과 함께 끝날 것인가? 2006년에 라츠는 디트로이트의 상징, 굵고도 탁한 음성으로 거침없이 이야기하고 시가 담배를 피우며 위스키를 마시는, 옛날 좋은 시절의 우상이 되어 있었다. 1932년에 스위스 은행가의 가정에 태어난 해병대 출신의 라츠는 주말에는 제트 전투기를 타고, 매일 콜베트로 통근하는 것으로 유명했다.

로버트 A. 라츠는 1954년부터 1959년까지 해병대에서 현역 근무한 이후 캘리포니아 대학 버클리에서 교육을 받았다. 1963년에 GM 유럽에서 자동차 업계에 들어온 이후 1971년 퇴사하여 BMW로 옮겨 세계 시장을 무대로 판매 마케팅을 3년간 담당하였다. 그 이후 포드에서 12년간 있었다. 그 당시에 라츠는 디트로이트에서도 손꼽는 위세 좋는 사람이 되어 있었고, 포드와 닛산의 싸움을 그린 데이빗 할버스탐의 명저「승자의 사치」의 주요 역으로 등장했다.[7] 1986년 리 아이아코카는 크라이슬러를 구하기 위해 라츠를 빼왔다. 12년의 크라이슬러 근무 중 최고로 그의 가장 좋은 품성이 드러난 업적은 V형 10기통 엔진을 탑재한 2인승 괴물 스포츠카 '닷츠 바이퍼'이다.

더욱이 라츠는 다음 4년을 엑사이드 테크놀로지라는 납축전지 메이커에서 지냈다. 이 회사는 이전 20세기 최초 10년간 토마스 에디슨의 경쟁상대이었던 일렉트릭 스토리지 배터리 사의 후신이었다. 엑사이드에 근무하는 동안 라츠는 전지를 높이 평가하게 되었다. "엑사이드는 결코 첨단의 전지 대기업이 아니었다. 그러나 독일에 자회사가 있어 그곳에서 우주기기로 사용하는 극히 특수한 전지를 만들고 있었다."라고 라츠는 말한다. "예를 들어, 우주 망원경이나 레이저의 미세 조정을 하는 작은 스테핑 모터의 전원이 되는 전지이다. 이러한 전지는 전력을 10년에서 15년까지 유지하지 않으면 안 된다. 우주에서 전지교환은 엄청난 일이기 때문이다. 우리들은 NATO의 군수품에 사용되는 모든 첨단의 1차 전지를 가지고 있었고, 상당히 흥미로운 것이었다."

2002년 라츠는 GM으로 되돌아왔다. 4년 후 회사에 위기가 덮쳤지만 쇠퇴는 보다 이전부터 시작되고 있었다.[8] GM은 수십 년에 걸친 건강보험과 연금의 부채축적에 멍들었고, 오로지 대형 SUV나 트럭만이 희망이었다. 이들 차종은 엄청나게 벌이가 컸지만 파격적인 석유가격이 기대되는 시기가 아니라면 계속해서 팔릴 보증이 없었다. 소비자의 흥미가 조금이라도 변하면 위험할 정도로 GM은 해머와 같은 제품에 의존하고 있다는 것이 드러났다. 그리고 바로 그 우려하던 일이 일어났다.

GM의 역습

제너럴 모터스의 부활을 위해서는 기업 체질과 회사 조직을 쇄신하고 회사의 코스트 구조에 메스를 들이대어 구매자와의 사이에서 땅바닥에 떨어진 회사의 평판을 다시 세우는 것이 요구되었다. 글로벌 제품계획의 장으로서 우수한 자동차와 첨단 기술에 의해 회사의 평판을 회복하는 것이 라츠의 일이었다.

2006년 초 라츠와 일부 중역들은 신형차 제작을 위해서 'i카'라는 이름의 사업에 착수했다.[9] 라츠는 신형차 제작을 위하여 글로벌 제품개발 담당부장 존 로크너에게 협력을 구했다. 로크너는 장신의 어딘가 거만한 느낌이 드는 우수한 엔지니어였다. 1979년에 견습사원으로 뷰익(Buick) 부문에서 근무를 시작하여 GM의 글로벌 프로그램 관리부장까지 승진한 인물이었다. 조용히 있을 때는 사람을 바짝 오그라들게 할 마음 속의 말이 입 밖으로 튀어나오지 않게 자제하고 있는 듯한 인상을 주었다.

엔지니어들은 각각 마음에 드는 대체 추진 시스템을 i카(car)에 탑재시키고자 했다. 에탄올 지지자는 에탄올 차로 해야 한다고 말하고, 수소를 믿는 사람들은 연료전지가 필요하다고 주장했다. EV1의 대실패에도 불구하고 GM 사내에서는 아직 전기자동차의 지지자가 있었지만, 순수한 전기자동차는 제약이 너무 크다고 생각되었다. 로크너는 이들 대립하는 파벌들이 협력할 수 있는 제안을 평가하였다. 보조동력을 싣기 위한 공간이 준비된 전기구동 시스템을 만드는 것이다.

"나는 로크너와 이야기를 나누었다."라고 라츠는 말한다. 그가 말하는 것에 납득이 갔다. 상당히 커다란 전지를 어떻게 하지 않으면 안 된다. 그것은 엄청나게 비용이 많이 들고, 무척 무거우며, 항속거리는 한정된다. "그것보다 훨씬 좋은 생각이 있다. '80 대 20 법칙'을 적용해보자." 즉, 운전자가 주행하는 거리의 80%를 커버하는 커다란 배터리를 싣고, 보조로서 가솔린 엔진을 탑재시키는 것이다. "나는 '과연, 실로 좋은 생각이다.'라고 말했다. 존은 재빨리 계산하여 하루에 100km 운전하는 사람의 실연비는 아마도 리터당 60km 정도가 될 것이라는 숫자를 계산해 내었다. 이것에 흥분되었다. 그다음 우리들은 설계부문과 이야기를 나누어서 최초의 시험제작 볼트의 개략도를 작성하였다. 또, 전기자동차용 전지를 숙지하고 있는 전지제조 업체와도 협의했다."

정해진 리튬 이온 전지와 전지가 다 소모되었을 때 발전하는 소형 가솔린 구동 '항속거리연장' 엔진을 조합하는 것이었다. 전지는 보조 엔진이 움직일 때까지 40마일(약 65km)을 달릴 만큼의 에너지를 저장하는 것이 가능하다. 시장조사 결과 미국 운전자의 78%가 하루 40마일을 운행하고 있고 이들을 커버 가능함을 볼트 팀은 알았다. 이 사람들은 이론상 가솔린을 전혀 사용하지 않고, 그 이외의 운전자들도 전대미문의 연비를 얻는 것이 된다.

라츠는 로크너의 제안을 상사에게 전달했다. "나는 CEO인 릭 웨그너와 몇 번을 협의하여 이렇게 말했다. '릭, 이 콘셉트카를 모터쇼용으로 만들고 싶다.' 단지 콘셉트카로서 이것은 순수 전기자동차가 아니지만, 리튬 이온 전지의 콘셉트를 전달하는 것이 될 것이다."라고 라츠는 말한다. "이 안은 마지못해 받아들여졌다. 받아 들여진 이유 중 한 가지는 예를 들어 노스롭 그라만의 전 CEO 캔트 크래서와 같은 기술에 있어서도 열심인 임원이 몇 명 있어서 적극적으로 지지한 것이다. '우리 회사는 언제쯤 도요타에 기술적 우위를 보여줄 건가? 의자에 몸을 뒤로 젖히고 토론하는 것이 아니라, 뭔가 센세이셔널한 것을 해보면 어떤가?' 라고 말이다. 중역 회의의 압력과 내가 끊임없이 이야기한 보람이 있었는지 '좋아, 알겠다. 콘셉트카를 만들자.' 라고 하게 되었다."

GM의 첨단설계 스튜디오의 장, 밥 보니페이스는 부활한 카마로의 설계를 막 완성한 다음 디트로이트 모터쇼 후의 조용함을 즐기고 있었다. 다음해 쇼를 위한 자동차의 설계 팀이 본격적으로 일하기까지 1년에 한 번 있는 휴식이었다. 2006년 초에, "내년은 '테크놀리지에 기초한 차'를 라츠가 만들고 싶어한다는 윗선의 의향이 전달되었다." 라고 보니페이스는 말한다. 필자는 '그것은 이러한 것입니까? 아니면 저러한 것입니까?' 라는 등의 질문을 했다. 그러자 되돌아 온 말은 "모른다. 어쨌든 테크놀리지에 기초한 차이다." 보니페이스는 어처구니 없다는 얼굴로 손바닥을 위로 향해 어깨를 움츠려 보였다. "우리들은 2010년 뉴욕 국제 자동차쇼 개막 전날 밤에 완성된 볼트의 시험 제작 차 옆에 서서 이야기하고 있었다. 그렇게 우리들은 모든 어이없는 것을 만들어 내었다. 자기부상 자동차나 차륜이 없는 차 등…. 그리고 드디어 어느 정도 확실해진 것을 알았다. '아냐, 아냐, 그러한 것이 아니야.' 라츠는 전기자동차를 요구한 것이었다."

볼트 팀에 사원이 정식으로 배속되기도 전에 이 차에 관한 소문이 새어나가기 시작했다. 「누가 전기자동차를 죽였는가?」의 배후 조종자 중 한 사람 첼시 색스톤은 GM의 새로운 전기자동차의 소문을 2006년 3월부터 듣게 되었다. GM 내부에 있는 친구 한 사람이 "지금 어떤 것에 몰두하고 있다. 무엇인지 말할 수 없지만 아마도 꼭 마음에 들 거라고 생각한다."라고 색스톤에게 말했다. "그것에 플러그가 붙어있는 건 확실하지만 그는 그 이상 아무 것도 가르쳐 주지 않았다." 그것은 우연히 GM의 자동차 전략 위원회가 볼트를 승인한 달이었다.

4월이 되어 토니 포사와츠가 볼트의 계획을 지휘하기 위해서 고용되었다. 키가 작고 탄탄한 체격을 한 고등학교 레슬링 팀의 좋은 코치 같은 느낌의 엔지니어가 팀의 제1호이었다. 포사와츠는 다른 GM의 엔지니어도 이전에 직면했던 딜레마를 마주하고 있었다. 전기자동차 계획을 통솔하는 계약서에 사인해야 할까? 예전부터 GM의 전기자동차 계획은 실패할 운명에 있어, 경력을 엉망으로 할 것임을 알고 있으니 말이다.[10] 포사와츠는 주저했다. 자신은 콘셉트카는 만들지 않겠다고 항의했다. 로크너와 라츠는 확실히 볼트는 콘셉트카이지만, 콘셉트를 위한 콘셉트가 아니라고 단언했다. "나는 그것이 실현되지 않는 콘셉트카라고 생각한 적이 없다. 그 이유 중 하나는 전기로 40마일의 항속거리를 가지고 거기서부터 300마일 정도 더 달릴 수 있는 리튬 이온 전지차라는 콘셉트카는 어쨌든 할 수밖에 없는 계획이 될 심증이 있기 때문이다."라고 라츠는 말했다.

곧 보니페이스는 볼트 설계 팀을 지휘하기 위해 첨단설계 스튜디오에서 사라졌다. 3개의 GM 설계 스튜디오—미시간 주 월렌에 있는 보니페이스 스튜디오, 할리우드 스튜디오, 영국 코벤트리 스튜디오—에서 콘셉트카를 만들기 시작했다. 보니페이스의 스튜디오는 다섯 개의 테마, 영국의 스튜디오는 2개를, 할리우드의 스튜디오는 1개를 제출했다. 얼마 지나지 않아 보니페이스 팀이 제출한 테마가 쇼카로서 선택되었다.

볼트 계획은 EV1 시대의 베테랑, 예를 들어 엔돌 패러나 존 베레이서 등 엔지니어의 관심을 끌기 시작했다. 한편으로 외부에서는 GM이 비밀로 하고 있는 전기자동차에 관한 작은 속삭임이 큰 소리가 되어 있었다. 「누가 전기자동차를 죽였는가?」의 순회 상영이 끝날 무렵 색스톤이 영화 스태프와 미네아폴리스의 거리에 있었을 때 이야기이다. 누군가의 휴대전화가 울렸다. 신문기자였다. 전화의 내용은 "GM이 연말에 플러그인식 전기자동차를 발표하려는데 무언가 코멘트할 게 있는가?"라는 것이었다. "우리들은 재미있다."라고 생각했다. 이 정보는 색스톤과 스태프가 벌써 들었던 내용과 일치했다.

11월 릭 웨그너는 로스앤젤레스 오토쇼 강연에서 GM이 대체연료에 몰두하고 있는 것을 강조함과 동시에 무언가 커다란 것이 기다리고 있음을 암시하며, 볼트의 존재를 조금 내비쳤다. 같은 달 볼트의 제품설계가 시작되자 GM은 선행기자회견을 열어 저널리스트들에게 볼트의 사상—엄밀히는 전기자동차가 아니지만, 보통의 하이브리드카도 아니며 틀림없이 농담이 아닌—을 알렸다.

GM은 볼트 콘셉트카를 2007년 북미 국제 오토쇼에서 발표하는 것으로 계획하고 있었지만, 아직 이 차에 대해서 애매모호한 태도를 계속 취하고 있었다. 실제로 오토쇼의 수일 전이 되어도 GM의 중역진은 아직 볼트의 생산 이행에 의미가 있는지 어떤지에 대해 논의하고 있었다. 라츠는 이 차를 전시하면서 제조하지 않는다면, 홍보상 생각할 수 없는 상황이 될 것이라는 것을 알고 있었다. 그러므로 라츠는 동료들에게 최후통보를 했다. "만약 생산하지 않는다면 전시도 할 수 없다. 지금 당장 정해 달라." 최종적으로 전시는 행해졌다. 이 차를 공개하면서 GM은 "그 생산을 긍정적으로 생각하고 있다."는 공식입장을 표명했다. 라츠는 이때 있었던 일을 이렇게 회상한다. "첨단 동력기술에 있어서 GM에 필적할 회사가 없다는 것을 세계에 알리는 계획의 하나에 지나지 않는다고, 우리들은 그것의 의미를 부여했다. 그것은 기업의지의 중요한 발로이고, GM이 기술에 정통하다는 것의 증명이 되었다. 이 분야에 있어서 타사는 3년 뒤쳐져 있다고 나는 생각한다."

미래의 차

볼트의 발표는 과장되기 쉬운 북미 국제 오토쇼의 기준에 비추어도 무척 훌륭한 것이었다. 우선, 무대 후방의 커다란 곡면 스크린에 영상을 투영하는 것으로부터 시작했다. 쐐기형 문자의 점토판 영상이 구텐베르크의 활자 인쇄기로 변하고, 이어 20세기의 신문인쇄기가 되고, 다시 거꾸로 거슬러 올라가 라스코 동굴의 벽화가 투영되었다. "인쇄기가 발명되지 않았다면 현대의 생활은 어떻게 되어 있을까, 상상이 가능할까요?" 낮은 남성의 목소리로 CM 분위기의 내레이션이 울려 퍼졌다. "사진은 어떠합니까? 그리고 자동차는?" 여기에서 영상은 GM의 시점에서 이야기한 자동차의 역사를 빠르게 보여주고, EV1의 영상에서 멈추었다. "그러나 이노베이션의 역사는 발전적 개량의 역사입니다." 우주왕복선, 지구 주위를 맴도는 우주 정거장의 영상을 배경으로 "하나의 변화가 셀 수 없는 변화를 촉발하는 이때, 역사를 영구적으로 바꿀 사건이 일어나기 시작하였습니다."라는 내 레이션이 이어졌다. 달의 표면을 뛰어 오르는 닐 암스트롱과 버즈 올 드린, 벤자민 플랭클린의 연, 토머스 에디슨의 얼굴이 수 초간 화면 가득히 비치고, 지금부터 향할 곳을 명확히 가리켰다. "여러 가지 과제를 새로운 시점으로부터 붙잡아 빛나는 보다 나은 세계를 보여주는 것에 필요한 것은, 단지 하나의 아이디어가 밝히는 등불뿐입니다."

여기서 릭 웨그너가 무대로 걸어나왔다. "6주 전쯤 로스앤젤레스 오토쇼에서 전인류에게 극히 중요한 문제에 대하여 이야기하였습니다. 에너지의 다양화 필요성과 전망에 대해서였습니다." 웨그너는 이와 같이 이야기를 시작했다. "지속 가능한 성장, 환경, 에너지의 입수와 공급에 관한 중대한 고려 등 이른바 에너지 안전보장의 문제에 대해서 저는 강조하였습니다. 급증하는 세계의 자동차 연료의 수요를 석유만으로 조달하는 것은 우선 불가능할 것이라고 지적하였습니다."

에너지 위기를 암시하는 표현과 웨그너가 선택한 단어에서 전기자동차에 등을 돌리고 있던 것을 부정하려고 하는 GM의 결의가 보였다.[11] "폐사에 있어서 이것은 몇 십 년에 걸쳐서 계속되어 온 내연기관의 효율개선을 이후에도 이어서 가겠다는 것을 의미합니다. 그러나 그것은 종래의 석유 베이스의 연료를 대신하는 대체연료, 예를 들어 E85 에탄올로 달리는 자동차의 생산을 한층 늘린다든지 하는 것, 이것도 상당히 중요한 것이지만 전기자동차 개발에 대한 연구를 대폭 확대·가속하는 노력을 비약적으로 강화하고자 합니다."

로스앤젤레스 쇼에서 GM은 새턴 뷰의 플러그인 하이브리드판을 발표하고, 리튬 이온 전지의 준비가 되는 대로 발표할 예정이었다. "지금 우리들은 전기자동차의 미래에 공헌하기 위해서 크고 중대한 한 걸음을 내디뎠습니다. 오늘 전동 추진 시스템의 한 계열인 E. 플렉스의 생산 개시를 발표할 수 있게 된 것을 기쁘게 생각합니다." 폭넓은 연료를 사용 가능하다는 점은 주목할 가치가 있는 진보라고 웨그너는 이야기를 이어갔다. "그리고 지금 그러한 연구의 가장 새로운 증거를 소개하고자 합니다. E. 플랙스 기술에 기초한 다이내믹한 콘셉트카, 유려한 디자인을 가지고 거기다 벌써 큰 전력을 자력으로 만들어냅니다."

스크린이 둘로 갈라지며 회의장은 웅성거리기 시작했다. 파란 섬광과 불꽃, 빠지직 거리는 소리가 무대에 가득 차고, 그것이 그치자 조용한 전자음악이 흘렀다. 현실과 동떨어진 여성의 목소리가 전해왔다. "여러분 2007년형 쉐보레 볼트 콘셉트카입니다."

자동차는 멋져 보였다. 차고가 낮고, 딱벌어진 폭이 넓은 차체, 빛나는 은색의 도장, 가솔린 엔진차에 있어서 고출력을 의미하는 길다란 보닛, 조수석에는 밥 라츠가 앉아 있었다. 라츠는 자동차에서 내려서 웨그너와 악수하였다. 두 사람은 사진촬영을 위해서 자동차 앞에서 포즈를 취했다. 그리고 필자의 아들 옆에 서서 라츠는 라펠마이크를 향해서 이야기하기 시작했다. "자, 이것이 쉐보레 볼트, GM이 보내 드리는 전동 자동차입니다. 충격적입니다. 실로 충격적입니다. GM의 전기자동차는 진실입니다." 앞서 공개된 엘 고어의 영화를 인용하며 관객들로부터 어색한 웃음을 불러 일으켰다.

라츠는 구동계와 성능을 설명했다. 리튬 이온 전지만으로 65km를 달릴 수 있다. 미국인의 78%는 직장에서 32km 이내에 살고 있으므로, 매일 밤 충전하면 "자동차의 수명이 다할 때까지 가솔린을 살 필요가 전혀 없습니다."라고 라츠는 말했고, 이 대사는 절찬을 받았다. "그렇게 되면 연간 1,900리터의 가솔린이 절약되고, 배기 가스 중의 이산화탄소를 4.4톤 줄이는 것이 가능합니다." 하루에 100km 달리면 연비는 리터당 60km에 상당하다고 라츠는 말한다. E85를 사용하면 가솔린 환산으로 200km를 넘는다. "저는 40년간 이 업계에 있어서 여러 가지 사업에 착수해 왔습니다만, 그것들과 같이 이 프로그램에 흥분을 느끼며 정열을 가지고 있습니다." 라츠는 인사를 마치고 무대의 존 로크너와 토니 포사와츠(이 차를 뒤에서 지지해 준 커다란 주역)를 맞이했다. 그리고 이러한 기자회견의 정해진 수순으로 관객과 뒤섞여 있는 기자들과 카메라맨들이 떼를 지어 코멘트와 사진, 현장 영상을 취재하고자 GM 수뇌진의 주위를 둘러쌌다.

미디어는 볼트를 화제의 중심에 올렸다. 한 GM의 광고 담당자가 「디트로이트 프리 프레스」에 언급한 바에 의하면 볼트의 발표는 자동차쇼에 있어서 통상의 기자회견보다 10배 더 주목을 받았다고 한다.[12] 그러나 많은 언론은 단순히 콘셉트카로서(어디까지나 단순 콘셉트카로서) 이 차에 흥분하고 있었다. 전기자동차에 관한 GM의 실적이 참담하다는 것과 이론상의 차라는 성격을 고려하면, 볼트를 그다지 진정하게 받아들이는 것이 가능하지 않았다. 틀에 박힌 말인 것이다. 모양새 좋은 콘셉트카이지만 아직 이 세상에 없는 전지로 움직이고자 하는 것인가? 이 쇼에 대해서 보도한 「뉴욕 타임스」는 온라인 판 기사의 사진 캡션에서 비꼬는 말투로 이야기했다. '볼트는 과연 미래의 차이다. 아직 만들어지지 않은 전지에 의해서 이론상 1갤론당 150마일을 주행한다.'

도요타는 예를 들어 조금이라도 프리우스의 명성이 볼트에게 빼앗기는 것을 방치하지 않고 적극적으로 의구심을 부추겼다. 그 주장의 근거는 전지였다. 여러 인터뷰에서 도요타의 중역은 리튬 이온 전지는 무척 위험하고, 가격이 너무 비싸며, 무엇보다 어려운 것은 용이하게 채굴 가능한 리튬이 자동차 시장을 떠받쳐 줄 만큼 세상에 없다고 이야기했다. GM의 경영진은 이러한 냉소적 태도에 대항하려 했으나 성공 여부가 반반이었다. "이 프로그램은 PR을 목적으로 한 계획이 아니다."라고 존 로크너는 「타임」에서 이야기했다. "GM은 지극히 성실하게 이 기술을 대량생산에 이행하려 하는 것이다."[13]

"반응은 본 대로이다."라고 라츠는 필자에게 말했다. "대단한 것이었다. 좋거나 나쁘기보다는 처음에는 호의적인 보도가 노도와 같이 밀려왔다가 이후부터는 심술궂은 좋지 못한 반응이 나왔지만….”

[주]

(1) "Valley Techs Tackle Electric Car," *Australian*, July 11, 2006.

(2) "6,831개의 랩톱용 전지를 연결한 자동차를 움직이는 것은 상당히 임시변통처럼 생각 된다."라고 필자가 이야기하자 에버하드는 이렇게 대답했다. "그렇게 이야기하면 거 기까지이다. 차라는 것은 판금과 그것을 이어 붙이는 볼트로 되어있는 것뿐이다."

(3) "Go Speed Racer!" *New York Times*, July 23, 2006.

(4) "Best Inventions 2006: Batteries Included," *Time*, November 13, 2006.

(5) "GM Will Reduce Hourly Workers in U. S. By 25,000," Danny Hakim, *New York Times*, June 8, 2005.

(6) Sharon Silke Carty and James R. Healey, "GM Takes $1.1B Hit in First Quarter," *USA Today*, April 20, 2005.

(7) Halberstam, *The Reckoning*, pp. 741-42.

(8) GM 몰락에 관한 핵심 설명은 Paul Ingrassia, *Crash Course* 참조.

(9) Holstein, *Why GM Matters*, p.131.

(10) 케네스 베이커라고 하는 GM의 엔지니어는 1990년에 EV1 계획을 지휘하라고 요청받 았을 때, 같은 상황에 직면했다. 베이커는 1970년대 후반에 실패한 일렉트로 베트 계 획을 지휘하였고, 시간이 지나면서 이 실패가 출세를 방해하게 되었다고 생각하게 되 었다. EV1의 담당자로서 스카웃되었을 때, 이것은 자기 자신의 처지를 파멸시킬지 모 른다고 걱정했다. EV1 이야기의 상세 해설은 Michael Shnayerson의 *The Car That Could*와 본서 145페이지 참조.

(11) 한 GM의 중역은, EV1이 계획이 없어진 수년간 GM이 수소 연료 전지 연구를 진행한 것이, 전동 자동차에 등을 돌린 것이 아니라는 증거라고 주장하고 있다.

(12) Tom Walsh, "GM's Message to the World----Don't Count Us Out," *Detroit Free Press*, January 10, 2007.

(13) Lindsay Brooke, "All the Technology Needed for 100 M.P.G. (Batteries Not Included)," *New York Times*, January 7, 2007.

제5장

전기자동차의
텅 빈 중심

🖐 19세기 전기자동차의 붐과 몰락

쉐보레 볼트에 대한 의심은 제너럴 모터스의 진정성만이 원인은 아니었다. 19세기 후반으로 거슬러 올라가서 전기자동차의 역사는 어떻게도 할 수 없는 실패의 연속이었던 것과도 관계된다.

전기가 추진력으로 사용된다고 하는 발상은 1830년대에 일어났다. 초기의 전기 모터의 실험에 의해 이 기술로 철도차량을 움직일 수 있다는 것을 알았다.[1] 그러나 전기 모터는 당시 희소품으로 보급되기까지는 그 후 30년이 필요했다. 그것이 널리 퍼진 것은 아크 등의 붐, 즉 증기 동력으로 돌리는 발전기를 전원으로 하는 가로등이 급격히 늘어났기 때문이다. 발전기에서 전기 모터까지는 불과 한 걸음이었다. 마이클 브라이언 시퍼는 초기 전기자동차의 역사에 관한 저서에서 1870년대에는 "전기철도에 필요한 소재를 입수하기 쉬워진 것을 대서양의 양쪽에서 많은 사람들이 일제히 인식하기 시작했다."라고 쓰고 있다.

19세기 후반 미국과 유럽의 과학자와 기술자는 말이 아닌 인간을 이동시킬 수 있는 새로운 수단의 발명에 여념이 없었다. 말은 도로를 말똥 투성이로 만들고 돌보기 어려우며 갑자기 죽는 경우도 있었다. 그러한 중에 자전거 붐이 1860년대 프랑스에서 일어났다. 1890년대에는 미국으로 퍼졌고, 도시인은 투어링 즉 자전거로 거리를 나와 시골로 관광하러 가는 취미에 눈떴다. 1859년에 벨기에 기술자 에티엔

르노와르가 최초의 실용적 내연기관을 만들었고, 1870년대에는 독일 기술자 니콜라우스 오토가 만든 4스트로크의 '오토 사이클 엔진'이 자동차에 널리 사용되게 되었다. 칼 벤츠는 1886년에 오토 사이클로 달리는 획기적 3륜 자전거의 특허를 취득하고, 1890년대에는 푸조 등의 업체도 가솔린 차를 판매하게 되었다.

그러나 전기자동차의 등장에 직접 영향을 준 것은 가솔린 차가 아닌 노면전차였다. 미국 발명가 플랭크 줄리안 스파러그에 의해 노면전차의 시스템이 최초로 정비된 것은 1887년 버지니아 주의 리치먼드에서 있었다. 노면전차는 곧 미국과 유럽의 도시로 널리 퍼졌지만 곧바로 반발이 일어났다. 혼잡한 도심, 특히 맨해튼에서 보급되기 시작한 전등선에 더하여 머리 위에서 서로 뒤엉킨 노면전차의 전선이 눈에 거슬렸고, 아울러 공공의 안전문제가 되었다. 그것을 대신할 수단은 당연히 전지를 사용하여 노면전차를 움직이는 것이 되었다. 전지를 사용하면 레일을 벗어나 운전수가 원하는 곳으로 달려가는 것이 가능하다. 즉, 전기자동차인 것이다.

최초의 전기승용차는 좌석이 겉으로 드러난 덜컹거리는 3륜차였다. 1888년에 영국의 발명가 매그너스 폴크가 세상에 내놓은 것은 삐걱삐걱 소리를 내며 시속 60km로 달리는 것이었다. 미국에서 최초로 전기자동차를 만든 것은 A. L. 라이커라는 사람이라고 알려져 있다. 폴크가 만든 차량의 두 배의 최고 속도를 낼 수 있는 3륜차였다. 드디어 발명가들이 모두 전기자동차를 추구하게 되었다. 1893년의 시카고 만국박람회에 출품된 유일한 자동차는 윌리엄 모리슨이라고 하는 이름의 아이오와 사람이 발명한 최고 시속 30km의 전기자동차였다.

당시 전기는 아직 기본적으로 마술과 같은 것이었다. 「워밧슈 플랜딜러」라는 잡지는 아크 등의 최초 공개를 다음과 같이 묘사하고 있다. '사람들은 무릎을 꿇고 눈 앞의 광경에 신음소리를 냈으며 많은 이들은 놀란 나머지 말을 못했다.'[2] 이와 같이 전기는 진기한 것이었기 때문에 이 기묘한 힘으로 움직이는 탈것이 말을 대신한다는 발상이 잘 검토되지 못한 것도 무리는 아니다. 그래도 시카고 만국박람회에 관한 보도 중에서 「일렉트리컬 월드」 지는 이렇게 예견했다. '마차 등 탈것이 안에 숨겨진 전지로부터 전기를 받은 모터로 거리를 돌아다니게 되어 현재 이 역할을 하고 있는 수많은 동물들이 해방되는 날이 그렇게 멀지 않을 것으로 생각된다.'[3]

1890년대를 통틀어 전기자동차, 가솔린 엔진 자동차, 증기 자동차는 많은 발전을 거두었다. 1895년에는 J. 프랑크 듀리에와 찰스. E. 듀리에 형제가 미국 최초로 가솔린 엔진을 만들어 주목을 받았다. 다음해에는 젊은 헨리 포드가 개발을 구상하기 시작하여 드디어 엄청난 부를 얻게 되었다. 1894년 페드로 살롬과 헨리. G. 모리스는 무게 1,930kg의 일렉트로 베트를 만들었다. 이 차는 시속 25km에 달했고 조심조심 운전하면 무게 725kg의 전지 1회 충전으로 160km나 달릴 수 있었다. 살롬과 모리스는 얼마 지나지 않아 일렉트릭 캐리지 앤드 웨건 사를 설립하고, 필라델피아에 본사를 둔 일렉트릭 스토리지 배터리 사(ESB)와 제휴한다. ESB는 설립된 지 얼마되지 않은 별도의 전기자동차 회사 일렉트릭 비이클 사(EVC)가 소유하고 있었다. 곧 살롬과 모리스는 대폭 개량한 일렉트로 베트 2를 제작했다. 이번에는 중량이 3분의 2, 최고 시속은 30km가 되었다.

더 나아가 이 기업 공동체—살롬과 모리스, ESB, EVC—는 전기 택시업을 여러 도시에서 시작했다. 그 중에서도 최대 사업은 뉴욕에서였다. 한편 이 그룹은 특허권과 독점적 행동으로도 악명이 높아 그로 인해 EBS 전지에 사용된 원소에 관련하여 '납의 트러스트(기업합동)'라는 고맙지 않은 이름이 붙여졌다.

자전거왕 알버트 포프는 시대의 흐름을 꿰뚫어 보고 편승했다. 1897년 5월 13일, 코네티컷 주 핸포드에서 포프는 콜롬비아 일렉트릭 패턴 마크 Ⅲ을 발표했다. 이것은 자전거와 같은 중간이 빈 프레임으로 가볍게 만들어진 820kg의 자동차로, 390kg의 납축전지를 만들어서 최고 시속 25km로 달려 50km의 행동반경을 가지고 있었다. 시퍼에 의하면 마크 Ⅲ은 "여러 가지 차종 중에서 최초의 제대로 된 수가 상업 생산된 미국제 자동차"였다.

이 당시 전기자동차는 사치품으로 5,000달러(현재 가치로 13만 달러 가까이)나 하였다. 그러나 이것은 어디까지나 승용차 시장의 이야기로 1900년까지는 전동의 배달차, 트럭, 버스, 구급차, 택시가 미국의 시가지를 돌아 다니고 있었다. 그래도 역시 충전이 문제였다. 특히 교류전기의 사용자에게 있어서 전해질 속의 물이나 산의 레벨을 수작업으로 유지한다고 하는 전지 유지보수도 성가신 것이었다. 찰스 듀리에는 저서 「말이 없는 차량 시대」에서 이렇게 이야기하고 있다. "전지를 돌보는 것은 병든 개로 가득찬 병원보다 성가시다."[4]

한편 가솔린 엔진차의 운전자(주로 남성)는 충전소가 없는 것을 걱정하지 않고(가솔린은 잡화점에서 구입 가능) 가볍게 투어링을 즐길 수 있게 되었다. 자동차 구입의 첫번째 동기는 투어링이었기 때문에 전기자동차의 매력은 적어졌다. 일관되게 가솔린 자동차를 지지하고 있던 듀리에의 말처럼 말은 물론 자전거마저도 하루에 달릴 수 있는 거리는 전기자동차보다 길었다. 가솔린 차는 빠르고 출력이 커지고 있었다. 입체적인 이미지에서 남성은 소음과 연기를 개의치 않았으므로, 가솔린 차는 남성다운 투어링 카가 되었다. 청결하고, 정숙하며, 세련된 전기자동차는 여성용으로 취급되었다. 일렉트릭 비클 사마저도 이후에 가솔린 자동차를 생산하기 시작했다.

1903년 6월 1일 포드 모터가 탄생됐다. 1908년에 발표된 전설적인 대중차, T형 포드는 이후의 교통을 일변시켰다. 1910년까지는 미국에서 50만 대 가까이 자동차가 등록되어 있었지만 그 대부분이 가솔린 동력이었다. 일년 후, 찰스 플랭클린 케터링이 셀프 스타터를 발명했다. 그것은 당시의 전문가가 불가능이라고 말한 것 즉, 가솔린 엔진이 시동되는 짧은 순간 전동 모터를 풀 회전시킨 것만큼의 것이었다. 셀프 스타터가 1912년에 가솔린 동력의 캐딜락에 탑재되었고, 전기자동차에 남겨진 이점 하나가 없어졌다.

전기자동차 업계의 다수는 무엇이 일어나고 있는지 느끼고 선전공세에 의해 가솔린 차보다 뛰어난 전기자동차의 특성을 대중에게 불어넣고자 했다. 신뢰성, 정숙성, 낮은 유지비, 나중에는 1회 충전으로 이럭저럭 달릴 수 있는 것, 드디어는 멀리 타고 가는 것이 가능하다는 것까지 입에 오르내렸다(그것은 조심스럽게 말해도, 논의의 여지가 있는 것이었다. 항속거리가 짧고 충전시간이 길다는 결점은 누구나 느끼고 있었다). 업계 내부도 인식하기 시작했다. 전력회사는 "전기자동차가 그다지 인기가 없는 것은 너무 고급이기 때문이다. 전기자동차 시장에도 헨리 포드와 T형이 필요하다."라고 불만을 흘렸고, 한편 자동차 메이커는 "전력회사가 영업차에 전기자동차를 사용하면 자사 제품의 광고탑이 되는데, 잠재적 이익을 빼앗아 가고 있는 가솔린 차만 사용하고 있다."라고 푸념했다.

드디어 전기자동차는 점잖 뺀 노부인의 차라는 낙인이 찍혔다. 그리고 제1차 세계대전을 위해서 최유력 몇 개사를 빼고 자동차 업체는 폐업 위기에 몰아 넣어졌다. "전후까지 유지된 회사가 있다는 것은 부유층의 여성에게 강하게 지지받았다는 증거이다."라고 시퍼는 말한다.[5] 하지만 최후의 제대로 된 전기자동차는 1930년대 초에 시장에서 모습을 감추었다. "결국 전기자동차에 헨리 포드는 나타나지 않았다. 값싼 전기자동차에 대한 대규모 수요가 없었기 때문이다."라고 시퍼는 말했다.

전기자동차를 잠에서 깨운 배기 가스 규제

가솔린 자동차가 세계에 보급됨에 따라 전기자동차는 깊은 동면에 들어갔다. 1959년에 내셔널 유니온 일렉트릭 사가 유리카 윌리암스 사 및 엑사이드와 함께 전기자동차 부활을 목표로 만든 헤니 킬로와트와 같은 변종을 제외하면 전기자동차는 몽상적 기술자에게 손이 닿지 않는 동경에 지나지 않았다. 헤니 킬로와트의 생산대수는 50대가 되지않아 실패로 끝났다.

1950년대부터 1960년대에 걸쳐서 대기오염이 문제가 될 때까지[6] 대형 자동차 업체는 전기자동차에 흥미를 보이는 기색조차도 보이지 않았다. '누가 좋아해서 그러한 것을 한다지?' 이미 석유의 힘으로 자동차 회사는 왕자가 되었는데 말이다. 자신들의 제품이 일으킨 환경 문제에 대처하지 않으면 안 되는 때에도 업체는 대기오염 방지법에 적합한 기술을 개발하기보다는 그것을 저지하기 위해서 훨씬 큰 힘을 쏟고 있었던 것이다. 자동차에 촉매 컨버터를 장착하지 않고 그대로 두려고 필사적인 업계가 전기자동차의 제조에 소극적인 것은 당연하다.

그래도 1966년부터 디트로이트에서 시험제작 전기자동차가 몇 대 만들어졌다. 제너럴 모터스는 콜베어를 고가의 비현실적인 은 아연 전지로 달릴 수 있도록 개조한 쉐보레 일렉트로베어를 제조했다. GM은 일렉트로베어에 이어서 기묘한 유선형을 한 소형차 시리즈를 만들었다. 그 중의 한 종류는 가솔린과 전기의 하이브리드차이고, 별도의 한 종류는 12볼트 납축전지로 움직이는 순수한 전기자동차였다. 그 전기자동차 XP512E는 AMC 페이서를 마이크로 카로 한 외관을 하고 있다. 1967년 영국 포드의 연구원은 전장 2m의 초소형 전기자동차 커뮤터를 발표했으나 생산되지는 않았다. 아메리칸 모터스는 시험제작차를 매력적으로 하기 위해서 타사보다 힘을 쏟았다. AMC 아미트론은 스윙잉 런던 풍의 미래차를 이미지한 것 같은 스타일이었다. 흥미로운 것으로 아미트론은 최초의 리튬 전지 화학조성인 리튬 불화니켈을 일부 사용해서 움직이도록 설계되어 있다.

1960년대부터 1970년대의 클린 자동차에 대한 추구가 끝나자 다음으로 전기자동차 부활의 기회가 돌아온 것은 1990년 9월 캘리포니아 대기자원국(CARB 대기오염분쟁의 결과로서 1967년에 창립된 기관)이 1998년까지 주내에서 판매되는 차량의 2%를 배기 가스를 내지 않는 것으로 하는 규제를 자동차 업체에 부과한 시기였다. 이 숫자는 2001년에 5%로 상향되어 2003년이 되자 10%에 도달했다.

이 규제는 제너럴 모터스의 CEO 로저 스미스가 전동 콘셉트카 인팩트—이후에 EV1으로 이름이 알려지게 됨—를 생산하도록 하여, 그 해 지구의 날에 발표한 것에 대한 단적인 반응으로서 만들어졌다. 콘셉트카 인펙트는 에어로바이어론먼트(최초 인력비행기 갓서머 콘돌을 후원한 로스앤젤레스의 기업)와 GM, 그리고 휴즈 에어크래프트가 공동 개발한 솔라 파워 차, 선레이서의 발전형이다.[7] 참고로 선레이서는 유명한 오스트레일리아 종단 솔라카 레이스, 월드 솔라 챌린지의 1987년 대회에서 우승하여 GM은 이것으로 커다란 선전 효과를 거두었다. 그 성공에 편승한 3사는 인팩트라는 어울리지 않는 이름을 붙인 차를 만들었고 스미스는 그 차를 1990년 로스앤젤레스 오토쇼에서 처음 보여준 경험이 있다.

CARB의 배기 가스 규제는 덧없이 사라진 전기자동차의 작은 붐을 1990년대에 되살아나게 했다. GM과 타 경쟁사는 미국 최대의 자동차 시장인 캘리포니아에서 판매를 계속하기 위해서 전기자동차를 소량이지만 생산했다. 그러나 자사의 CEO에 의해 촉발되어 만들어진 규제임에도 관계없이 GM은 마지못해 따르는 것에 지나지 않았다. 틀림없이 GM은 타인이 붙여놓은 조건으로 자동차 개발계획을 진행하는 것을 싫어하고 있었다. GM은 반복하여 전기자동차가 없다—누구도 그런 것을 필요로 하지 않는다.—고 말했고 그것이 틀렸다고 증명하는 사건이 있어도 그렇게 계속 이야기했다. 이런 가운데 자동차 성능에 관한 데이터 수집을 목적으로 50대의 인팩트를 모니터 드라이버에게 2주간 대여하는 PrEView라는 소규모 시험 프로그램을 발표했을 때 GM은 커다란 반응을 기대하지 않았다. 그러나 GM의 전화회선은 곧 펑크가 나버렸다. 로스앤젤레스와 뉴욕에서만 약 2만 4,000명이나 되는 사람들이 전화로 프로그램 참가를 신청한 것이다.

GM은 최초부터 자사의 전기자동차를 부셔버리려 했다고 말해도 과언이 아니다. 이것은 「뉴욕 타임스」의 기사에 상세하게 쓰여 있다.

제너럴 모터스는 전기자동차의 노면 시험을 진행할 준비를 하고 있고, 그리고 실패할 것도 염두에 두고 있다. 일반시장을 위한 전기자동차의 설계에 있어서 빅3의 최첨단을 달린다고 자부하는 이 회사는 비극적으로 최선을 다했으나, 이 차는 수준에 미달한다고 말하고 있다. 현재 의회와 당국이 그것에 동의하여 기한을 연장하든가 폐지할 것을 이 회사는 기대하고 있다.[8]

규제당국은 결국 기한을 연장하였지만 폐지는 하지 않았다. 그래도 EV1이 만들어진 것은 기적이었다. 마이클 슈나이어슨이 저서 「The Car That Could」에서 말한 것과 같이 EV1 계획은 몇 번이고 중지를 당했다. 그러나 GM의 중역진이 애매한 태도를 보인 한편, EV1을 담당한 엔지니어의 작은 팀은 극도로 열심히 일했기 때문에 자료를 모아서 어떻게든 이 차를 실현한 것이 가능했던 것이다.

🛰 EV1의 말로

1996년에 발표된 EV1은 리스만으로 거기다 로스앤젤레스, 피닉스, 투선에서밖에 제공하지 않았지만, 이후에 샌프란시스코와 사크라멘토에서도 EV1 프로그램이 이용가능하게 되었다. 리스 요금은 발표 시에는 통상 월 499달러였지만, 다음해 봄에는 349달러로 할인되었다. 또, 전기자동차를 리스하는 중에 부가업무—항속거리가 한정되어 있는 것을 고객에게 확실히 이해시키는 것과 차고에 충전장치 설치를 돕는 것—에 대처하기 위해서 GM은 EV 스페셜리스트라는 전문 운영팀을 고용하여 EV1을 제공하는 도시의 새턴 딜러에 배속시켰다. 제1세대 차는 델파이에서 제조된 중량 450kg이 넘는 납축전지를 탑재하고 극히 양호한 공기역학 덕택에 1회의 충전으로 110~220km를 달렸다. 이 차의 효력계수는 0.19로 F16 전투기의 공력(空力)과 같다고 GM은 주장했다.

빠르고 미끄러지듯 달리며 스타일리시하고 조용한 덕분에 EV1은 운전자들로부터 사랑받았다. 브랜드 매니저인 케인 스튜어트는 EV1의 고객이 '놀랄 정도의 열렬한 지지'를 보였다고 한다. 프란시스 포드 코플러, 멜 깁슨 등의 명사들도 이 차를 대여했다. 그러나 EV1 덕택에 호의적인 보도 덕을 보는 한편으로 GM은 캘리포니아 주에 대하여 CARB의 규제를 철폐할 것을 요청하는 로비 활동을 진행하고 있었다.[9] GM은 이 규제는 아무도 바라지 않는 제품을 막대한 비용을 들여서 생산할 것을 우리 기업에 강요하고 있다고 주장했다. 더욱이 이 회사는 석유를 대신할 후보는 전기가 아닌 수소로서 CARB가 자동차 메이커에 시간만 준다면 수소를 동력으로 하는 미래로 가는 길을 여는 것이 가능하다고 단언했다. 전기자동차를 필요로 하는 사람이 없다는 증거로서 자동차 메이커는 캘리포니아 대학 버클리교 교수 케네스 트래인이 행한 것과 같은 조사에 의거하고 있었다. 2000년 CARB의 공청회에서 트래인은 도요타의 RAV4 전기자동차를 사게 만드는 방법은 "표준적인 소비자에게 무료로 RAV4-EV와 7,000달러 정도의 수표를 주는 것"밖에 없다는 것이 자신의 연구에서 분명해졌다고 논했다.[10] 이에 대해서 캘리포니아 전기자동차연합은 조사를 위탁하여 캘리포니아의 잠재적 전기자동차 시장은 실제로는 신형 소형차의 12% 또는 18% 정도 즉, 연간 22만 6,800대의 전기자동차가 팔린다는 결론에 도달했다.[11] 2002년부터 도요타는 전동의 RAV4를 제조업체 희망가격 4만 2,510달러, 일부 되돌려 준 후 가격은 2만 9,510달러로 소매시장에 내놨다.[12] 도요타는 생산한 대수를 넘는 주문을 받아 결국 추가 생산을 하여 328건의 주문을 모두 응했다. 그 후 도요타는 조용히 이 사업을 파기했다.

최종적으로 GM과 다임러 클라이슬러는 CARB를 꼼짝 못하게 하는 데 성공했다. GM은 1999년에 최후의 EV1을 제조했다. 이 세대의 차는 니켈 수소 전지를 싣고 1회 충전으로 최대 240km를 달렸다. 합계하여, GM은 약 800대의 EV1을 1996년부터 1999년 사이에 리스하였다. 사업은 2002년에 중단되어 다음해 릭 웨그너는 이것을 돈 먹는 벌레라고 하여 정식으로 사업을 폐지하였다.

그 후 GM은 창업 이후 홍보와 관련해 최대의 실수를 범했다. EV1을 회수한 것이었다. 15년의 보증기간이 남은 가운데 제조중지가 된 차의 유지보수에 책임을 질 수 없다는 이유였다. 그 동안 계속 부품을 보유하고 있는 것을 기대하지 말라는 것이었다. 적어도 EV1의 운전자가보증이 되지 않아도 좋으므로 EV1을 매입하고 싶다고 GM에 간청하였지만 불가능했다. GM은 EV1을 모아서 사막으로 가지고 가 부숴버렸다. GM에게 있어서 운이 나쁘게도 회수 프로세스의 많은 부분이 비디오로 찍혔다. 그것을 편집한 것이 다큐멘터리 영화 「누가 전기자동차를 죽였는가?」이다. 영화가 공개된 2006년 릭 웨그너는 한 기자에게 EV1의 중지는 큰 실수였다고 인정할 수밖에 없었다.

볼트 발표 후 전기자동차가 다시 유망시되기 시작하자 EV1 이야기의 등장인물들은 과거에 대해 변명을 하기 시작했다. "1990년대에는 석유가 1배럴당 20달러였다."라고 서든 캘리포니아 에디슨 사의 전기자동차 부장 에드 키엘은 말한다. "연비는 구입의사 결정의 우선 순위에서 37번째였다. 9·11테러도 없고 국제 테러도 없고 또 이 영향이 크지만 중국이나 인도도 지금과 같이 강대하지 않았다. 지구 온난화를 위해서 규제압력이 높아지지도 않았다." 존재하는 것은 EV1과 그 형제를 태어나게 한 원인이 된 대기오염에 관한 규제만 있었다. 자동차 업체가 규제를 완화시키는 것에 성공해 버리면 전기자동차를 계속 만드는 동기가 어디에 있다는 것일까?

EV1과 볼트 양쪽에 관계한 엔지니어는 볼트가 EV1과 같은 운명을 따르지 않을 것이라고 주장하고 있다. "EV1과는 별개의 것이다."라고 EV1의 수석 엔지니어이자 볼트 팀의 초기 멤버인 존 베리사는 말한다. "전지기술이 거기까지 진보되지 않아도 효율이 좋은 자동차 설계로 보충할 수 있다고 믿었다. 그래서 우리들은 세계 제일의 효율 좋은 자동차의 설계에 매달린 것이다." 제2세대의 EV1은 항속거리가 240km나 늘어났지만 베리사에 의하면 항속거리 연장을 가능하게 한 대형 니켈 수소 전지는 코발트나 바나듐과 같은 고 코스트의 물질을 포함하고 있어, 이에 따른 배터리 1개가 4만~5만 달러라는 놀랍도록 비싼 가격을 보였다. 결과적으로 GM은 EV1 프로젝트에서 10억 달러를 잃었다고 베리사는 추정한다.[13] "우리들은 기술적 가능성을 확립했다. 성공했다고 말해도 좋을 것이다. 하지만 실제로 상업적으로 성공할 가능성은 얻지 못한 것이었다."라고 베리사는 말했다.

공백을 메워라

쉐보레 볼트를 상업적으로 성공시키기 위한 첫걸음은 차의 중심에 있는 커다란 공백 부분을 메우는 것, 즉 전지의 개발이었다.

콘셉트카의 발표도 하지 않은 단계에서 GM은 볼트용 전지의 공급을 제너럴 일렉트릭(GE)에 타진하고 있었다. 미국을 상징하는 두 대기업이 협력하여 미래의 차를 만든다는 착상이다. 그러나 실현되지는 않았다. "볼트의 발표 무렵에 GE와의 어떠한 형태의 제휴에 대해서도 공표 가능할 것이라고 실은 기대하고 있었다."라고 밥 라츠는 말한다. 뚜껑을 열어보니 그렇게 되지는 않았다. GE는 리튬 이온 전지의 생산에 응할 준비가 되어 있지 않았던 것이다.

그래서 GM은 제휴처가 될 기업을 세계에서 찾기 시작했다. "우리들은 리튬 이온 전지 생산과 관련하여 세계 톱 12 내지는 14개 회사에 대한 철저한 분석을 착수하여 회사의 규모, 기술력, 현지에서의 신뢰성, 공장 자동화율, 성분은 적절한가 등을 평가했다."고 라츠는 말한다.

미시간 주 워렌에는 에로 사리넨 설계에 의한 GM 기술 센터의 부지가 불규칙하게 펼쳐져 있다. 콘셉트카 발표 1 개월 후 그 곳에 치솟은 거대한 유리로 된 자동차 엔지니어링 센터에 전지 메이커 8개 회사의 대표가 사업 안을 가지고 속속 방문하기 시작했다. 신흥기업이든, 거대 다국적 기업이든 어떤 기업도 쉐보레 볼트용 전지 납입자가 되기 위해서 1차 예선을 통과한 이들이었다. 선별에는 GM의 여러 부서에 소속되어 있는 20명 정도의 직원이 배당되어 2개월에 걸쳐 사업 안을 심의했다. 그들은 각 사의 전지를 에너지 밀도, 출력 밀도, 온도 성능, 안전성, 수명, 코스트에 대하여 채점하였다. 각각의 기준을 중요도에 따라 비교 검토하여 토니 포사와츠가 지장이 없도록 '질적요소'라고 부르는 것을 가미했다. 예를 들어, 이 회사와 일하여 껄끄럽게 되지 않을까 하는 것이다. 각 업자는 자사제품이 16킬로와트시(kWh)의 에너지를 저장할 수 있을 것, 전기만으로 볼트를 65km 달리게 할 수 있을 것, 제로로부터 시속 96km까지 8초만에 가속 가능할 것, 적어도 10년은 작동하고 5,000회의 완전방전을 견디고 그 사이 잃게 되는 충전용량은 10% 미만일 것, 통상의 자동차의 드라이브 샤프트를 수납하는 터널에 전지가 수납될 것, 중량이 180kg를 넘지 않을 것, 코스트가 가능한 한 낮을 것을 증명하지 않으면 안 되었다. 그리고 절대로 폭발하지 않을 것이다.

코발트산리튬 전지(당시 많은 랩톱 컴퓨터나 휴대전화에 사용되었다.)에 의존하고 있던 업체는 모두 특히 설득력 있게 설명을 행할 필요가 있었다. 바로 테슬라는 그것을 사용하고 있었다. 그러나 시판되거나 또는 개발도중에 있는 수 종류의 리튬 이온 전지 중에서 코발트산리튬 이온 전지는 엔지니어가 완곡하게 '열폭주'라고 부르는 것의 원인이 되는 화학반응을 보다 일으키기 쉬운 것을 얼마 전에 알고 있었다. 2007년 초의 이 무렵은 세계적으로 소니의 리튬 이온 전지가 발화한 불과 수개월 후로써 이 사건이 각별히 생생했다.

코발트산리튬 이온 전지의 오산

사태는 2005년 12월에 시작되었다. 소니의 리튬 이온 전지로 구동하는 랩톱 컴퓨터가 불을 뿜는 일이 발생한 것이다. 동영상으로 찍혀진 랩톱 컴퓨터의 발화 모습은 유튜브에 공개되어 화제가 되었다.[14] 2006년 6월에는 오사카의 비즈니스 회의 석상에서 엄청나게 불꽃을 뿜어 내는 랩톱의 영상이 인터넷 상에서 돌아다녔다. 다음달에는 UPS의 화물기가 필라델피아 국제공항에서 불길에 휩싸여 리튬 이온 전지가 즉각적으로 의심받게 되었다. 같은 달 델사 제품의 랩톱에 탑재되어 있던 소니 전지가 네바다 주에 사는 남성의 트럭 안에서 발화하여 트럭 칸막이 뒷좌석에 둔 탄약으로 번진 후 더욱이 연료 탱크까지 인화되는 바람에 트럭 전체가 날아가 버렸다. 8월 14일에 델은 410만 대의 랩톱을 회수했다. 「뉴욕 타임스」는 소비자 제품안전위원회의 말을 인용하여 이것을 '가전업계가 시작된 이래 최대의 안전성 문제에 의한 회수'라고 불렀다. 전지 발화 사고는 당시 일상적인 하이테크 업계 용어에도 들어갔다. 예를 들어, 그 해 9월 최신 휴대기기 소개 사이트 「Engadget」에 개제된 신형의 난연성 랩톱 커버의 광고 문구는 "이 새로운 난연성 커버가 배터리 폭발시 주변의 물건을 지키기 위한 물건인지 또는 환경의 영향에 의한 발열사고로부터 맥북을 지키기 위한 것인지 잘 알 수 없다. 하지만 어느 쪽이든 꽤 스타일리시한 새로운 필수품이다."라고 표현됐다.[15] 10월까지 소니는 전세계에서 1,000만 가까운 전지를 회수하고 있었다. 소니 후쿠시마 공장에서 제조된 로트(lot)의 전지에서 전지의 금속 외장을 압착하는 공정 중 금속 파편이 전해질로 들어가서, 결국 일부의 전지에서 금속편이 쇼트를 일으켰다고 하는 것 같았다. 이 한 건으로 상당히 커다란 에너지를 이와 같은 작은 용기에 채워 넣는 것의 위험성이 미디어를 통하여 폭발적으로 널리 알려지게 되었다. 조금만 잘못 되어도 대량의 에너지가 방출되어 최악의 경우 커다란 불꽃놀이를 쏘아 올리게 되는 것이다.

따라서 볼트용 전지의 납입업자 찾기는 미묘한 상황에서 행해졌다. 한편 밥 보니페이스의 팀은 볼트의 생산설계로 바빴다. 이 프로젝트에 자신이 아직 관계하고 있는 것이 그에게는 의외였던 것 같다. "그렇게 잘 진행될 거라고 생각하지 않았다."고 보니페이스는 말한다. "호의적인 반응이 갑자기 몰려왔다. 예상 외의 일이었다."

얼마 지나지 않아 GM은 볼트로 인해 막다른 골목에 몰린 느낌을 받고 있는 모습을 보였다. 부담이 될 수도 있다는 것은 알고 있었지만 이 차가 실패로 끝날 가능성도 두려워하고 있었다. 2007년 3월 23일 「디트로이트 뉴스」에 '볼트의 과대광고, 전원을 빼려고 하는 GM'이라는 제목의 기사가 실렸다. 이 기사에 의하면 'GM은 아직 전지에 대한 계획이 없는 상태에서 볼트를 만들려고 하고 있는데, 이 것을 디트로이트에서 전시하는 것이 현명한 것인지 어떤지 GM 사 내에서 격렬한 논쟁이 일어나고 있다. 금세기가 되어 최대의 환경문 제의 해결책이 될지 모르는 것에 대한 발매를 세계가 기다리고 있는 지금, GM의 임원진은 기대를 가라앉히려고 기를 쓰고 있다.' 라고 밝 혔다. 또 기사는 GM이 주체한 설명회를 언급하며, 그곳에서는 결론 적으로 이 차가 절대로 공공도로를 달리는 일은 결코 없을 것이라고 생각하게 하는 다수의 기술적 문제점을 기자들이 재차 지적했다고 한 다. "압박이 무시무시하다."라고 볼트 팀의 수석 엔지니어 닉 제랜스 키는 말한다. "이러한 아이디어가 있다고 발표만 했는데 '그런데 자 동차는 어디에 있나? 지금 곧 필요하다.'라고 주야장천 이야기되고 있다."

볼트를 둘러싼 소동

너무 높아진 기대를 잠재우는 한편, 다른 많은 부문에서는 볼트 제 조를 향한 준비가 급 피치로 이어지고 있었다. 전지납품업체 선정에 있어서도 최종 후보자가 명확해지려고 하고 있었다. 전지개발 주임 엔지니어 란스 터너는 말한다. "가까운 곳의 회사라면 매우 좋을 것 이다." 그렇다면 컴팩트 파워 사(CPI)이다. 미시간 주 트로이의 사무 실은 워렌에 있는 GM 전지연구소로부터 차로 15분 거리에 있다. "그 리고 이전에 거래가 있었던 회사라면 무척 좋을 것 같아." 그것이라 면 콘티넨탈이다. 독일의 자동차 부품 메이커로서 A123 시스템스라는 보스톤 지구의 신흥기업이 만드는 셀을 묶어서 실용적인 배터리 팩을 만드는 사업을 하고 있다.

기업 간의 경쟁과 더불어 볼트용 전지 선택은 경쟁하는 2종류의 리튬 이온 전지의 싸움이 되고 있었다. 컴팩트 파워가 사용하는 망간산 리튬과 A123이 회사의 주축으로 하고 있는 인산철 리튬이다. 이 두 가지 재료는 서로 크게 다르고 가전제품에 쓰이고 있는 코발트산 리튬과도 다르다. 어느 것이나 고가이면서 독성이 있는 코발트를 사용하지 않기 때문에 코발트산리튬보다 저가의 친환경적인 제품이 될 가능성이 있었다. 또한 안전하며, 특히 A123의 최대 세일즈 포인트이었다. 인산기를 포함하는 2중 공유결합은 자연계에서 가장 강한 결합이기 때문에 재료가 부적절한 반응을 일으키기가 극히 어려웠다. 그러나 높은 안정성을 갖추고 있는 것 때문에 경쟁 상대인 컴팩트 파워의 제품에 비해서 에너지 밀도는 낮다.

6월에 행해지는 GM의 연차 주식총회 때까지 밥 라츠는 최종후보를 발표할 예정이었다. 이 대결에는 어딘가 다윗과 골리앗의 싸움 같은 힘의 차이가 있었다. 컴팩트 파워 사는 세계 최고 수준의 소비자 가전업체인 한국 LG화학의 사업소인 것이다. 검소한 CPI 트로이 본사의 배경에는 연간 수천만 개의 리튬 이온 전지를 제조하는 회사의 눈에 보이지 않는 힘과 무게가 있는 것이다. 한편 A123의 뒷배경은 활기였다. 2007년 당시 6년전 매사추세츠 공과대학 교수 옛 민 첸과 3명의 동료가 설립한 A123에 매스컴은 꿈에 부풀었다. 닷컴 버블기의 멋진 신흥기업 그대로의 이 클린 에너지 기업은 미디어의 반응이 좋아 이 신흥 회사를 미국의 독창적 첨단기술의 상징으로서 그리는 호의적인 소개가 이어졌다.

CPI는 존 굿이노프와 마이켈 사카레이가 옥스퍼드 대학에서 1980년대에 최초로 개발한 망간산리튬 재료를 5년에 걸쳐 취급해 왔다. 망간은 저코스트이고, 본질적으로 파워가 있기 때문에 전기자동차용으로 매력적이었다. 파워에 대해서는 이와 같이 설명하면 가장 이해하기 쉬울 것이다. 에너지는 '병 속에 어느 정도 양의 물이 들어가는가'이고, 파워는 '그 물을 얼마나 빨리 쏟아낼 수 있는가'이다. 자동차의 경우 파워는 가속력과 동일하다.

에너지 용량은 또 하나의 중대한 문제이었다. "일반적인 하이브리드차용 전지의 에너지 용량을 사실상 2배로 한 전지가 필요하게 되었다."라고 컴팩트 파워 사의 CEO 프라버컬 퍼틸은 말한다. 주주총회 후 4개월 동안 CPI의 70인의 스태프는 잠자는 시간도 아끼고, 주말도 반납하며 일했다. 그리하여 완성된 전지 팩을 예정대로 할로윈 데이에 보내어 GM 배터리 연구소의 엔지니어들을 놀라게 했다.

GM의 기술자가 CPI의 전지를 기기에 접속하여 그 진가를 조사하기 위해 열중하고 있을 그때, 그리고 최초의 전지가 워렌에 도착했다고 지방신문이 크게 보도하고 있을 무렵 A123의 전지 팩 제1호는 세관에 붙들려 있었다. 미국 운송성이 리튬 이온 전지는 위험물이라고 생각하여 그 때문에 팩을 독일에 있는 포장시설로부터 운반할 수 없게 되어버린 것이다. A123의 전지는 제리 브락카이머의 영화에 나오는 핵병기와 같이 스테인리스 스틸 외장으로 덮여 있었지만 그 조차도 효과가 없었던 것 같다.

2개월 이상 위통으로 아픈 것 같은 지연 끝에 2008년 1월 전지의 통관허가가 나왔다. 존 로크너는 미국 진보 센터에서 열린 플러그인 하이브리드 차에 관한 패널 디스커션에 참석하기 위해 워싱턴 D.C.에 있었는데, 전지가 연구소에 도착하면 즉각 알려달라고 명령했다. 그는 무대에 서서 청중의 질문에 대답했다. "2번째의 전지는 어떻게 되었나요?" 누군가가 물었다. 로크너는 스마트폰에 시선을 두고 대답했다. "5분 전에 연구소에 도착했습니다."

전지의 결정

양사가 제출한 전지는 중량이 대략 180kg이고 세웠을 때 높이는 180cm에 달했다. 200개 이상의 3.6볼트 리튬 이온 단전지로 만들어진, 한 개 1만 달러가 넘는 T자형 기둥이다. 각각의 전지는 3개씩 묶여 거기에 직렬로 연결되고 정교한 냉각장치가 오버 히팅을 방지하고 있다. 전지 팩에는 모니터가 내장되어 이 작은 오케스트라를 지휘하는 것처럼 단전지의 거동을 조정하여 전압의 밸런스를 유지하고, 무엇보다 전지의 고장, 쇼트, 그 외 시스템의 안정을 손상시키는 징후를 감시하고 있다. 전지는 중량 1,600kg의 볼트를 65km로 달릴 수 있게 설계되어 있었다(보증요구 기간 10년 및 15만 마일간 확실한 유지를 위해 볼트 팀은 당초 16킬로와트시(kWh)의 절반만 사용하고, 또 용량의 80% 이상의 충전과 30% 이하까지의 방전을 하지 않고 전지의 화학적 긴장을 경감시키도록 되어 있었다).

2008년 여름까지 2개의 전지는 미시간 주 밀포드에 있는 GM 성능시험장에서 볼트의 초기형 시험차를 움직이고 있었다. 그것은 마리 볼트 즉 쉐보레 말리브의 엔진을 꺼내고 볼트의 구동계를 이식한 것이었다. 6월 초 라츠는 볼트를 운전하는 것은 즐겁기도 하고 불안하기도 하다고 말했다. "엔진이 없이 시속 110km로 달리고 있는 보통의 차에 타고 있는 느낌이다."라고 라츠는 Greenfuels-forecast.com의 기자에게 말했다.[16] 연구소에서 전지는 순조롭게 작동하고 있다고 라츠는 보고했다. 개개의 셀(전지)을 접속하고 있는 용접이 일부 떨어졌지만 예상했던 것으로 기본적으로 중대한 문제는 없었다. 팀은 점점 자신감을 가지게 되었다. "예상 외의 성가신 일이 생기지 않는 한 2010년 11월에는 완성될 것으로, 부하들은 믿고 있었다."라고 라츠는 말했다.

라츠가 말하는 성가신 일이란, 만약 일어난다고 하면 워렌에 있는 GM 전지연구소에서 행해지고 있는 수명 테스트에서 발생할 가능성이 가장 높았다. 연구소에서는 영광스러운 최초의 전지 2대가 도착된 때부터 팩 사이클러(사이클 수명—전지가 열화하지 않고 몇 회 방전과 충전을 반복하는 것이 가능한가—을 시험하는 냉장고 사이즈의 장치)나 고온 체임

버라는 장치에 의해서 끊임없이 혹사되고 있었다. 팩 사이클러 상 전지는 2년 동안 약 24만km의 실주행이 가능하다. 실제로 전지가 10년 후 어떻게 열화하는가를 조사하기 위해서는 전지를 만들어 10년간 사용한 후 무엇이 일어나는가 볼 수밖에 없으나, GM에는 2년밖에 시간이 없으므로 그렇게는 할 수 없다. 그래서 거대한 금속제 사우나에서 수개월 계속하여 전지에 열을 가해 인공적으로 경시과정을 가속하는 것이다. 최초의 볼트용 전지의 테스트는 2010년 4월에 문제의 10년분에 도달할 예정이었다. 볼트의 생산에 들어가는 불과 7개월 전이다.

테슬라의 후퇴

산업 컨벤션에서의 분위기가 신기술의 위세를 가늠하는 데 있어 타당한 척도인지 어떤지는 아무것도 말할 수 없다. 하지만 2008년 7월에 개최된 플러그인 회의에서는 전기자동차 추진파 중에서도 특히 조심스러운 멤버, 즉 EV1의 실패의 아픔을 아직 잊지 못하는 사람들 조차도 낙관적 기분에 잠겨 있었다. 이렇게 말할 수 있는 것도 이번에는 많은 요소가 갖추어져 있기 때문이다. 예를 들어 1갤론당 4달러의 가솔린, 지구 온난화에 대한 의식의 고조, 외관에 개의치 않는 빅 3, 리튬 이온 전지의 비약적 진보 등을 들 수 있다. 존슨 컨트롤즈 샤프트(밀워키에 본사를 둔 자동차 부품회사 존슨 컨트롤즈와 프랑스의 전지 메이커 샤프트의 합병회사)의 프로젝트 매니저 마이클 안돌은 회의에 앞서 행해진 리튬 이온 전지에 관한 강습회에서 참석자를 향해 말했다. "저는 전지업계에 29년간 근무해 왔습니다. 이만큼 낙관시 될 때까지, 무엇이 변한 것입니까? 그것이 포인트입니다."

하지만 여기까지의 여정이 반드시 평탄한 것은 아니었다. 테슬라는 로드스타 발표 이후 2~3년 동안 경영부진이 이어졌다.[17] 원인은 마틴 에버하드에게 있다는 사람도 있는 반면, 엘런 머스크라는 사람도 있고 양쪽 모두라는 이도 있다. 에버하드에 의하면 머스크는 평화를 어지럽히는 원흉으로 설계에 참견하고, 지연시키고, 50만 달러를 들여 헤드라이트를 바꾸고, 섀시의 도어 부분을 5cm 낮게 하라고 설계를 고치게 하고(머스크의 아내가 자동차에서 내리기 어렵다는 이유였으며 비용은 200만 달러 소요되었다.), 시트를 특별 주문하고(100만 달러), 원래 사용되었던 글라스 파이버 패널을 교체하여 새롭게 카본 파이버의 보디를 사용하겠다고 고집을 부려 코스트가 올라가게 했다고 한다. 머스크의 이야기를 들으면, 에버하드는 CEO로서 쓸모없다는 것이 판명되었기 때문에 2007년 강등되어 그 후 회사를 쫓겨났다고 한다. 그 해 7월 머스크가 자신이 말하고 싶은 것을 「포춘」에서 말했을 때, 그때까지의 반목에 대해서 침묵을 지키고 있었던 것은 단 하나의 이유로서 에버하드 때문에 남겨진 복잡한 일을 정리하는 데 너무 바빴기 때문이라고 밝혔다. 마틴 에버하드만큼 나쁜 평판을 일으키는 것을 잘 하는 사람을 만난 적이 없다."라고 말했다.

실제로 에버하드는 자신의 말하고 싶은 바를 말하는 데 있어 상당히 시비조였다. '테슬라 설립자의 블로그'에서는 불쾌한 말투로 유명해졌을 정도였다. 이 책을 집필할 무렵에는 그 블로그 tes-lafounders.com은 삭제되었으나 2008년 7월의 「포춘」에 '전형적'인 에버하드의 글이 인용되어 있다. "회사는 내가 시작했을 때와는 완전히 변해 버렸다. 현재 모든 일이 몰래 진행되고 냉정하다. 아직 움직이고 있을지 모르는 심장을 빼내어서 비틀어 부셔버리려고 하는 것 같다."

어쨌든 2007년 8월의 발표일은 금방 지나가 버렸다. 테슬라는 산 카를로스로에 있는 본사로부터 고속도로로 한달음에 있는 산노세에서 플러그인 회의가 시작할 때까지 '파운더스 시리즈'를 머스크와 에버하드 외 이 회사와 친분이 있는 사람들과 래리 페이지, 세르게이 브린과 같은 거물 융자가들에게 7대 넘겨주기만 한 것이다. 테슬라의 분쟁은 주목의 타킷이 되어 실리콘 밸리의 가십 사이트 valleywag.com 등의 블로그가 그 실패에 대해 하나 하나 자세히 써 나가게 되었다.

한편, GM의 장래에 그늘이 보이자 볼트에 비판적인 사람들은 용납하지 않았다. 플러그인 회의 1개월 후, 도요타 선진기술차량 매니저 빌 라이너트는 「EV 월드」에서 테슬라 모델 S, 피스커 카르마, 쉐보레 볼트에 대해 최후를 지켜보는 것 같다고 이야기했다.[18] 이유는 이치에 맞지 않는 높은 전지 비용이었다. 한 광고 담당자는 라이너트의 발언을 철회시키려 하여, "폐사로서는 공식적으로 무엇인가 최후를 지켜보려고 하고 있지 않다."라고 Greentech-media.com에 말했다.[19] 그렇지만 라이너트와 같은 생각은 볼트가 발표된 이후 도요타의 입장과 일치했다.

GM은 플러그인 회의에서 존 로크너를 출석시켰다. 볼트 지지자들에게 거듭 다짐하여 볼트가 경영 파탄으로부터 세간의 눈을 딴 데로 돌리기 위한 속임수에 지나지 않는다는 이외의 대세에 반격하기 위한 것이었다. 회의 첫날 조식 자리에서 프로젝트를 의심하는 사람이 많다는 것에 대하여 필자가 질문하자 로크너는 장난스럽게 웃었다. 그는 "의심하는 사람은 알 기회가 없다."면서, "최후까지 남는 의문은 단 한가지, 예정대로 될 것인지 어떤지이다."라고 말했다.

다음날 로크너는 풋볼 운동장 정도의 회의장에서 700인 가까운 청중 앞에서 볼트를 옹호했다. 볼트 프로젝트의 전반적 진보를 보고하고, GM이 북미의 전기기기 메이커 수십 사와 제휴한 것을 발표하려 했으나 새롭게 신랄한 비판이 나왔기 때문에 예정을 변경하여 그것에 대답하겠다고 로크너는 말했다. 그것은 3주 전 「월스트리트 저널」의 특집기사가 볼트는 연방정부에 GM 구제를 저버리지 않게 하기 위한 방책에 지나지 않는다고 비판한 것이다. 표제는 「GM은 무슨 생각을 하고 있는가?」이었다.[20] 로크너는 그 칼럼을 출장지 중국에서 읽고 격노하여 즉석에서 맹렬한 반론을 수명의 간부와 PR 담당자에게 '중요도 높음'이라고 표시된 이메일로 보냈다. "혈압이 올라간 것은 부정할 수 없다."라고 로크너는 참석자에게 말했다. "이것은 완전히 바보 같은 이야기이다. 이 기사는 석유에 의존하지 않는 자동차 기술의 탐구에 가치가 있는지 없는지를 문제로 하는 것이다." 그의 등 뒤의 스크린에 투영된 첫번째 파워 포인트 화면에는 예의 「월스트리트 저널」의 표제가 걸려 있었지만, 저자명은 존 J. 로크너라고 바뀌어 써 있었다. 이 농담은 맥빠진 웃음을 자아냈다.

"어느 문제를 보더라도 반드시 석유라는 점에서 공통되어 있습니다."라고 로크너는 말했다. "무엇보다 확실한 사실 하나가 있습니다. 이후의 자동차 에너지 수요에 부응하기 위해서는 석유에만 의존해서는 안 된다는 사실입니다." 어쨌든 대체 에너지 원이 답인지, 그것은 지금부터의 문제이다. "그렇지만 가능한 조속한 자동차의 전동화가 해답에 포함된다고, 우리들의 확신이 높아가고 있습니다. 논의는 '가능한가, 어떤가'로부터 '언제될까'로 변한 것입니다."

그리고 무엇을 생각했는지 로크너는 EV1의 오랜된 상처를 쿡쿡 찔러대었다. 로크너에게 있어서 이것은 오래된 상처일지 모르나, 여기에 있는 참석자 중에는 그것은 지금 바로 아프게 쑤셔대는 상처였다. "우리들이 공작기계의—그것이 아직 있다면 말이지만— 먼지를 털어내고, EV1의 생산을 준비하는 것에 지나지 않는다고 최근 이야기되고 있습니다."라고 로크너는 말한다. "과연 EV1의 기술은 10년 전에는 최신 기술이었습니다. 그러나 GM은 높은 실용성을 가지고 시장에 받아들여질 가능성이 보다 큰 새롭고 우수한 기술에 힘을 쏟는 것을 선택한 것입니다."

그 기술이란 틀림없이 리튬 이온 전지였다. 볼트가 발표된 후 1년 반의 시점에서는 "비판적인 사람들이 의문을 보였다."는 것을 로크너는 인정했다. "리튬 이온 전지는 꿈이었습니다. 실현가능하다고 하더라도 2010년까지는 시판되지 못한다고 여겨졌습니다. 그러나 오늘보다 더 큰 진보를 경험하여 우리들은 자신을 가지고 있다고 말씀드릴 수 있습니다."

[주]

(1) 전기자동차의 초기의 역사에 관한 내용은, 상당 부분을 Schiffer의 면밀하고 재미있게 읽을 수 있는 *Taking Charge*에 근거함. 같은 시기의 학술적 견해는 Kirsch의 *The Electirc Vehicle and the Burden of History* 참조. 이 책도 본서의 역사적 기술을 만드는 데 유익하였음.

(2) Schiffer, *Taking Charge*, p. 51.

(3) Ibid., p. 35.

(4) Ibid., p. 64.

(5) Ibid., p. 159.

(6) 이 관계를 가장 명확하게 하는 문서는, 이 문제에 관한 일본 상무성 위원회에 의한 1967년의 보고서, *The Automobile and Air Pollution: AProgram for Progress* 임. 동시대의 실험적 전동 시티 카(GM·XP512EAMC. 아미트론 등)의 상세에 대해서는, Shacket, *The Complete Book of Electric*으로부터 인용함.

(7) CARB 제로 에미션 명령과 EV1 이야기에 대해서 가장 신뢰 가능한 정보로서는, 필자는 이 시대의 약사를 씀과 함께 Shnayerson, *The Car That Could*에 의거함.

(8) Matthew L. Wald, "Expecting a Fizzle, G. M. Puts Electric Car to Test," New York Times, January 28, 1994.

(9) 1990년대의 전기자동차 전쟁의 이야기는, 다방면에 거친 복잡하고 흥미깊은 것으로, 다수의 책에서 상세하게 기술되어 있음. Shnayerson은 제너럴 모터스 내부의 견해를 전달하고 있다. 동사는 당시, EV1 개발에 집중하고 성실히 연구한 열심인 엔지니어가 있었다. 동시에 경영진과 로비스트는, 캘리포니아 주의 Zero Emission 명령과 싸워, 사실상 전기자동차의 성공을 방해하는 방향으로 움직이고 있었다. 이 시기의 음모 고발에 대하여, Doyle의 *Taken for a Ride*에 상세한 기술이 있다. 그것에 의하면, 셰라크랍 리걸 디펜스 펀드는 Big 3를, 공모하여 "전기자동차의 도입을 방해했다."는 것으로 고소했다(pp. 305-23). 같은 장에는 "Big 3가 USABC(선진 전지 콘소시엄)을 이용하여 전지기술의 발전을 한정 또는 억제하고 있다."는 증거가 실려있다. Boschert의 *Plug-in Hybrids*는, 셰브론이 의도적으로 자동차 메이커에 니켈 수소 전지(이것을 EV1의 최종 버전에 탑재하자, 항속거리가 250km로 늘었다.)를 입수하기 어렵게 했을지 모른다는 설에 대하여 설명하고 있다. 니켈 수소 전지에 대해서는, Shnayerson의 저서 중 스탠 옵신스키에 관한 기술을 참조. 옵신스키는 니켈 수소 전지를 뒤에서 후원한 전설적인 발명가로, 이 전지를 사용하면 EV1은 정말 매력적인 차가 되었을 것이라고 주장하는 사람이 많음. *Who killed the Electirc Car?*(누가 전기자동차를 죽였나?)도, 물론 EV1의 전말을 이해하는 데 빼놓을 수 없는 정보이다.

(10) James R. Healey, "California May Soften Electric Car Mandate," *USA Today*, June 2, 2000.

(11) "The Current and Future Market for Electric Vehicles," Green Car Institute, 2000.

(12) "Auto Emission Rules in Califorina are Forcing Changes," Danny Hakim, *New York Times*, July 22, 2002.

(13) GM은 EV1으로 10억 달러를 잃었다고 하는 주장에는 이의가 있다. "생산을 완전히 중지했을 때, 총 비용은 7억 달러 정도라고 전해져 있었다."라고 첼시 색스톤으로부터 필자에게 보내진 메일이 있다. 이미 생산되지 않는 차가 어떻게 3억 달러를 여분으로

사용가능할 것인가? 여기서 분식결산이 행해졌다고 색스톤은 주장한다. "숫자는 차치하고, 관계 없는 것이 이것저것 붙여졌을지 모른다. EV1과 평행하게 진행되었던 쉐보레 S-10 계획, 캘리포니아 주 명령에 대항하기 위한 로비 비용, 여러가지 프로그램에 분산되어 있던 각종 기술의 전체비용 등. 손실이 피할 수 없게 된 사업에 이러한 것을 모두 감추어서, 다른 사업이 개발 코스트를 짊어지지 않게 하는 것은, 산업계에서 보통으로 행해지고 있다." GM의 입장에서 보면, 10억 달러의 손실은 이 경우 매력적인 숫자다. "왜 계획이 중지되었는가, 이치에 들어맞는 설명이 가능하기 때문이다."라고 색스톤은 쓰고 있다.

(14) 소니제 전지의 최초의 사건과 소니에 의한 리콜에 대해서의 상세는
Damon Darlin, "Dell Will Recall Batteries in PC's," *New York Times*, August 15, 2006.

(15) Cyrus Farivar, "Fire-Retardant Sleeves for Your Laptop," Engadget.com, September 16, 2006.

(16) Greenfuelsforecast.com 의 동영상으로부터 www.youtube.com/watch?v=A17JrjXYcxs.

(17) Michael V. Copeland, "Tesla's Wild Ride," *Fortune*, July 2008.

(18) *EV World*, August 18, 2008.

(19) Jennifer Kho, "Toyota's Reinert Talks 'Death Watch' on Three Electric Cars," Greentechmedia.com, August 28, 2008.

(20) Holman Jenkins, Jr., "What Is GM Thinking?" *Wall Street Journal*, July 2, 2008.

제6장

>> 리튬 전쟁

A123 시스템의 약진

2009년 11월의 어느 아침, 비 올듯 한 잔뜩 찌푸린 날씨였지만 옛 민 첸은 최상의 컨디션이었다. 보스턴의 백베이 가까이에 있는 넓은 회의장에서 첸은 재료연구학회의 추계대회에 모인 100명이 넘는 대학, 기업의 연구자들 앞에서 강연을 진행하고 있었다. 첸의 30분 정도의 강연은 과학의 선구자로서 완전한 것이었다. 51세의 과학자는 소년과 같이 열정적이고 자신의 일에 절대 자신감을 가진 사람으로 곧 엄청난 부를 손에 넣을지도 모를 인간 특유의 차분함과 자부심, 그리고 우아함을 갖추고 있었다.

첸은 빠르게 일련의 슬라이드를 보여 주었다. 그것은 자신이 조수들과 함께 찰스 강 건너편 강변에 있는 연구소에서 합성한 최신의 분말 전극을, 어떻게 신세대의 하이브리드 및 전기자동차를 움직이는 기술에 적용할 것인지를 보여 주는 것이었다. 첸은 그 해 전반에 자신의 A123 시스템 사가 '현재 입수 가능한 최고 출력의 리튬 이온 전지'를 맥랄렌 메르세데스 F1 KERS(운동 에너지 회생 시스템) 클래스의 레이싱 카에 장착한 것, 직후의 레이스에서 전지는 요구에 부응하여 엄청난 폭발적 파워를 방출하며 20대 중 18위를 달리고 있던 드라이버가 4위로 골인하도록 몰아간 것에 기여한 것을 설명했다. 이때의 리튬 이온 전지는 전지 내에 있는 물질의 질량비 절반 이상이 비활성의 보조적 물질, 말하자면 전기화학적 쿠션 재료로서 질량효율과 용적 효율이 나쁘다. 첸은 이것을 보다 활성이 높은 전극 물질로 바꾸고 싶다고 말했다. 내부의 스페이스를 보다 유효하게 활용하는 것만으로, 리튬 이온 전지의 효율을 2배로 높이는 것이 가능하다고 한다. A123시스템의 연구소에서 개발된 고밀도의 전극이 그 실현에 유효한 것이다.

이때 첸은 A123 시스템이 찬반양론이 있는 기술이며 끝이 없는 법적 논쟁과 과학논쟁 상에 있고, A123 시스템에 미국 유수의 신흥 클린 테크놀로지 기업으로서 정평이 난 한 종류의 전극 물질에 대하여 캐나다 기업이 독점적으로 제조판매할 권리를 주장하고 있는 것에 대해서 언급하지 않았다. 물론, 일부러 그런 것을 말할 필요는 없었다. 그 장소에 있는 누구도, 적어도 단편적으로라도 잘 알고 있는 이야기였기 때문이다.

첸은 그날 최종 세션의 의장을 맡았다. 그 후, 자기 소개를 하려는 지지자와 대학원생이 없어질 때까지 필자는 주변을 어슬렁거렸다. 첸과 필자는 이전까지 이메일을 주고받고 있었다. 필자는 회의장 정면으로 걸어가서 이름을 말했다. "당신은 무엇을 조사하고 있는가?"라는 질문에 두세마디 대답하는 순간 첸이 가로막았다. "그렇다. 21세기 초의 리튬 전쟁이다!" 첸은 히죽 웃으며 이야기했다. "나는 학생들에게 말했다. 나중에 뒤돌아 보았을 때 '나는 그 곳에 있었다고 말할 수 있는 사건이 될 것이다.'라고…."

새로운 재료 인산염

리튬 전쟁의 주된 싸움은 1990년대 초, 존 굿이노프가 옥스포드를 떠나 텍사스 대학에 포스트를 얻은 수년 후에 일어났다. 소니에 의한 리튬 이온 전지의 상품화는 이 분야의 제1인자로서의 굿이노프의 평판을 확고하게 했다. 로열티는 한 푼도 들어오지 않았지만, 그는 고체화학계에 있어서 포터블 전자기기를 변화시키는 화합물을 만든 인물로서 유명해져 있었다. 1986년에 굿이노프는 옥스포드로부터 아르무감 만티람이라는 포스트 닥터를 데리고 와서 휑하니 넓기만 한 텍사스 대학의 공학부 안에 둘이서 고체화학 연구소를 설립했다. 1980년대 후반의 고온초전도체에 열광하던 시기에는 전지연구의 우선 순위는 낮았지만, 소니의 발표에 의해 학계는 이 과제를 재인식했다. 곧 과학자들은 코발트산리튬을 대신할 값싸고 안전한 물질, 즉 고가이며 유독한 재료(코발트)를 철과 같은 값싸고 풍부하며 무해한 원소로 바꿀 재료를 찾게 되었다.

1993년 오카다라는 객원연구원이 굿이노프의 연구소로 왔다. 오카다는 NTT의 연구원이었다. 굿이노프는 오카다를 두 사람의 연구자, 아크샤야 퍼디라는 원생과 키라코도우 난준다스와미라는 포스트 닥터를 붙여 굿이노프 자신이 이전 연구했던 몇 종류의 철 베이스의 화합물을 연구시켰다. "그것은 순수한 과학적 연구로서, 그 시점으로는 반드시 전지로 할 목적이 아니었다."라고 굿이노프는 말한다.

봄학기가 끝나고, 굿이노프와 그의 처는 뉴햄프셔 주의 자택에 머물러 있었고 교수부재 중 퍼디가 화학합성한 트리피라이트 광석, 즉 인산철 리튬의 연구를 계속하고 있었다. 의외로 그것은 전지의 전극으로서 사용할 전망이 보였다. 그는 '가역적' 인터컬레이션 반응을 이 물질에 일으키는 것에 성공했다. 이것은 리튬 이온이 전극으로 옮겨가 내부로 들어와서 전지가 충전될 때까지 그곳에 머무르는 원자 크기의 장소로서, 즉 그것이 안정되어 있음을 의미한다. 새로운 철 화합물에는 값싸고 공짜나 다름없는 원소로부터 만들어진다는 이점이 있었다. 이것이야말로 소니가 전세계에 팔고 있는 코발트산리튬 전지의 후속으로 필요한 성질이었다. 그러나 아직 하지 않으면 안 될 작업이 많아 결국 연구성과는 이렇다할 것이 없는 것이 되었다. 인산철 리튬은 용량이 낮고, 전자의 전도성이 최악이었다. 이온에 대해서는 문제없이 이 화합물 안으로 들어오는 것이 가능했으나, 전자에 대해서는 별도로 전극이 흘러다니는 모래와 같이 전자를 엮어 싸버려서 사용할 만한 것이 되지 못했다. 그래도 이 결과는 1996년의 시점에 있어서 충분히 흥미로운 것으로, 굿이노프와 퍼디는 이 연구성과를 로스앤젤레스에서 개최된 전기화학회에서 발표하게 되었다.[1]

미셸 알만은 이 회의에 참석할 예정이 아니었지만, 굿이노프의 논문 초록을 보고 오스틴에 가지 않으면 안 되겠다고 생각했다. 당시 그는 몬트리올 대학의 객원교수로 전력회사 하이드로 퀘벡의 컨설턴트로 근무하고 있었다. 이 회사는 1978년 이후 알만이 1970년대 초에 발명한 신형전지(금속 리튬을 음극에, 고체 폴리머를 세퍼레이터 겸 전해질로서 사용)의 연구개발을 행하고 있었다. 스탠포드 대학의 밥 허긴스의 연구실을 떠난 뒤 알만은 프랑스로 돌아가 인산철을 리튬 전지의 재료로 하려고 했으나, 한편으로 자신이 만들려고 했던 폴리머 전지의 양극으로서 적합한지 어떤지 의문을 가지고 있었다. 이러한 것은 기술적 이유로 알만은 그 재료를 합성한 시도가 없었기 때문이었다. 그 때문에 굿이노프가 학생과 함께 재료를 합성하여 무언가 흥미있는 결과를 얻었다고 발표했을 때, 그것이 그다지 이렇다 하지 못할 전지 재료라고 하더라도 알만에게는 문제가 되지 않았다. 그것은 존재하고, 적지만 기능을 하는 것이었기 때문이다. 값싸고 거의 무진장으로 입수 가능한 철을 베이스로 한 전지의 전극을 만드는 것이 가능하다는 것에 알만은 사로잡혔다. "나는 첫 비행기를 탔다."라고 알만은 말한다.

인산철 리튬의 권리를 하이드로 퀘벡이 취득하기 위해 알만은 수 명의 수행단을 이끌고 오스틴에 도착했다. "그는 전혀 할 기분이 아니었다. 자신이 개발한 재료를 신용하지 않았던 것이다."라고 알만은 굿이노프에 대해서 말했다.

그러나 이 출장은 성공하여 얼마 지나지 않아 하이드로 퀘벡은 이 기술에 대한 독점사용권을 얻었다. 즉, 하이드로 퀘벡 또는 이 회사가 라이선스를 부여한 기업만이 북미에서는 합법적으로 인산철 리튬 분말 전극을 제조판매 가능한 것이다.

6개월 동안에 알만은 어떻게 하면 이 화합물을 기능시킬 수 있을지 연구하기 시작했다. 인산철 리튬의 입자 하나 하나를 그을음 입자만큼의 크기로 하면, 전자 전도성이 낮은 문제는 해결 가능하다고 알만은 생각했다. 각각의 입자를 '나노화', 즉 직경 100나노미터(nm) 이하의 극소 사이즈로 하면 입자 대부분이 표면적이 되고, 표면적이 늘어나면 그만큼 전자가 자유롭게 움직인다. 그러나 이와 같은 미세입자를 만드는 과정에서 알만 팀은 인산철 리튬을 작용시키는 제2의 열쇠를 발견한 것이다. 우선 철, 인, 산소로부터 전구 물질을 준비하고 거기에 리튬 화합물을 더하여 점화시킨다. 리튬을 포함한 화합물을 연소시킴으로써 이 입자는 탄소로 둘러 싸여 전도성은 비약적으로 높아진다. "그것으로 모두 해결되었다."라고 알만은 말한다. "인산염은 완벽했다."[2]

결과적으로 굿이노프, 학생 퍼디, 그리고 알만은 그 10년 동안 특히 중요한 재료공학상의 진보라고 불리는 것을 개발했다. 그러나 알만은 말한다. "그것은 리튬 이온 전지에 있어서 최대의 스캔들이 되었고, 그리고 지금도 풀리지 않는 의문이 남아 있는 것의 시작이기도 했다."

격론

미셸 알만이 급히 서둘러 오스틴으로 날아간 날로부터 수년 후, 옛 민 첸의 그룹은 '자기조직화' 전지에 대한 연구를 시작했다. 그것은 전극이 문자 그대로 자신이 구조를 만드는 것을 의미하는 장대한 발상이었다. "우리들은 음극과 양극의 입자가 자기조직화하는 시스템을 얻기 위해서 필요한 인력과 척력을 '여러 가지 재료'에 적용하고자 했다."라고 첸은 말한다. 그 때문에 그들은 감람석을 연구하고 있었다. 그것은 인산철 리튬을 포함하는 화합물의 일종으로, 이 목적의 실험재료로서 어울리는 성질을 가지고 있었다. 도핑—전기화학적 성질을 미세조정하여 성질을 바꾸기 위해 타깃이 되는 불순물을 재료에 극히 소량 첨가하는 것—은 재료과학자가 자연을 뜻하는대로 복종시키기 위해서 사용하는 수법이다. 첸의 학생, 손윤첸이 이 기술을 인산철 리튬에 응용하여 니오브 또는 지르코늄의 원자를 결정격자의 적소에 딱 맞게 심었으며 그것에 의해 재료의 전자전도성이 비약적으로 향상됐다. 그것은 마치 소금이 금속이 된 것 같았다. "놀라운 결과가 나타났다."라고 첸은 말한다.

2002년 10월 첸의 팀은 도핑한 인산철 리튬이 하이브리드 카, 전기자동차에 있어 그 다음의 최유력 재료가 될 것이라는 논문을 발표했다.[3] 논문은 그들이 인산철 리튬을 원자 스케일로 개량하여, 3분만에 완전히 방전 가능한 전지의 양극을 만들 수 있게 했다고 주장했다. 대략 전기자동차의 전지에 필요로 하는 출력이라고 말할 수 있다. 이것은 "지금까지 없었던 높은 출력밀도를 가진 리튬 전지의 개발을 가능하게 할지 모르는 대약진이다."라고 첸은 논문에서 이야기했다.

굿이노프 이전부터의 공동연구자로서 그 당시 알곤누 국립연구소에 근무하고 있던 마이클 새커리는 첸의 실험의 잠재적 중요성을 강조하는 부수논문을 썼다.[4] 이것은 신세대의 리튬 이온 전지에 매우 흥미있는 의미를 부여하는 것이었지만, 새커리는 이 연구에 약간의 논의의 여지가 한 가지 있다는 것을 인정했다. "감람석의 분말이 탄소를 포함하는 전구물질로부터 합성되어 있다는 것이다. 탄소는 말할 것도 없이 전자 전도성에 크게 기여할 수 있다. 그러나, 첸 등은 이 가능성을 주의깊게 검토하여 배제하고 있다."라고 하여 새커리는 이렇게 결론을 내렸다. "이 결과에 크게 관심을 불러일으킨 리튬 전지 연구자가 커다란 전자 전도성의 증가를 확인해야 하며 시급히 추가 실험을 행해야 하는 것은 의심의 여지가 없다."

새커리의 지적은 많이 표현을 자제한 것으로 보인다. 약간의 금속 원자를 인산철 리튬에 부과함으로써 양호한 전자 전도체로 변화된다는 발상은 리튬 이온 연구자들 사이에 적지 않은 의문을 일으켰다. 많은 이들에게 있어 화학조성을 조금 변화시키는 것만으로 이 물질을 그만큼 크게 변화시키는 것이 가능하다는 것은 어떻게 해도 생각할 수 없었던 것이다.

미셸 알만은 첸의 논문을 보고 분개했다. 첸의 방법이 제대로 될 턱이 없다고 생각했다. 수년 전에 자신이 행한 것과 본질적으로 같은 것을 첸이 행한 것이다. 즉 재료를 준비하는 과정에서 우연히 탄소 입자로 감싼 것은 명백했다. 그러나 카본의 피막으로 재료가 사용가능하게 되었다는 것(그는 그것을 이미 실험으로 증명하고 발표했다.)을 인정하지 않고 첸은 보다 더할 나위 없는 편리한 해석을 고집한 것이다. 첸의 논문은 '거짓 과학'이고, 있어서는 안 되는 것이나 네이처 머트리얼즈와 같은 동료 평가의 학술지에서 발표할 무렵에 행해져 외부 과학자의 심사를 빠져나간 것이라고 알만은 필자에게 말했다.

"논문이 발표되었을 때 나는 편집자 앞으로 '매우 유감입니다만, 귀사의 잡지는 커다란 과학상의 실수를 범해 버렸습니다.'라고 편지를 썼다."라고 알만은 말한다. 그는 첸의 논문을 재현하여, 곧 반증을 내세웠다. 알만과 두 사람의 동료가 집필한 반론은 「네이처 머트리얼즈」 2003년 11월에 투서의 형태로 발표되었다.[5] 그것은 과학잡지다운 억제된 독설로 쓰여 있었다. "첸 등이 관찰한 효과는— 논문의 제1 저자는 첸의 연구팀에 있었던 학생인 손윤첸이었지만— 저온시료 탄소와 저원자가 철 유도체에 의한 것이라고 우리들은 생각한다. 이 결과를 정당화하는 점결함 화학방정식에 관한 속임수를 논하는 것은 본 학술지의 범위를 넘어서는 것은 아니지만, 그것을 자세하게 논하기에는 지면이 부족하다. 그러나 실험용기에서 벗겨져 떨어지고 그 후에 타버린 뒤 탄화된 폴리올레핀이야말로 $LiFePO_4$ 전극이 유효하게 이용 가능했던 이유인 것은 명백하다."

알기 쉽게 말하면 알만은 첸이 자신의 실험을 잘못 해석하고 있거나 허위를 말하고 있는 것 어느 한쪽이라고 비난하고 있는 것이다. 첸은 아무것도 도핑하고 있지 않다고 알만은 말한다. 실험에 사용된

용기의 피복이 재료의 합성 과정에서 태워져 탄화하여, 그 탄소가 입자를 감싼 것이다. 거기에 더불어 제2의 우연이 작용했다고 알만은 주장한다. 철과 인의 금속화합물(Fe_2P)도 입자에 피복을 만들어, 전자가 한 층 더 재료 안에서 돌아다니기 쉽게 된 것이다. 이 두 가지 우연이 겹쳐서 $LiFePO_4$는 놀라운 전자 전도체가 된 것이다.

알만 팀에 의한 반론 직후, 첸의 팀으로부터 재반론이 나왔다. '라벳트 등에 의한 재현 실험은—알만 등의 투서의 필두에 있던 이름은 몬트리올 대학의 화학자 나탈리 라벳트이었다.— 자세하게 읽으면, 명확히 우리들의 실험과 다른 방법을 취하고 있다.' 알만이 거론한 반대의견은 모두 원래 논문에서 검토하고 있다고 첸의 팀은 주장한다. 그들은 외부로부터의 탄소효과를 설명하고, 그것을 분리하고 있다. 또 첸의 팀은 알만의 반론에 근본적인 결함이 있다고 주장했다.[6] 수년에 걸쳐서 첸은 필자에게 이렇게 말했다. "현재로서는 인산철 리튬이 도핑 가능한 것은 우리들의 연구만이 아니라 다른 공개된 연구에서도 그것이 표현되어 있기 때문에 전혀 의문의 여지가 없다." 외부로부터의 탄소에 대해서는 "최초의 논문에서 우리들은 탄소의 양을 계측·계산하고 있고, 결과적으로 탄소가 관여하고 있지 않음을 증명하고 있다."

2004년 2월 제삼자가 논쟁에 더해졌다. 워터루 대학의 화학 교수, 린다 나저는 2000년부터 인산철 리튬을 연구하고 있었다. 첸의 실험을 재현한 나저는 "전자 전도성이 극히 높은 인산염의 설명은 상식에

어긋난다."라고 논한 논문을 「네이처 머트리얼즈」에 제출했다.

이해관계는 과학계의 평가에 멈추지 않았다. 2002년 첸의 논문이 발표되었을 무렵 옛 민첸과 버트 라일리, 릭 후로프, 데이비드 비오 등은 첸의 인산철 리튬의 도핑 연구를 A123 시스템(나노 입자의 연구에서 이용되는 힘의 상수에 연관지어 이름을 지었다.)으로서 결실을 이루려던 중이었다. 그들은 민간 자본과 에너지 성으로부터의 중소기업 조성금 10만 달러로 사업에 진출했다. 그리고 2003년 말 최초의 큰 기회가 찾아왔다. 블랙 & 데커 사에 전동공구용 전지를 공급하는 계약이었다.

나저의 논문은 2004년에 발표되었고,[7] 경이적인 전자 전도성을 낮게 한 것은 첸의 재료에 포함된 탄소만은 아니지만, 첸이 첨가한 도판트(도핑되는 물질)가 아니라고 결론짓고 있었다. 그것은 매우 전도성이 높은 인산철의 피막이었다. 나저가 공동연구자와 투과 전자현미경을 이용하여 직접 관찰한 것은 예기치 않게 섞여 들어간 불순물이었다. 알만에 의하면 "나저의 논문은 첸의 인산염에는 새로운 것이 없다."는 것을 명확히 했다고 한다.

첸도 이에 대하여 반론했다. "우리들도 같은 시기 「일렉트로케미컬 앤드 솔리드 스테이트 레터스」에 논문을 발표하여, 그 안에 우리들이 측정하고 있던 재료는 금속이 풍부한 인산염의 이산입자이었고, 전도성 통로를 형성하는 데 필요한 연속된 금속이 풍부한 인산염이 아닌 것을 명백히 했다."[8] 나저가 실험했을 무렵 다른 종류의 가스를 사용했기 때문에 연속된 흐름이 형성되는 환경이 조성되었고, 그러한 것이 만들어진 것이라고 첸은 주장했다.

　통상적으로 이러한 종류의 난해한 논쟁은 학술지 밖으로 불똥이 튀지 않는다. 그러나 인산철 리튬이 상업적으로 유망한 것은 어느 관계자의 눈에도 명확한 것이었다. 첸에게 있어서는 회사의 명운이 걸려 있었던 것이다. 곧 법정을 무대로 하는 장외전이 시작되었다.

　2005년 11월 A123 시스템은 피로연 파티를 열었다. 이 회사는 4년 간 수면 아래에서 조업하여 비밀리 자금을 모으고 고객을 찾고 있었다. 당시 A123 시스템은 3,000만 달러 이상을 퀄컴, 모터로라, 세코이어 캐피털과 같은 유서 깊은 투자가로부터 벤처 캐피털로서 조달하고 있었기 때문에 이 회사가 이후의 플랜을 이야기하기 시작하면 매스컴은 열심히 귀를 기울였다.(9) 「월스트리트 저널」, 「레드헤링」 지, 지방의 테크놀로지 업계 지는 빠짐없이 그해 가을, 이 회사에 대해서 보도했다. 첸은 이전에도 하이테크 기업을 세운 경험이 있는 타고난 세일즈맨이었다. "이것은 리튬 이온 전지가 1990년대 당시 표준이었던 니켈 수소 전지의 자리를 빼앗아 전자산업에 처음으로 부여했던 충격에 필적하는 것이라고 우리들은 생각한다."(10)고 첸은 한 기자에게 말했다. A123 시스템의 36볼트 '나노 인산염' 전지 팩은 블랙 & 데커사의 고성능 전동공구 디월트에 탑재되어 다음해 여름부터 판매를 시작할 예정이었다. 전자를 급속으로 방출하는 고성능으로 이 회사의 전지는 곧 톱, 헤머 드릴, 임팩트 렌치의 전원으로 사용하게 되었다.

하이드로 퀘벡 사는 2005년 말 A123 시스템에 경고문을 보내어 미국 특허 5910382 및 6514640(텍사스 대학이 굿이노프의 인산철 리튬 전지 기술에 대해서 가지고 있는 특허)에 기초하는 하이드로 퀘벡 사의 독점사용권을 침해하고 있다고 비난했다.[11] 문서는 A123 시스템에 대하여, 즉각 인산철 리튬 전지의 제조를 중지하지 않으면 고소할 것이라고 통보하였다.

그것에 대해서 A123 시스템은 선수를 쳤다. 2006년 4월 7일 이 회사는 하이드로 퀘벡 사에 대하여 확인판결을 요청 기소한 것이다. 매사추세츠 연방지방 재판소에 제출된 송장에 의하면, "인산철 리튬 기술 또는 A123 시스템이 제조·사용·판매하는 그 외의 제품은 어느 것이나 특허를 침해하지 않는다."라는 것이 그의 주장이었다.[12] 9월 8일에는 앞서 이야기한 특허가 먼저 신청된 몇 개의 일본 특허와 중복되었다고 주장하며 A123 시스템은 특허의 재심사를 요청했다.[13]

3일 후 이 분쟁은 완전히 표면화되었다. 텍사스 대학이 개입하여, 하이드로 퀘벡과 함께 A123 시스템의 전동공구용 신형 전지의 제조 판매에 대한 것 모두—A123 시스템, 블랙 & 데커, 중국 BAK 배터리—를 기소했다.[14] 「오스틴 아메리칸=스테이츠맨」 지의 기사는 기소분쟁과 관련 다음과 같이 전했다. 10년 전쯤 텍사스 대학은 2개의 특허에 사용허가를 부여했다. 차세대 랩톱 컴퓨터, 휴대전화, 그 외의 하이테크 시대의 필수품의 전원이 된다고 하는 것이었다. 오늘날 이 장수명, 고출력의 리튬 이온 전지의 양산이 드디어 시작되었다고,

텍사스 대학은 말한다. 대학측에 의하면 문제는 블랙 & 데커가 이 기술을 실질적으로 도용하고 있는 것이다.

🎭 업계의 속사정

기소 사태, 특허권 침해, 거짓 약속, 일확천금의 과대광고로 전지 업계는 처음부터 오염되어 있었다. 사실 납축전지를 상업화하려는 초기의 계획은 매우 수상쩍은 것으로, 1880년대의 축전지 비즈니스의 평판이나 현대의 영감상법이나 큰 차이가 없었다. 당시, 프랑스의 발명가 까뮤 포레(납축전지의 고속제조방법의 개발자)와 구스타프 후리펄이라는 실업가는 축전지를 그 당시 만들어진 전등설비의 필수 구성요소로 하고 있었다. 내세운 것은 효율과 인건비였다. 전지를 많이 나열해 두고 발전소 직원은 통상적인 노동시간만 발전기를 돌려서 전지를 충전하면 된다. 직원이 귀가한 후 밤이 되어 고객이 전등을 켜면 낮 시간 중에 전지에 저장해 둔 전기를 사용하는 구조이다. 하지만 거의 예외 없이 이 시대의 전지회사는 파산했다. 기술적으로 아직 미숙한 것도 이유의 한 가지였으나, 회사의 경영자가 골칫거리 사기꾼 무리—후리펄을 필두로 영국의 찰스 브러시, 그리고 E. 볼크머라는 이름의 그림으로 그려놓은 것 같은 정평 난 악당—로서 그들은 특허소송, 시장독점계획, 공공연한 격론 등으로 업계를 진흙탕에 빠지게 하는 경우도 있었다. 포레의 기술에 의해 설립된 회사는 "매우 빈약한 기술로, 매우 큰 돈을, 매우 빠르게 벌고자 하는 전망 없는 계획을 가지고 있었다."라고 리차드 H. 샤렌버그는 말하고 있다. 대중은 후리

펄과 같은 인물을 사기꾼으로 취급하여 전지를 수상쩍은 야시장의 마약과 같은 것이라고 생각했다. 이에 대해 토머스 에디슨은 전지를 "일시적 유행을 노린 상품, 선정적, 기업이 대중에게 사기를 치기 위한 도구, 인간의 거짓말하는 감춰진 능력을 끄집어 내는 타락한 마법의 항아리"라고 불렀다.[15]

따라서 인산철 리튬의 소유권을 둘러싼 싸움은 몇 가지 선례가 있었다. 사실 A123 재판은 이 화합물에 대한 최초의 법정투쟁이 아니었다. 최초의 소송은 텍사스 대학과 하이드로 퀘벡이 2001년에 NTT를 상대로 한 것이었다. 텍사스 대학과 하이드로 퀘벡은 일본에서 기술을 팔기 위해 갔을 때 한 놀랄 만한 뉴스를 들었다. 소니 및 마쓰시타와의 교섭이 한창일 무렵, NTT가 4년 전에 같은 물질로 일본의 특허를 부여 받았다는 것을 알게 된 것이다. 그 특허는 1995년 11월에 신청되어 있었다.—오카다가 오스틴에 있는 굿이노프의 연구소로부터 일본으로 돌아간 13개월 후이다. 아크샤야 퍼디는 인산철 리튬에 관한 연구를 1994년 가을에 마쳤다. 오카다는 그 해 10월 9일에 귀국했다. 굿이노프가 주의시켰음에도 불구하고 퍼디는 자신의 발견내용의 취급에 조심스러웠다고 말할 수 없었다. "퍼디는 오카다에게 무엇이든지 이야기한 것이었다."라고 굿이노프는 말한다.

퍼디는 오카다가 귀국한 후 꽤 지나서도 연구의 상세내용을 이메일로 그에게 계속 보냈다. 기소서류 중에서 텍사스 대학과 하이드로 퀘벡은 다음과 같이 주장하고 있다. "NTT에 돌아간 오카다로부터 얻은 정보를 이용하여, NTT는 일본의 특허를 신청했다.” NTT는 미리 이전부터 인산철 리튬을 만들고 싶었지만 정확한 조합을 알 수 없었다고 굿이노프는 말하고, 그 부분을 텍사스에 있는 오카다를 통해서 알았다고 단언한다. 그리고 NTT는 부분적으로 인산철 리튬을 떠올렸기 때문에 특허를 받을 권리가 있다고 생각했다는 것이다.

“그래서 우리들은 소송을 일으켰다. 나는 변호사가 어떤 일을 하는지 알았어요.” 그렇게 말하고 굿이노프는 10초간 큰소리로 웃고, 더불어 적어도 30초간 굵은 음성으로 껄껄거리며 계속 웃었다.

법정에서 대학과 하이드로 퀘벡은 NTT를 ‘불법행위적 간섭, 부정경쟁, 기업비밀의 부정 이용, 횡령, 신뢰관계의 파괴’에 대하여 특히 비난했다. 대학의 변호사, 달라스의 윌리엄 부루와는 3년 후인 2004년, 「휴스턴 크로니컬」지를 앞에 두고 당돌하게 득의의 미소를 지었다. “배심원이 사실을 알면, 그들은 나에게 로프를 건넸을 것이다.”라고 부루와는 장담했다.[16]

무엇보다 결정적인 사실은 아마 제소 직전에 오카다가 일본에서 굿이노프에게 팩스로 보낸 메모였을 것이다.[17] 그 내용 중 그는 노트를 잘 조사해보니 자신에게도 잘못이 있을지 모르겠다고 시인했다. 그는 “선생님께서 말씀하신대로, 거기에는 스와미와 퍼디의 테마가 적혀 있는 것 같습니다.”라고 밝혔다. “분명히 저희들은 선생님에게 그것을 배웠습니다. 텍사스 대학에서 강의하신 것을 저는 지금까지 잊고 있었습니다. 저는 모르는 중에 과오를 범했습니다. 거듭 선생님과 퍼디에게 사과합니다. 잘못에 대한 책임을 지고, 이 내용을 팩스로 보냅니다."

대학이 기소하자 오카다는 고백이라고 보여지는 내용을 철회하고, NTT는 책임을 부정했다. 부루와는 「휴스턴 클로니컬」에 이렇게 말했다. "그는 거짓을 말하고 있다. 그렇게 하여 전력으로 발뺌을 하려는 것이다."[18]

특허 분쟁

A123 문제의 핵심은 존 굿이노프가 특허를 취득한 화학물질을 옛민 첸이 새로운, 그리고 훨씬 이용가능성이 높은 물질로 바꾼 것인지 그것이 아니면 그 물질은 이전부터의 것과 기본적으로 같은 것인지 하는 것이다. A123 시스템스의 견해는 단순하다. 이 회사의 양극 재료는 화학식이 다르며 따라서 옛 민 첸 등의 연구에 의한 새로운 발명이라는 것이다.

과학계에 있어서 알만의 주장은 2003년에 「네이처 머티리얼즈」지상에 실은 것으로부터 수년에 걸쳐 크게 변하지 않았다. 그 후 린다 나저가 급격하게 비판의 선봉에 섰다. 나저가 첸의 인산철 리튬 연구에 지속적으로 이의를 제기하자 그것에 첸이 반론을 이어갔으므로, 두 사람은 학계의 논적으로 유명하게 되었다. 2006년 나저는 이 문제에 관해서 새로운 논문을 발표했다.[19] 더욱이 2008년에는 첸의 도판트의 역할을 첸에게 있어서 극히 불리한 형태로 한 층 더 명확히 한 논문을 발표했다. 당연히 첸은 반격하여 2009년에 새로운 논문을 발표했다.[20] 나저 등은 이 이야기를 언급하는 것은 이것이 마지막이라고 말하면서 2010년에 논문을 발표했고,[21] 첸 역시 반론을 같은 잡지에 발표했다.[22]

필자가 행한 전화 인터뷰에서 나저는 소동이 끊이지 않는 것에 대해 짜증이 나 있어 보였다. 논쟁에 대하여 코멘트하고 싶지 않다고 말했으나, 최종적으로 코멘트를 해 주었다. 이것은 어디까지나 과학적 의견의 불일치이고 감정적 충돌이 아니며, 또한 자신은 인산철 리튬 전지에 경제적 이해관계가 없으므로 비즈니스와도 관계가 없다고 나저는 확실히 이야기했다. "인산철 리튬의 전자 전도성의 상승에 관하여 과학적인 견해가 상이하다."고 나저는 말한다. "과학은 과학적인 방법으로 증명되는 것이다. 과학자들 사이의 개인적 문제로 격하할 것이 아니다. 어디까지나 과학에 입각하는 것이다. 학계도 외부에 좌우되지 않고 판단한다." 첸이 최초에 발표한 결과는 그가 주장한 대로의 것이 아니라는 게 이 분야의 몇몇 연구자들의 공통된 인식이라고 생각한다고 필자에게 이야기했으나, 자신의 발언을 증거로 해도 좋다고 말하는 과학자는 한 사람도 없었다.

피터 부르스는 나저와 같이 A123 시스템에 대한 소송에서 하이드로 퀘벡 사의 전문가이었지만, 현재로는 과학적 결론이 나 있지 않다고 설명한다. "그 질문에 대한 대답이 어려운 것은 아직까지 토론의 여지가 있는 문제이기 때문이다. 마침 인산철 리튬의 제어 인자가 무엇인지를 말하는 것과 마찬가지이다. 어떤 사람은 전자 전도성이라고 생각하고, 또 어떤 사람은 이온 전도성이라고 믿고 있다. 그리고 전자 전도성이 아니라면, 그것을 개선한 것의 의미가 없다." 단적으로 말하면 "이 재료에는 아직 모르는 것이 많이 있기 때문이다."

나저는 첸의 발명이 왜 그렇게 잘 작용하는 지에 대한 과학적 논의는 차치하고, 제대로 작용하는 것은 확실하다고 곧 지적했다. "그가 경영하는 회사의 업적이 좋은 것으로, 증거는 충분할 것이다."라고 나저는 말한다. "그 재료는 전기화학적으로는 기능을 하는 것 같다."

첸은 말하자면 최초의 결론을 바꾸고 있지 않다. 또, 2002년의 논문을 발표한 후의 수년간, 도핑 프로세스로 한 층 더 이점이 생기는 것을 발견하여, 그것을 발표하였다. "이들 재료의 작용은 당초 생각한 이상으로 중요하다는 것을 알게 되었다. 재료를 한 층 더 개량 가능하다는 전망이 아직 크다."라고 첸은 말한다.

첸, 나저, 그 외의 사람들이 학술지를 무대로 펼치고 있는 과학논쟁의 한편에 특허 분쟁도 이어지고 있었다. 2007년 1월 미국 특허상표국(PTO)은 2개 특허의 재심사를 진행하여 그 프로세스가 완료될 때까지 기소를 보류하는 것에 동의했다.[23] 금지명령은 내려지지 않았으므로, A123 시스템은 활개를 치고 전지를 계속 만들었다. 그 후 특허국은 쌍방 특허의 원래 클레임을 모두 거절했다. 이것에 대하여 텍사스 대학은 클레임의 범위를 더욱 좁혔다. 결국 2009년 5월까지 PTO는 수정한 특허를 수리하였다. 이렇게 하여 소송은 앞으로 더 진행되게 되었다.[24]

"이 특허 분쟁 때문에 모든 것이 엉망으로 되어버려 마음대로 무단 사용을 하고 있는 상태"라고 굿이노프는 말한다. 굿이노프는 A123 시스템에 대해서는 그다지 언급하지 않고 인산 경쟁에 덤벼든 엄청난 수의 다른 회사, 예를 들어 오스틴을 거점으로 세그웨이 등의 고객에게 리튬 이온 전지를 공급하고 있는 배일런스 사 등에 대하여 이야기했다. 하이드로 퀘벡은 2006년 그들 기업을 기소, 다음해에는 배일런스 사가 포스텍 리튬 사를 제소했다(2011년에 배일런스는 후자의 소송에서 승소했다.). 한편 2015년까지 전기 자동차 판매대수 세계 1위를 목표로 하고 있는 중국의 전지 및 전기 자동차 업체 BYD는 Fe 배터리를 사용하고 있다. Fe는 말할 것도 없이 철을 나타내는 원소기호다. BYD가 이 전지를 미국에서 판매하면 재판 사태를 일으키게 될 것이다. 배일런스와 포스텍의 소송을 제하면 아직까지 결착된 인산철 리튬과 관련되는 큰 법적 분쟁은 하나뿐이다. 2008년 10월 NTT는 화해로써 소송을 해결했다.[25] 이 회사는 원고에게 3,000만 달러를 지불하는 것과, 특허의 독점사용권을 주는 것에 합의했다.

A123 재판에 대하여 굿이노프의 태도는 엄함과 관대함이 동시에 존재했기 때문에, 노하지는 않았으나 낙담하고 있었다. 금전에 관한

것은 괜찮았다. 어차피 텍사스 대학의 동료 교수의 강좌에 기부하려 했던 것이니까. 그러나 과학적인 것에 관해서는 용서하지 않았다. "A123은 화학을 모른다."라고 굿이노프는 말했으나, 그래도 여전히 자신이 당초 그다지 믿지 않았던 재료에 대한 큰 관심을 불러일으켰다는 것을 A123의 공적으로 인정하고 있다. "그 회사는 좋은 재료에 손을 대었다."라고 굿이노프는 말한다. "그리고 A123의 영업활동은 몹시 능숙했다. 그들은 우수한 상인이다."

🔋 전지 폭발

미셸 알만은 지금도 분개하고 있다. 알만의 말에 의하면 특허는 "학계를 갈라 놓고 있다."는 것이다. 인산철 리튬의 전말은 '비열과 탐욕'의 '불쾌한 이야깃거리'라고 한다. "아, 그는 화가 나는 것이 당연하다."라고 굿이노프는 말한다. "미셸 알만이야말로 $LiFePO_4$가 잠재적으로 상당히 흥미로운 물질인 것을 알았다고 말해야 할 인물이기 때문이다."

그를 몹시 화나게 한 논문을 옛 민 첸이 발표하기 전에도 알만은 보다 심혈을 쏟고 있던 2개의 기술을 잃어버렸었다. 그 이야기는 하이드로 퀘벡이 벤처 캐피털 부문을 자회사인 알고텍에 이관한 것에서 시작된다. 이 자회사는 알만이 20년 전에 개발한 한 종류의 리튬 금속 폴리머 전지를 상품화하기 위하여 설립된 것이었다.[26] 1999년에 벤처 캐피털 부문은 새로운 CEO를 맞이하여 알고텍은 사명을 '아베스터'라고 바꾸었다. 이 회사는 가능한 한 빨리 리튬 금속 폴리머 전지를, 자동차 및 거치형 축전지 시장에 내고 싶다고 생각했다. 인사쇄신에 의해 알만의 친한 동료이자 알고텍에서 리튬 폴리머 전지의 프로젝트 매니저를 맡았던 미셀 고티에가 하이드로 퀘벡을 떠났다. 그리고 2001년에 하이드로 퀘벡이 아베스터 권리의 50%를, 오클라호머에 본사를 둔 석유·천연가스 회사로, 전지에 사용할 화합물 제조업체이기도 한 커매기 화학에 양도했다.[27] "석유회사라구!" 알만은 말했다. 계약에 사인을 한 순간에 아베스터의 운명은 결정되었다고 알만은 믿고 있다.

같은 해 하이드로 퀘벡은 인산철 리튬 전극 분말의 제조 라이선스를 새롭게 생긴 몬트리올을 거점으로 하는 회사, 포스텍 리튬에 옮겼다.[28] 사장은 미셀 고티에였다. 고티에는 1999년 하이드로 퀘벡에서 사라진 후로 포스텍을 설립할 때까지 2년간, 몬트리올 대학의 알만의 연구소에서 객원연구원으로 근무하고 있었다.

2002년 9월 아베스터 사는 옥외 통신 캐비닛의 예비전원으로서 사용하는 48볼트 리튬 금속 폴리머 전지의 양산을 개시했다.[29] 미국 전역의 교외에서 주택의 안뜰에 설치되어 있는, 전자 기기의 코드가 꽉 찬 바로 그 녹색상자이다. 이 회사는 2004년부터 상당수 출하를 시작하여 AT&T는 브로드밴드 네트워크 'U-verse'에 사용할 케이블 박스에 이 상자를 1만 7,000개를 탑재시켰다.[30] 그러나 거의 같은 시기 통신용 예비전지의 출하가 바로 시작되었을 무렵 아베스터는 종업원의 4분의 1을 해고하고 자동차용 전지시장으로부터 철수하여 통신사업에 전념하게 된다. 자동차 시장의 주요 거래선인, 전기자동차의 제조를 목표로 하는 프랑스의 합병회사가 아베스터의 전지는 쓸만한 것이 아니라는 이유로 도망가 버린 것이다.

그러는 동안 아베스터의 전지를 탑재한 AT&T의 케이블 박스가 폭발하게 되었다.[31] 최초의 사건은 2006년 10월 휴스턴에서 일어나 가까이 있는 목재 담벼락에 구멍이 생겼다. 다음의 커다란 폭발은 밀워키 근교에서 2007년 7월의 크리스마스에 일어나 금속제 25kg의 문짝이 1.5m 솟구쳤다(발화사건도 2건 일어났지만, 폭발쪽이 크게 취급되었다.). AT&T는 U-verse 박스에 설치되어 있던 1만 7,000개의 전지모두를 교환하겠다고 약속했으나 아베스터에 기대할 수 없었다. 성명 중에 AT&T는 말했다. "통상 문제를 밝혀낼 해결법을 짜내기 위해서 제조원과 협력하는 것입니다. 그러나 이번엔 그것이 불가능합니다."[32] 불가능한 이유는 아베스터가 이미 파산신청을 했기 때문이다.

한편으로 포스텍 리튬과의 업무가 알만과 고티에의 우호관계를 잠식시키고 있었다. 알만은 회사를 뒤에서 받치고 있는 연구 팀을 지휘하고 있었으나 전지업계에 만연하는 끊임없는 탐욕에 곧 환멸을 느꼈다. 고티에는 알만의 연구소에 포스텍 리튬의 기초가 되는 연구를 시키고 있었으나, 1999년 이후에 일어난 대규모의 자금난에 대응하지 못하고 그것이 주된 원인이 되어 수명의 포스트 닥터를 해고하지 않으면 안 되었다고 알만은 말한다. 그러나, 알만에 의하면 최대의 굴욕은 팔만한 물건인 인산철 리튬 분말을 제조하는 능력이 포스텍 리튬에는 없다는 것이었다. "그 때문에 포스텍을 설립하여 독점판매권을 얻었다고 하는데, 그 재료를 취급할 능력이 부족했던 것이다."라고 알만은 말한다. "그것은 품질이 낮고, 몇 번 테스트하면 누구도 사용하고자 하지 않았다." 고티에는 과학적 차이가 아닌 개인적 문제라면서, 자신과 알만의 사이에 무엇이 있었는지 거의 말하려 하지 않았다. 포스텍이 만드는 전극 분말이 좋지 못했다는 비판에 대해서는, 인산철 리튬의 제조에 있어서 그것은 예상한 것 이상으로 '성급한' 것이라는 것을 알게 되어 당초부터 문제를 안고 있었다고 고티에는 주장한다. 그러나 그러한 문제는 해결되어 초기의 제품 품질에 어려움을 말하던 많은 전지 제조업체도 현재는 포스텍으로부터 구입하고 있다고 고티에는 말한다. 포스텍 리튬은 지금도 하이드로 퀘벡과 텍사스 대학으로부터 인산철 리튬 양극재의 독점권을 가지고 있다. 고티에에 의하면, 타사는 어느 곳이든지 특허권을 침해하고 있는 것이라고 한다.

2004년 알만은 연구에 환멸을 느낀 나머지 프랑스로 귀국했다. "나는 상태가 좋지 않았다."라고 알만은 말했다. "전지는 자동차의 연료를 바꿀 단 하나의 희망이다. 연료전지가 당분간 완성되지 못할 것을 알고 있다. 그래서 무엇이든 전지 관계자의 생각대로인 것이다."

"최근 나는 극히 이상주의적이었다." 알만은 계속 이야기했다. "1970년대에는 지구온난화의 이야기는 없었지만, 미국에서는 자원 고갈과 오염에 대한 움직임이 있었다. 위기감을 가지고, 나는 손자들의 세대를 위해 일하고 있다. 하지만 지금으로서는, 문제에 직면하는 것은 딸들의 세대가 아닌가 생각한다. 나는 유럽과 캘리포니아 사이를 비행기로 몇 번이나 왕복한다. 그린란드 상공을 날 때면, 5번에 1번은 맑은 날이다. 옛날에는 빙하가 바다로 직접 떨어지는 것이 보였다. 해안은 보이지 않거나, 있어도 수 m였다. 지금은 빙하와 해안의 사이에 100m~1km의 지면이 보인다.

인산철 리튬의 특징

미셸 알만에게 전화하도록 필자에게 강하게 추천한 사람은 매사추세츠 공과대학의 전기화학자로 옛 민 첸의 동료인 도날드 세드웨이였다. 보스턴의 재료학회에서 행해진 옛 민 첸의 강연이 끝난 오후 필자는 하버드 브리지를 걸어서 건너 세드웨이를 방문했다. 사무실은 천정이 높고 전등이 켜져 있었다. 그곳에서 필자는 세드웨이와 2시간 동안 충분히 이야기했다. 세드웨이는 애교있고 자신감 넘치는 태도로 대강당을 쥐죽은 듯 조용하게 만드는 사랑스런 인기교수였다. 이때는 검은색 디올 자켓에 검은색 버튼 다운 셔츠, 어딘지 모르게 피아노의 건반과 같이 보이는 검은 넥타이를 몸에 걸치고 있었다. 세드웨이는 주로 안전성과 코스트에 대한 우려 때문에 리튬 이온 전지를 받아들이지 않고 있다면서, 이렇게 코멘트했다. "제가 '엄청난 것이 있어요. 정말 대단한 전지가 만들어졌어요.'라고 말했다고 합시다. 그 뒤에 '아니, 안타깝게도 전해질이 타기 쉽지만은요.' 라고 덧붙였어요. 그런데 모두 이야기하기 시작했습니다. '그래, 이것을 자동차에 실어보

자. 커다란 것을 만들자!'라고⋯." 우리들은 세드웨이가 대신 제안한 것, 그가 현장에 있었을 때의 것, 미국의 에너지 저장연구의 경위 등에 대해서 이야기했다. 그리고 이야기가 끝나갈 무렵 세드웨이는 의자로부터 펄쩍 뛰어오를 기세로 말했다. "미셸 알만에게 꼭 인터뷰해야 한다! 그는 실의의 바닥에 있다. 마지막으로 여기 왔을 때, 뭐라고 말했다고 생각하는가? 이렇게 말했다. '인산철 리튬의 최고의 특징은 인간이 가지는 욕망의 효과적 촉매이다.'라고⋯."

[주]

(1) Padhi, Nanjundaswamy, and Goodenough. "LiFePO$_4$."

(2) 알만은 다음과 같이 계속했다. 그것은 3.5볼트에서 안정되었다. 이 전해질은 안정될 가능성이 있었다. 인산기는 상당히 강한 구조를 만들므로, 산화코발트와 같이 산소를 잃어 버리지 않는다. 거기다 철과 인산염은 상당히 경제적인 재료이다. 좋은 것밖에 없다. 유일한 결점은 입자를 매우 작게 할 필요가 있다는 것이다. 작은 입자는 양극에 꽉차게 집어넣기가 어렵지만, 이것은 안전을 위해서 지불해야 할 대가일 것이다.

(3) Chung, Bloking, and Chiang, "Electronically Conductive Phospho-olivines as Lithium Storage Electrodes."

(4) Thackeray, "Lithium-ion Batteries: An Unexpected Conductor."

(5) Ravet, Abouimrane, and Armand, "From Our Readers: On the Electronic Conductivity of Phospho-olivines as Lithium Storage Electrodes."

(6) *Nature Material*에서의 첸의 회답은 이어진다. "최후에 라벳트 등은 우리들의 결과가 인위적인 실수—탄소의 피복과 Fe$_2$P의 존재—가 어쩌다 중복된 것에 의한 것이라고 억측을 부렸다. 그러나 수수께끼처럼 그들은 이와 동일한 인위적 실수를, 우리들의 실험을 재현했다고 칭하는 실험에서 관찰하지 못한 것이다. 이렇게 논리에 모순이 있는데도 불구하고, 자신들이 낸 결과가 우리들에게 반증이 된다고 주장하고 있는 것이다. 이것은 단순히 실험방법에 차이가 있을 가능성이 높다."

(7) Herle et al., "Nano-network Electronic Conduction in Iron and Nickel Olivine Phosphates."

(8) Xu et al., "Electronic Structure and Electrical Conductivity of Undoped LiFePO$_4$."

(9) "New Type of Battery Offers Voltage Aplenty----at a Premium," *Wall Street Journal*, November 2, 2005; Jennifer Kho, "Battery Pumps Up Power Tools," *Red Herring*, November 1, 2005; Efrain Viscarolasaga, "A123 Charged and Ready to Hit Target Markets," *Mass High Tech*, November 14, 2005.

(10) Viscarolasaga, "A123 Charged and Ready."

(11) Defendant's Sur-Reply in Opposition to Plaintiff's Motion to Reopen Case, *A123 System, Inc., v. Hydro-Quebec*, No.1:06-CV-10612-JLT, August 28, 2009, U. S. District Court, District of Massachusetts.

(12) Complaint and Jury Demand, *A123 System, Inc., v. Hydro-Quebec*, No. 06-CV-10612, April 7, 2006, U. S. District Court, District of Massachusetts.

(13) Defendant's Opposition to Plaintiff's Motion to Reopen Case. *A123 System, Inc., v. Hydro-Quebec*, No.1:06-CV-10612-JLT, July 24, 2009, U. S. District Court, District of Massachusetts.

(14) Robert Elder "Legal Fight over UT Patents Stretches On." *Austin American-Statesman*, October 15, 2006.

(15) *The Electrician*, February 17, 1883.

(16) Jim Henderson, "Professor Is Mired in Patent Lawsuit; Visitor Accused of Lifting Research," *Houston Chronicle*, June 5, 2004.

(17) Ibid.

(18) Ibid.

(19) Ellis et al., "Nanostructured Materials for Lithium-ion Batteries."

(20) Makimura et al., "Layered Lithium Vanadium Fluorophosphate."

(21) Meethong et al., "Aliovalent Substitutions in Olivine Lithium Iron Phosphate and Impact on Structure and Properties."

(22) Ellis et al., "Comment on 'Aliovalent Substitutions in Olivine Lithium Iron Phosphate and Impact on Structure and Properties.'"

(23) A123 Systems, June 30, 2010, Form 10-G (filed August 11, 2010), http://ir.a123systems. com/financials.cfm.

(24) 6월, A123은 기소 재개를 신청했으나 9월에 재판소가 취하했다. A123은 이 결정에 항의하고 있다. A123은 자사의 제품이 텍사스 대학이 수정하여 좁게 만든 특허를 침해하지 않는다는 것을 재판소에서 선고 받고 싶은 것이다. 2010년, 하이드로 퀘벡과 텍사스 대학은 특허의 변경을 반영하기 위하여, 두번째의 수정 송장을 제출했다(중국의 BAK 전지에 대한 소송은 철회되어, A123은 블랙 & 데커를 면책하고 있다.). 본서의 집필시점에서 예심이 예정되어 있었다. 만약 어느 쪽의 소송이라도 먼저 진행되면, 재판은 또 2,3년 걸릴 것으로 예상된다고, A123은 SEC 파일링에 쓰고 있다. SEC 파일링은 이와 같이 말하고 있다. "소송의 최종결과에 관계없이 당사의 기술 및 경영담당자에게 있어 소송비용과 시간의 낭비가 큰 부담이 될 가능성이 있다. 이들 소송의 결과는 불확실하고 당사의 경영, 영업 성적, 재무 상태에 실질적 악영향을 미치지 않을 보증이 없다."

(25) "NTT Settles Suit with U. S. University, Canadian Firm," Jiji Press Ticker Service, October 6, 2008.

(26) William Marsden, "Hydro-Quebec's Battery Goes Dead," Gazette (Montreal), September 3, 2005.

(27) Ibid.

(28) Alison MacGregor, "New Battery Firm Charges Ahead," Gazette (Montreal), October 16, 2001.

(29) Marsden, "Hydro-Quebec's Battery Goes Dead."

(30) Tyler Hamilton, "The Ugly Side of Next-Gen Energy Storage," Clean Break, January 16, 2008.

(31) Rick Barrett, "AT&T Pulling Batteries; Device Blamed in U-verse Equipment Cabinet Blast in Tosa," Milwaukee Journal Sentinel, January 17, 2008.

(32) Linda Haugsted, "AT&T Will Replace Batteries After Fires," Multichannel News, January 21, 2008.

⚡ 최후의 카드

볼트의 전지경쟁에서 결착이 가까워진 2008년 후반 제너럴 모터스(GM)는 조락의 최종단계에 들어갔다. 77년간 유지해온 GM의 지위를 빼앗아 드디어 도요타가 세계 최대의 자동차 제조업체가 된 것이다.[1] 한편으로 GM은 현금지출의 최고속 기록을 세웠다. 그 해, 이 회사는 309억 달러를 잃어 버린 것이다.[2] 11월 릭 웨그너는 자금을 구하기 위해 회사 제트기로 워싱턴 D.C.로 날아갔으나 의회로부터 비난의 폭풍을 만났을 뿐 아무 수확도 없이 돌아왔다. 1개월 후 웨그너는 이번에는 볼트의 시험제작차를 타고 다시 의회로 들어가 잠깐 회사를 살릴 정도의 긴급 융자를 확보했다[3]. 웨그너가 워싱턴까지 왕복하여 손에 넣은 융자는 출혈을 2,3개월 멈추게 하는 정도의 것이었지만, GM이 21세기에 살아 남을 힘을 가지고 있다는 것을 증명하는 계획을 정부에 보이기에는 충분한 시간이었다. 그 한편으로는 타인의 불행을 기대하는 심리는 대중에게도, 전문가 사이에서도 고조되고 있었다. 많은 사람들이 GM의 죽음을 보고 싶어 하는 것 같았다.

아마도 그것이 GM에게 유일하게 남은 현실적인 PR을 위한 최후의 카드였기 때문일 것이다. 볼트 프로젝트에는 윤택한 자금이 주어져서 일정 대로 진행되었다. 그런데 그 무렵이 되자 볼트는 매우 색다른 차가 되어 있었다. 2007년 발표 직후 콘셉트 설계가 실제로는 잘 실현되지 않는 것이 확실시 되었다. 공식적으로는 문제의 대부분이 공기역학에 있는 것으로 여겨졌다. 밥 라츠에 의하면 오토쇼에서 발표한 차는 뒤로 향해 달리는 것이 앞으로 달리는 것보다 공기역학 특성이 좋았다. 이러한 종류의 차에서는 배터리 팩으로부터 가능한 한 긴 항속거리를 뽑아내기 위해 에어로(공력)가 주요했다. 프론트 글라스, 루프 라인과 후반부를 일정한 각도로 하는 것만으로 공기가 차의 몸체를 부드럽게 흘러 저항이 되는 회오리나 저압의 부분을 만들지 않고 깨끗하게 떨어진다. 그것은 프리우스가 그런 형태를 하고 있는 이유이다. 한편으로, 공력을 우선하면 디자이너의 미적 선택의 폭이 좁아진다. 그것이 양산형의 볼트, 프리우스, 혼다의 하이브리드카 인사이트가 어느 것이나 비슷비슷한 디자인이 되어버리는 이유이다. 볼트는 풍동실험에 700시간 정도를 소비했다. 그것은 통상적인 자동차 개발 프로젝트에 주어지는 시간의 2배로, 그 과정에서 밥 포니페이스와 그의 팀은 1회 충전당의 주행거리를 조금이라도 더 늘리기 위해 극히 작은 설계상의 조정 장소를 수십 개 발견하여 개량을 반복했다. 와이퍼를 덮는 커버가 붙여졌다. 사이드 미러는 차체로부터 떨어져, 가는 버팀목의 끝에 붙여졌다. 공기 저항을 5카운트 저감시켜서 400m의 항속거리를 벌어들이기 위해 높이 5mm의 테두리가 필요 최소한의 스포이러(기류조정기)에 추가되었다.

그래도 보니페이스는 볼트의 콘셉트 설계를 죽인 주된 원인은 에어로가 아니라고 말한다. 보다 큰 문제는 조금이라도 비용을 절감하기 위해서 기존의 차와 플랫폼을 공유한 것이었다. 볼트의 동력전달계(파워 트레인)가 되는 새로운 기술에 더하여 새로운 구조물을 설계·제조하면, 프로젝트의 비용은 수억 달러 더 추가로 들게 될 것이다. 공통 플랫폼의 제1 후보는 컴팩트카인 쉐보레 크루즈였다. GM은 이 차를 미국에서 볼트와 같은 시기에 발표하려고 했다. 보니페이스와 부하 디자이너는 포토샵을 사용하여 2007년 1월 오토쇼에서 발표한 차를 크루즈의 새시 휠베이스에 맞추어 보고 어떻게 될 지를 보았다. "우스운 모양이었다."라고 보니페이스는 말했다. 그의 스튜디오는 차량의 디자인을 고쳐 2008년 9월 16일 디트로이트에서 열린 GM의 백주년 기념 파티에서 새로운 디자인을 선보였다.[4]

🔋 전기자동차 열기의 고조

지금은 다른 많은 자동차 제조업체가 볼트의 위세를 닮고자 하고 있고, 그 중에는 상당히 진지하게 연구하고 있는 곳도 있다. 예를 들어 수주 전에 개최된 로스앤젤레스 오토쇼에서 미쓰비시 자동차는 계란형의 전기자동차 iMiEV를 소개했고, 그것을 타고 로스앤젤레스 번화가를 한 바퀴 돌아보도록 기자들에게 권했다. 이 차는 일본 국내용이지만, 미쓰비시는 미국 수출에 대해 이야기했다. 같은 쇼에서 미니(MINI)는 순수 전기자동차 미니E 500대를 리스하겠다고 발표했다. 이것은 미니의 뒷좌석에 리튬 이온 전지를 가득 실은 개조차로 최고 시속 145km, 1회 충전으로 240km의 항속거리를 보였다. 하지만 미니E는 본격적인 것이 아닌, 급조품으로 보였다. 테스트 운전을 위해 안내해 준 담당자로부터 필자는 액셀 패달에서 발을 떼는 순간, 회생 브레이크가 강하게 걸리고 차가 앞으로 쏠리게 되어 심한 차멀미를 일으킬 수 있다는 주의를 들었기 때문이다.

그래도 차례로 개최되는 자동차쇼에서 자동차 제조업체는 최첨단의 참신한 연구노력으로 타사를 놀라게 하여, 한 발 앞서고자 하였다. 그 결과 전기자동차, 플러그인 하이브리드 차, 이전부터 있던 타입의 하이브리드 차가 넘쳐나고 있다는 것은 틀림없다.

전기자동차 붐은 다음해 북미 국제 오토쇼에서 새로운 단계까지 도달했다. GM과 크라이슬러의 기자회견은 이곳을 방문한 워싱턴 정치가의 누군가에게 인상을 주려고 한결같은 목적으로 계획된 것 같았다. 의원들은 이 두 회사를 구제할지 어떨지 지금부터 발표할 내용으로 결정짓게 되어 있었던 것이다. 쇼의 첫날, GM은 정치 집회와 흡사한 분위기를 연출했다. '지금부터 계속', '우리들은 전기로 움직인다', '충전완료' 등이 쓰여진 플래카드를 가진 수백 명의 종업원은 GM의 최고급 승용차와 트럭이 전시장으로 입장하는 곳에 억지로 동원되었다. 다음날 아침 릭 웨그너는 한 발표를 행하였다. 그것은 외부인에게 있어서는 매우 좋은 것인지 모르겠으나, 실제로는 볼트가 시판차인 것을 확실히 하기 위해 GM이 할 수 있는 최선책이었다. 웨그너는 전지경쟁의 승자를 드디어 명확히 한 것이다.

고보 홀은 눈보라 뒤의 얼어버릴 것같이 추운 아침을 맞이했다. 높이 180cm인 볼트용 T 팩 전지의 모형이 기자회견장의 무대에 서 있었다. 그것은 제단 위에 놓여진 십자가를 무척 연상시켰다. 라츠와 승자가 된 배터리 팀을 옆에 두고, 웨그너는 LG 화학의 미국 자회사 컴팩트 파워 사의 승리를 선언했다. 그것은 무난한 선택이었다. 다른 한쪽(A123 시스템)은 공모 증자도 하지않은 신흥기업인 것에 비해 컴팩트 파워 사는 벌써 매월 수백만 개의 리튬 이온 셀을 생산하는 실적이 있기 때문이었다. 웨그너는 이러한 종류의 행사에서 있을 수 있는 계산된 딱딱한 말로 견해를 말했으나, 볼트가—그리고 그 후속 기종, 예를 들어 그 전날 발표한 캐딜락 쿠페의 콘셉트카가— 사운이 걸린 것이라는 것에 대해서 힘주어 이야기했다.

볼트의 전지 입수는 통상적인 자동차 업체와 부품 업체의 관계와는 다르다. 왜냐하면 GM 자체가 전지사업을 재개하기 때문이다. 볼트의 셀만 한국에서 만들어져 GM이 미시간에서 새롭게 건설하는 2,900㎡의 공장으로 운반되면 GM의 노동자가 그 셀을 조립하여 볼트용 배터리 팩의 완성품을 만들어 내는 것이다. 20세기에 있어 V8 기통 엔진을 만드는 능력이 그러했던 것처럼, 장래에는 전지 제조가 21세기 경쟁에 불가결한 GM의 '핵심 기술'이 될 것이다. 이와 같이 GM은 전기자동차의 제품화를 향하여 대규모 투자를 하면서 냉정히 움직이고 있어, 같은 주에 크라이슬러가 행한 동화 속 이야기 같은 기자회견과는 매우 대조적이었다. 크라이슬러의 회견은 대략 기존의 차를 전시장에 나열하여 두고, "알겠습니까? 전동 지프입니다."라고 말하는 것만으로 보였다.

GM의 퍼포먼스는 적어도 그날 하루 세계의 주목을 전기자동차의 부활로 향하게 하는 것에 성공했다. 그것만이 아니었다. 자동차 시대에는 엔진을 대신하여 무엇보다 고가이며, 무엇보다 복잡하고, 무엇보다 중요한 것이 될 기술에 화제를 집중시킨 것이다. 「워싱턴 포스트」의 기자는 이와 같이 말하고 있다. "북미 오토쇼에서 어제 무엇보다 화제가 된 발표는 컨벤션 센터에서 빛나는 광채의 자동차 어느 것도 아니었다. 그것은 전지에 관한 것이었다."⁽⁵⁾

최종 기한의 초읽기

볼트의 계획이 하나둘 진행되는 한편, 제너럴 모터스는 벼랑 끝에 세워져 있었다. 겨울 동안 GM의 명줄을 이어준 연방정부의 수십억 달러의 원조금에는 기한이 정해져 있었다. 2009년 3월 31일까지는 기업으로서의 전망을 보이든지 그도 아니면 반환해야 했다.

이 계획을 평가하는 화이트 하우스의 자동차작업부회를 인솔하고 있던 것은 스티븐 라토너라는 월스트리트의 투자가로, 자동차 업계의 경험은 전혀 없었다. 벽에 부딪힌 디트로이트의 자동차 업체에 관여한 것에 대해서 라토너는 2009년 10월 「포춘」과의 기자회견 중에 이야기했다. "부시 정권이 이들 기업에 여러 가지 조건을 충족할 것을 요구한 최종기한은 특별한 근거가 없는 3월 31일로 설정되어 있었다. 공교롭게도 양사 모두 같은 시기에 자금을 다 써버린 것 같았다."⁽⁶⁾

곤경에 처한 자동차 제조업체 2사의 현황을 긴급하게 조사하기 시작한 작업부회가 본 것은 우려할 수밖에 없는 상황이었다. "GM과 크라이슬러 양사의 허술한 상황에 우리들은 충격을 받았다. 기대는 하지 않았지만 상상 이하였다."라고 라토너는 기술하고 있다. "폐쇄적이고 움직임이 둔한 디트로이트의 문화는 주지된 사실이었다. 그 낮은 기준에 비추어 보아도, 특히 GM에서 본 아연실색할 정도의 열등한 매니지먼트는 나에게 쇼크였다. 그래서 우리들은 누구 하나 대기업에서 본 적도 없을 정도의 변변치 않은 자금운용이 행해진 것이다." 라토너는 이어서 말했다.

"빈약한 기업문화에도 똑같이 놀랄 수밖에 없었다. GM의 르네상스 센터 본사의 간부는 최고층에서 열쇠로 잠겨져 있고 경비원이 지키는 유리문 안에 틀어박혀 있다. 그 층에 사무실을 가진 중역은 중간층에 멈추지 않고(노동자와 어울리지 않고) 자신의 전용차고로 내려갈 수 있는 엘리베이터의 카드를 가지고 있다. 회장 겸 CEO인 릭 웨그너와 몇 번 만났을 뿐이나 그가 호감을 가지고 사업을 열심히 하고 있으며, 대체로 총명한 인물인 것을 알았다. 그러나 릭은 '정다운 듯한 거만함'이라는 기풍을 만들어 내어, 그것이 조직에 만연해 있는 것으로 생각되었다. 분명히 릭의 부하들은 금융위기와 원유가격, 엔 달러 환율 등 모든 문제들이 전미 자동차노조 등과 맞물린 탓으로 돌리는 것이 가능하다고 믿는 것 같았다."

놀라운 것은 라토너와 작업부회 멤버가 처음 디트로이트로 향했을 때 자신들 즉, 빅 3의 2사를 살릴지 죽일지를 결정하는 역할을 가진 위원회 멤버의 방문이 소동을 일으킬 것이라고 예상하지 않았다. "기자들의 무리가 가는 곳곳에 기다리고 있었고, 머리 위에는 신문사의 헬기가 시끄럽게 맴돌고 있었다." 라토너는 볼트가 주목 받고 있는 것에 상당히 당혹했다. "보다 기묘한 것은 그 후의 보도가 우리들이 쉐보레 볼트에 시승한 것을 과도하게 다루고 있는 것처럼 생각된 것이다. 마치 이 차 한 대에 회사의 구제가 걸린 것 같았다." 라토너는 이어서, "GM이 대체기술에 관심을 가지고 있는 것을 알고 기쁘게 생각하나 자신들이 정말 걱정하고 있는 것은 연방 정부가 몇 백억 또는 몇 천억 달러를 투자한다고 해서 회사가 정말 살아남을 가능성이 있을지 어떨지…."라고 설명했다. 결국 그들은 투자 은행가이지, 캘리포니아 대기 자원국의 직원은 아니었다. 투자 은행가들은 볼트나 후속 전기차는 "적어도 5년간은 GM의 재정상황에 눈에 띄는 영향을 미치는 것이 없을 것이다."라고 판단했다.

3월 31일이 가까워오자 라토너의 팀은 GM은 재건을 향해서 크게 전진하고 있으나 갈길이 아직 멀다고 결론 내렸다. 상당한 변화가 없는 한은 가까운 장래에 수익이 오르는 회사가 될 수는 없을 것이라고. 볼트가 생산 라인을 떠날 1년반 전에 GM은 미국 역사상 최대이면서 가장 복잡한 도산을 향하고 있지 않을까 생각되었다.

결론은 3월 말에 발표된 공개 보고서에서 내려졌다. 그것은 GM 내부의 누구 한 사람도 반론의 여지가 없는 표현이었다. 쉐보레 볼트에는 기대 가능하나 단기적으로는 커다란 지출이 될 가능성이 높다. 이것은 GM이 일관적으로 인정하고 있던 것이었다. 제1세대의 지출이 너무 커서 수익이 되지 않는다고 하는 것은 있을 법한 일이다. 변화하는 자동차 산업을 리드하겠다고 생각한다면, 우선 처음에는 기술에 출자하지 않으면 안 된다. 예상되는 것처럼 볼트에 비판적인 사람은 제1세대의 볼트는 적자가 될 것이라는 소견을 오바마 정부가 이 차를 없애려고 하는 증거로서 받아들였다.

그러나 이 일도 우선 있을 수 없다고 여겨지는 것이 오바마 정권은 특정 제품의 결정에 관여할 생각이 없다고 명확히 말하고 있었다. 더구나 현재의 화이트 하우스는 카터 정권 이후의 어느 정권보다 전기자동차에 협조적이기 때문이다. 오바마는 볼트에 대한 완곡한 언급을—미래 자동차 기술의 한 예로서, 또 국내의 리튬 이온 전지 산업에 투자해야 할 강력한 이유로서— 최초의 합동의회 연설에 집어넣었다. 2009년 3월 19일에는 서든 캘리포니아 에디슨 사의 전기자동차 기술 센터를 시찰하고, 2015년까지 1,000만 대의 전기자동차를 도로상에 달리게 할 목표를 선언했다.[7] 대통령은 전기자동차용 전지 및 재료제조에 20억 달러, 그리고 그것과는 별도로 전기자동차용 인프라에 4억 달러의 경쟁적 투자 프로그램을 발표하고, 이미 입법화되어 있는 플러그인 하이브리드차 구입자에 대한 7,500달러의 세액공제에 대해서 언급했다. 마지막에 대통령은 격하게 이야기했다. "기술이 급속하게 발달해 있다고 생각되는 때가 있으면, 전혀 진보가 느껴지지 않을 때도 있을 것입니다. 그러나 많은 경우 가장 위대한 발견은 천재적인 혜안이 아니라, 많은 시간과 견실한 노력이라는 시련으로부터 태어나는 것입니다. 그리고 그 대부분은 상상력과 헌신만으로는 달성불가합니다. 정부가 자금을 투자하고, 관여하는 것이 필요한 것입니다. 그와 같이 하여, 우리들은 인간을 달에 보냈습니다. 그와 같이 하여, 월드 와이드 웹을 세상에 내놓는 것이 가능했습니다. 그리고 그와 같이 해서, 21세기에 있어서 경쟁력의 열쇠가 될 클린 에너지 경제의 구축을 재촉하게 될 것입니다."

　놀랄 것까지는 아니지만 라토너의 입장에서 보면 웨그너를 경영자의 위치에 두는 것에 이득을 느낄 수 없었다. "210억 달러의 현금을 1년에 소모하고, 더욱이 2009년의 제1/4분기에 130억 달러를 모두 사용해버린 경영진을 허용하지 않는 것은 우리들에게는 자명한 이치라고 생각되었다."라고 라토너는 쓰고 있다. 3월 27일 그는 워싱턴에 있었던 웨그너에게 면회를 요청했다. "둘이서 만나자는 이유에 릭이 뭔가를 느꼈을지 어떨지는 알 수 없었다."라고 라토너는 말한다. "내가 '이전에 만났을 때 당신은 그렇게 하는 것이 좋다면 은퇴하겠다고 자진해서 말했다. 안타깝지만 우리들의 결론은 그렇게 하는 것이 최선이라고 생각하게 되었다.'라고 말해도 그는 무표정이었다. 후리츠(핸드슨 GM 부사장)를 CEO로 대행할 의향을 전하자 그것에 찬성하며 외부 사람에게 경영을 위임하지 않겠다고 경고했다. '앨런 머레리(보잉 부사장에서 포드 사장이 됨)는 포드에 들어가서 2주간이나 매일 나에게 전화를 해왔다.'라고 그는 말했다. 조금 거북하게 이야기가 이어지자, 돌연 릭은 물었다. '론 게텔핑거도 해임하는가?' 전미 자동차노동조합 위원장의 이름이 나온 것에 놀랐지만 나는 대답했다. '나는 론 게텔핑거를 해임할 입장이 아니다.' 릭은 곧 우리들의 결정을 투자회에 전하기 위해 나갔다."

후일 라토너는 이것을 핸드슨에게 알렸다. 핸드슨은 한 가지 요구를 했다. "잠정 CEO라는 불명예스러운 호칭은 쓰지 말아달라. 언제든 좋을 때 해임하는 것은 관계없지만, 적어도 성공의 찬스는 가지고 싶다." 라토너에 의하면 핸드슨은 그렇게 말했다고 한다.

볼트의 열렬한 지지자, 특히 gm-volt.com(열광적 볼트 팬인 뉴욕의 신경과 의사가 개인적으로 운영하는 사이트)에서 프로젝트의 작은 움직임까지 일일이 지켜보던 수천 명에게 있어서, 웨그너의 사임은 볼트의 장래에 분명히 의문을 던지는 것이었다. 새로운 경영진은 대개혁을 하고 싶은 것일까? 볼트는 EV1을 부숴버린 것과 같이 눈앞의 코스트 삭감의식의 희생양이 되는 것일까? 밥 라츠는 gm-volt.com 독자들의 기운을 북돋아 주었다.[8] "걱정해 주셔서 감사합니다."라고 라츠는 썼다. "볼트는 연명하여 성공합니다. 숫자에 대해서는 정부보다 우리들이 잘 알고 있습니다. 우리들이 숫자를 내었으니까요! 제1세대는 돈이 들지만, 제1세대가 없으면 제2세대도 있을 수 없습니다. 상식과 지성이 승리하는 것입니다!"

재기를 다짐하는 볼트

볼트가 아직 살아있다는 것을 증명하기 위해 웨그너의 사임으로부터 2개월도 지나기 전에 GM은 기자들을 워렌으로 초대하여 시험제작차를 운전해 보게 했다. 필자가 방문한 것은 5월 중반의 쾌청한 봄날이었다. 바로 그 24시간 전에 오바마 정부는 2016년까지 전 차종에서 갤론당 35.5마일(리터 당 약 15km로), 현행 기준의 40% 늘어난 사상 최고의 엄격한 국가 규모의 신 연비 기준을 발표하여, 볼트와 같은 차량의 중요성에 설득력을 더했다.⁽⁹⁾

연못으로부터 길을 사이에 둔 얼룩 하나 없는 청결한 기술 센터의 차고로 밥 라츠가 들어와서 인사말을 했다. "언론계 여러분들에게 언제나 생각해 주기 바라는 것이 있습니다. 약 27개월 전, 2007년 1월의 디트로이트 쇼에서 처음으로 볼트 콘셉트카를 알리고, 리튬 이온 전지 기술을 현재 모색 중이라고 발표한 때의 일입니다." 'T로 시작하는 초유명 자동차 메이커'가 조소하고 바보 취급하며, 그 자리에서 잘라 말한 것을 기억해 주기 바란다고 라츠는 호소했다. "2년 반이 지난 지금, 우리들은 이 기술에 완전히 자신을 가지고 있습니다."

볼트 부문의 임원이며, 마르고 엄청나게 큰 키에 안경을 쓴 독일인 프랑크 웨버가 세심하게 주의를 주었다. 노면으로부터의 소음과 조종성을 그다지 신경쓰지 말라고 했다. 앞으로 1년반 시간을 들여서 조정하는 것으로 계획되어 있기 때문이다. 내장재에 대해서도 걱정하지 않아도 된다고 말했다. 어쨌든 이 차는 완성품이라고 말할 수 있는 상품이 아니라, 볼트의 구동계를 탑재한 쉐보레 크루즈에 지나지 않기 때문이다. 이 시승은 구동 즉, 전지와 모터에 대한 것임을 강조했다. "일반인들은 아직 전기자동차에는 핸디캡이 있다는 인식을 가지고 있습니다."라고 웨버는 말했다. "우리들은 이 차가 최초의 가정용 차가 될 수 있음을 증명하고 싶습니다."

시승 코스는 붐비는 GM의 구내이었다. 잔디밭에는 캐나다 기러기가 북적거리고 있고, 최근에 부화된 병아리들이 어미새와 발을 맞추어 연못 근처 풀이 우거진 곳을 돌아다니고 있었다. 차량 자체는 확실히 시험제작품으로, 와이어나 케이블이 모니터 기기의 여기저기로부터 튀어 나와 있었다. 웨버가 조수석에 탔으며, 필자는 운전석에서 시트 벨트를 채우고, 쇼핑몰에서 주차 스페이스를 찾는 것처럼 볼트의 시험제작차로 조용조용히 구내를 달렸다. 전기자동차가 늘 그렇듯이 모터의 소리가 조용했다. 들리는 것은 노면의 소음, 즉 포장도로 위에서의 끊임없는 삐걱임, 웅웅거리는 타이어 소리뿐이었다. 웨버는 로드 노이즈의 높이에 만족하지 않고, 이후 1년반 동안 소음을 보다 줄일 것이라고 단언했다.

연못의 주위를 몇 바퀴 도는 동안에 이 차의 주목할 점을 알았다. 전기에 의한 조용한 주행이라는 신선함을 잊고, 멋진 선전문구나 논쟁에 대해서 생각하는 것을 그만두면 볼트는 평범했다. 좋은 의미이다. 세련되게 다듬고, 내장재를 좋게 한다면 화려하게 꾸민 골프 카트나 기성품의 차량에 거대한 전지와 전동 모터를 조합해 넣은 서투른 물건이 아닌 진짜 차량일 것이다. 볼트의 시험제작차는 최신형의 컴팩트 카를 조용하게 만든 것과 다름 없었다.

"연못 쪽으로 가서, 힘껏 가속해 보십시오." 웨버가 말했다. 필자는 제일 길다고 생각되는 직선 도로의 끝에 차를 멈추고, 기러기들이 없어질 때를 기다렸다가 액셀을 바닥까지 밟았다. 민첩하지만 거친 느낌없이 자동차는 앞으로 전진했다. 가속시에는 엔진의 포효가 높아지는 것에 익숙해져 있었기 때문에 그것을 기억하고 있던 뇌의 일부가 혼란스러웠다. 약 수 초만에 자동차는 시속 90km에 도달하여, 도로의 종점에 도착했다. 엔진의 소음이 높아지지 않는 것에 대해 마음의 준비를 하고, 한 번 더 달려보았다. 그것은 어이없도록 유쾌했다.

차고에서는 작은 군중의 모임이 사라지고, 토니 포사와츠가 미소를 머금고 최상의 컨디션으로 돌아다니고 있었다. 그 장소에 있었던 다른 GM의 엔지니어들과 같이 재정파탄에 대해서는 일체 생각하고 있지 않은 것 같았다. 오히려 포사와츠는 신바람이 나 있었다. 다음 주에는 양산을 전제로 한 75대의 시험제작차의 제1탄이 도착할 예정이었다. 볼트 팀에서 컨트롤 가능한 것은 모두 한 것이다.

2주 후 GM은 파산신청을 했다.

🐢 닛산 리브의 충격

태평양의 건너편에서는 닛산이 21세기 초의 순수전기자동차를 양산할 준비를 하고 있었다. 그 베일에 덮여진 전기자동차는 종래의 컴팩트 카와 가격으로 경쟁가능하다고, 메이커는 약속하고 있었다. 닛산은 벌써 큐브 크로스오버의 전기자동차판을 미국에 순회시키고 있었으나 볼트의 시험제작차와 같이 이 큐브는 파워 트레인을 덧씌운 것에 지나지 않았다. 아니, 볼트는 적어도 어떠한 모양의 차인지 알고 있었다. 닛산의 전기자동차는 어떠한 디자인인지, 어떤 이름이 될지 전혀 분명치 않았다. 7월 필자는 닛산의 전기자동차 발표회에 참석하기 위해서 일본에 있었다.

닛산이 진정으로 전기자동차 계획을 진행하고 있다는 것은 얼마 전부터 명확히 알려져 있었다. 닛산과 제휴회사 르노는 순수 전기자동차를 2008년 2월까지 만들겠다는 의향을 공표하였고, 이후 양사는 전기자동차용 인프라 스트럭처 건설을 목표로 세계 곳곳의 나라, 주, 지방 레벨의 정부와 파트너십을 적극적으로 맺어 왔다.[10] 7월까지 르노 닛산 연합은 덴마크로부터 이스라엘, 미국의 오레곤 주, 테네시 주 등의 정부를 파트너로 만들었다.

그 주말에 세계 도처의 저널리스트가 닛산 본사에 모여들었다. 시승은 요코하마에 있는 닛산 본사로부터 30분 남쪽으로 향한 바닷가의 시설, 닛산 옷빠마(追浜) 공장 총합연구소에서 행해졌다. 옷빠마의 경치는 촉촉하게 젖은 짙은 녹색이었다. 하늘은 비를 머금고, 녹색이 울창한 언덕이 테스트 코스를 둘러싸고 해안의 평지로 이어져 있었다.

커피를 마시며 기술적 설명을 들은 뒤에 드디어 닛산의 시험제작 전기자동차의 시승 차례가 되었다. 그 구동계는 일본 시장의 시판 차종 티다 해치백에 설치되어 있었다. 차량은 바닥에 설치된 망간산리튬 전지로 구동된다. 쉐보레 볼트에 사용된 컴팩트 파워 사의 전지와 같은 염기성 화학물질이다. 전지는 닛산과 NEC가 공동으로 설립한 오토모티브 에너지 서플라이 주식회사에 의해 제조되었다. 실은 NEC는 1995년에 최초로 망간산 리튬 전지를 상품화한 기업이었다.

필자가 운전석에 앉자 조수석에 앉아 있던 일본인 홍보담당자는 조마조마한 모습으로 외국인 기자가 코스로부터 벗어나 구내를 갈아엎는 것이 아닌가하고 반쯤 의심하는 것 같았다. 필자는 나란히 서 있는 파이론(목표탑) 사이를 벗어나 차량을 천천히 코스로 움직여 전자방출(액셀) 페달을 밟았다. 가속은 민첩했고, 그 전에 동승자로부터 스피드를 낮추라는 이야기를 들었다. 이 평탄한 실험용 코스상에서는 차량은 미끄러지는 것처럼 조용했다. 볼트를 운전했던 경험과 매우 비슷했지만, 풍경은 보다 재미있었다. 코스를 돌고 있을 때 차색 턱수염을 기른 것 같은 독수리가 유유히 상공을 활공하고 있는 것이 보였다.

버스로 요코하마로 돌아와 새로운 닛산 글로벌 본사를 방문했다. 99%가 글라스로 되어 있는 것같은 인상을 주는 비현실적인 초 모던한 건물이었다. 이 빌딩의 공식 사용개시는 다음날 예정으로, 공개가능한 상태를 만들기 위해서 건물작업자들이 아직 작업하고 있었다. 작업자들의 담배 연기가 공중에 자욱했고, 매케한 카페같은 냄새는 이 높고 개방적이며 친환경적인 오피스 빌딩과는 상당히 어울리지 않게 느껴졌다.

우리들은 강당에 초대되었다. 무대 위에는 둥글고 선명한 청색의 해치백이 있었다. 사진 촬영이 허가되지 않았고, 이름도 아직 몰랐다. 자동차는 귀여웠지만, 프론트부의 특징이 되는 튀어 나온 눈 같은 헤드라이트, 특이하게 움푹 들어간 후방등, 보란 듯한 색다른 디자인을 몸에 걸치고 있었다. 내장은 매력적이어서, 디지털 미터, 터치 스크린 방식의 내비게이션, 청색으로 빛나는 반구형 시프트 노브 (마치 운전자의 손금을 읽어, 그 운세로 자동차를 움직일 것 같은 디자인이다.) 등 하이테크 풍이었다. 이 차의 GPS 시스템은 충전 상태를 감지하고 중앙 데이터 센터와 교신하여, 항상 후속가능거리를 내비게이션 스크린 상의 현재 위치 주위에 표시하는 것이 가능하다.

이 차의 정식발표는 다음날인 일요일, 새로운 본사 빌딩의 낙성식 중에 행해진다. 1층 아치 천장의 큰 공간에서 닛산은 오토쇼 스타일의 기자회견을 열었다. 부드럽고 기분 좋은 손가락으로 튕기는 기타 음악이 스피커로부터 흘러 나왔고, 라이트가 비춰지는 무대 뒤쪽 벽에 감추어진 문이 열리자 닛산의 전기자동차—리브라고 하는 이름을 그때 알았다.—가 나타났다.

닛산 리브는 볼트보다 한 층 더 큰 모험이었다. 공평하게 말하면, 닛산은 정부의 재산관리하에 있는 것은 아니지만, 리브는 전기자동차에 대한 고정관념—항속거리가 한정되어 전기가 바닥나면 재충전하는 데 몇 시간이나 걸리는 차량을 아무도 구매하지 않으므로 받아들려질지 알 수 없다는 것—이 틀렸다고 하는 쪽으로 큰 모험을 하고 있다. 닛산은 이 전기자동차의 대중화를 위하여 필요한 인프라를 정비할 수 있는 협력자를 끌어들인다는, 대국적 접근법을 취했다. 또,

이 차의 코스트에 관한 이 회사의 주장은 놀라운 것이었다. 그 가격은 같은 클래스의 다른 차량과 같은 정도로, 그 가격으로도 제1세대부터 이익이 발생했다.

CEO인 카를로스 곤과 고이즈미 준이치로 전 수상, 요코하마 시장 등 쟁쟁한 인사들이 차 안에 앉아 있었다. 곤은 영어로 연설을 했다. "닛산 글로벌 본사의 완성과 닛산 리브의 발표는 폐사의 역사에 있어서 자극적인 사건입니다."라고 곤은 말했다. "어느 것이나 닛산이 헤매지 않고 미래를 향하고 있는 것을 확실히 나타내는 것입니다." 곤은 '제로 에미션의 미래', '자동차 산업의 신시대'에 대해서 이야기했다. 리브가 그 제일보라고 곤은 말했다.

곤은 더욱더 이어갔다. "외관상 이 패밀리 해치백은 매력적인 닛산 차가 또 한 대, 이곳 시나가와 현에서 개발되어 발표되었다고 생각할지 모르겠습니다. 그러나 이 차는 커다란 비약의 상징입니다. 궁극적인 지속가능한 사회에 매치되는 제로 에미션 차가 자동차 산업의 역사상 처음으로 양산되는 것입니다. 그 이름이 나타내는 것처럼 리브는 완전히 카본 뉴트럴입니다. 배기관이 없으며, 가솔린을 태우는 엔진도 없습니다. 있는 것은 폐사 독자의 컴팩트한 리튬 이온 전지가 공급하는 조용하고 효율이 좋은 파워 뿐인 것입니다."

🔩 볼트의 악평

2009년 여름 볼트는 콘셉트카에 지나지 않는다는 억측을 대신하여 완성된 양산차에 대한 맹공격까지 받고 있었다. 2007년의 쇼 카에 비해 개성이 없고, 외관이 너무 평범하게 되었다거나 드라이브 트레인 그 자체의 관점 등에 대하여 많은 이들의 비판이 이어졌다. 볼트를 둘러싼 기묘한 논쟁은 양산까지 아직 1년 반이나 남은 자동차에 관한 것으로서는 전례가 없어, 조지 웨스팅하우스가 19세기 말의 '전류전쟁'이 한창일 때 이야기한 논평을 생각나게 했다. "기 천 명의 사람들의 커다란 금전적 이익이 위기에 처해 있고, 그리고 당연하지만 많은 사람들은 이 큰 문제를 자기의 이익이라는 관점으로밖에 보지 않는다."[11]

왜 볼트가 무의미한지 자동차 메이커 각 사는 각각 상이한, 그러나 대략 예상대로의 견해를 가지고 있었다. 비판이 예상대로인 것은 자동차 제조업체는 늘 자사가 제일 많이 투자한 기술에 호의적이기 때문이다. 도요타는 리튬 이온으로 구동하는 플러그인 프리우스를 시험적으로 500대 제작하는 계획을 발표했으나, 플러그인은 아직 높은 전지의 코스트문제라는 장해가 있다고, 도요타의 빌 라이트너는 5월에 미국 과학 아카데미 위원회에서 말했다.[12] 한편 메르세데스 벤츠나 아우디 등은 수년 이내 미국의 입자물 오염기준에 맞는 클린 디젤 엔진의 완성을 목표로 하여, 전기구동계는 흥미롭지만 석유사용량을 급속으로 줄이기 위해서는 디젤이 최적이라는 주장으로 기울어져 있었다. 2009년 9월 아우디 오브 아메리카 사장 요한 더 네이슨은 볼트를 '바보 멍텅구리' 차라고 불렀다.[13] 전기자동차를 질타하고 디젤 엔진을 아낀 나머지 독일 대형 자동차 제조업체 직원은 시대의 흐름에 불합리적일 정도로, 광신적으로 전기자동차를 거절하고 있었다. 필자가 이전에 이야기를 한 메르세데스 벤츠의 엔지니어는 전지는 모두, 무엇으로 되어 있든지 환경에 중대한 영향을 준다고 주장했다. "전지의 처분을 어떻게 하느냐? 전부 매립지에 버리는 것인가?" 자신감으로 가득찬, 바보같은 미소를 띄우며 그는 필자에게 물었다. 이어 그는 "아니, 재생이든 리사이클이든 가능하겠죠! 그렇지만 유독하지요!"라고 말했다. 이에 대해 필자는 "유독한 금속을 함유하고 있지 않으면 그러한 일은 없어요."라고 답했다. "알게 뭐람! 전지임에 다름은 없겠지!"

그중에서도 가장 주목을 모은 논쟁은 앨런 머스크가 2009년 4월 29일 '레이트 쇼 위즈 데이비드 레터맨'에 출현한 때에 시작되었다. 레터맨은 괄괄한 목소리로 아첨 떠는 말을 늘어놓았다. "오늘은 흥미진진합니다. 오늘 게스트는 지구상에 사는 80억 명을 위해서 조금이라도 도움이 되는 일을 하고자 하기 때문입니다."라고 레터맨은 말했다. "그는 현대의 헨리 포드라고 불려지고 있습니다. 현재 북미에서 구입 가능한 전기자동차 중에서 유일하게 고속도로를 달릴 수 있는 차를 제조하고 있는 테슬라 모터스의 CEO 겸 회장 겸 개발담당자입니다. 소개하겠습니다. 엘런 머스크 씨입니다."

우선 레터맨과 머스크는 기본적인 것에 대해서 간단히 언급했다. 차량의 가치는 10만 달러이며, 고급 스포츠카부터 시작한 이유에 대해서 "목표는 늘 낮은가격의 차를 만드는 것입니다만 새로운 기술이 태어나도 그것이 값싸게 대량생산에 이르기까지는 시간이 걸립니다."라고 머스크는 말한다. "휴대전화든 노트북이든 새로운 기술이 시작할 무렵을 생각해봐 주십시오. 최초에는 비쌌습니다. '월가'의 등장인물이 어마어마하게 큰 휴대전화를 들고 해안을 따라서 걸어가고 있었지요. 그것이 최첨단 기술이었던 것입니다. 그러니 자동차도 같은 것입니다."

레터맨은 전기자동차는 새로운 기술이라고 할 수 없다고 지적했다. 머스크는 가솔린과 전기의 경쟁 역사를 한 마디로 설명했다. 가솔린이 승리한 이유는 항속거리의 문제였다. "리튬 이온 전지가 등장함으로써 항속거리의 문제에 대응 가능합니다."

"그렇다면 정말로 진보한 것은 전지라는 것이군요."라고 레터맨이 말했다. "전기를 어떻게 저장할 것인가? 그렇습니다. 그것이 유일한 최대의 진보인 것입니다."

레터맨은 EV1의 이야기를 꺼냈다. 머스크는 영화 「누가 전기자동차를 죽였는가?」를 언급하며 대답했다. "크리스 페인 감독은 모두가 얼마나 진지하게 EV1을 원하고 있었는지 보여 주었습니다."라고 머스크는 말했다. "모두가 마음으로부터 원하고 있었습니다. 그래서 자동차를 무리하게 거론하며 기사화하자, 부서지는 차를 촛불로 애도하게 된 것입니다. GM의 제품 이외에서 무언가 부수어질 때 그렇게 촛불을 켜고 애도한 이야기를 들어본 적이 있습니까?"

이 발언은 웃음의 소용돌이를 불러일으켜, 잠시 동안 멈추지 않았다. 잡담은 곧 고조되었고, 그 대부분은 레터맨이 우려낸 것이었다.

"만약 전지자동차의 움직임이 20년 전에 무시되지 않았다면 그 공장은 지금도 움직이고 있겠지요?"라고 레터맨이 질문하자, "지금 생각하면 EV1을 부수지 말고 EV2, EV3를 이어서 만들었으면 좋았다고, GM은 생각하고 있을지 모르겠네요."라고 머스크는 말했다. "모두가 '엇, 전기자동차가 만들어졌구나!'라고 놀라고 있지만, 좀 화가 나지 않습니까?" 레터맨은 말했다. "그도 그럴 것이 화성으로부터 온 것도 아니고, 20세기 초부터 있었어요! 저는 넌더리가 나네요. 당신은 그렇지 않나요?"

자신도 그러하다고, 머스크는 대답했다. 그러나 그는 GM을 추켜세웠다. "기존의 자동차회사도 하려고 했다고 생각합니다."라고 머스크는 말한다. "GM의 밥 라츠는 테슬라에 자극을 받아 볼트를 만들었다고 말해 주었습니다. GM이 발표한 플러그인 하이브리드 볼트는 알고 있습니까?"

여기서부터 볼트의 깎아 내리기가 시작되었다. 볼트의 항속거리는 65km라고 레터맨은 말한다. "자동차를 차고로부터 꺼내서 다시 집어넣을 때까지는 가능하지요. '배웅하러 가야지…. 전기자동차 타고 가지마! 초록색 돌이 있는 곳에서 움직이지 않게 되면, 불러줘.' 제정신이 아니야! 65km가 볼트의 한계라는 건 어이없어요. 그렇지 않습니까? 그런데 GM은 '해내었다. 전기자동차가 완성되었다.'라고 말하고 있어요. 정말 변변치 않군요!" 맹렬한 박수가 일어났다.

이어 광고가 방영된 후 레터맨은,

"당신 회사의 차에 타 보았습니다."라고 말했다. "저는 의심했습니다. '이것은 친환경과 무공해를 생각하는 사람들을 위한 것이다.'라고…. 그러나 이 차에는 시비를 걸 수가 없었습니다. 처음 이 차를 충전했을 때 집에 화재가 발생하지 않을까 걱정했습니다. '이 녀석은 엄청 빠르다.' 여기서만 말하면, 처음 운전했을 때 고환이 자기장을 띠지 않을까 걱정했어요."

머스크가 난처해하며 웃었다.

"연료전지 차라는 놈이 있지요. 그것도 변변치 않아요." 레터맨은 이어갔다. "수소라고요! 자신이 수소를 만든다고 합니다. 20년 후의 이야기를 하고 있군요. 그래서 자동차회사는-그런 것 하고 있을 때가 아니지만-허풍을 떨 뿐이에요. 그도 그럴 것이 쇼 룸에서 보여줄 기술을 실제 연구하고 있다면 공장을 폐쇄한다든지, 파산신청을 한다든지 하지 않아도 되겠지요."

다시 큰 박수가 터졌다.

한편으로 디트로이트에서는 맹렬한 분노가 일어났다. 「디트로이트 프리 프레스」의 마크 페런은 레터맨이 볼트에 대해서 알아둬야 할 10개 항목을 발표했다.[14] 약 1개월 후 GM이 항변하기 위해서 밥 라츠를 레터맨의 방송에 출연시켰다. 레터맨은 우선 EV1에 대해서 질문했다.—이번에는 회사 사람이 앞에 있어서, 이전보다 예의 바르게 "실례입니다만 EV1의 제조가 이어졌어도 귀사의 재정문제는 막을 수 없었을까요?"

"'그렇지 않습니다.'라고 말하고 싶습니다만 사실 그렇습니다."라고 라츠는 말했다. "전지는 준비되어 있지 않았고, 차의 제조 코스트는 1대당 10만 달러가 들었으며, 유지보수 비용은 확대되었습니다. 그래서 결국 재무담당자가 '이제 그만둬!'라고 말한 것입니다." 라츠는 이어 말했다. 전기자동차의 실용화에 충분한 에너지를 저장할 수 있는 전지가 손에 들어 오게 된 것은 극히 최근의 일입니다."

"문제는 리튬 이온 전지의 조달입니다."라고 라츠는 더 이어갔다. "테슬라는 6,831개의 랩톱용 전지를 이어서 사용하고 있습니다." 한편 볼트는 전용설계의 자동차용 전지를 사용하여, 그래서 세액공제전의 가격이 4만 달러 전후에 판매되는 것이라고 라츠는 설명했다.

그리고 레터맨이 최초의 볼트를 구입하고 싶다고 말하자, 라츠와 레터맨은 의기투합했다. "지금까지 아마 7~8명과 약속하고 있어요."

라고 라츠는 말했다.

이어서 레터맨과 라츠가 둥근 무대로 걸어나가자 양산형 볼트가 등장했다. 청중은 열광적으로 박수했지만, 테슬라의 모델 S세단 시험제작차가 방송에 모습을 보였을 때에 비하면 환성은 무척 작았다. 방송 마지막에 레터맨은 차에 탄 후 핸들을 잡고 비명을 질렀다. "아아아! 우와아아! 감전되겠다!"

출하를 기다리는 볼트

2010년 1월 1일 볼트는 막판을 향해 달려가고 있었다. 11개월 후에는 최초의 볼트가 생산 라인을 떠나지 않으면 안 된다. 그것은 선행적으로 한정 제공되어 우선은 공공기관, 행정기관, 여러 가지 시험용으로 보급된다. 당초엔 캘리포니아 주 외 2~3의 시장에만 공급된다. 이 차가 판매될 것인지, EV1과 같이 리스만으로 될지는 아직 명확하지 않았다. 사실, 시장 실험과 "소비자가 이 차를 어떻게 사용할 것인가를 조사한다."라고 하는 GM의 발언은 EV1의 발표 시에 사용된 내용을 방불케 하는 불안한 것이었다.

최초의 볼트 시험제작차 80대 정도가 움직이지 않게 되는 치명적 부적합 상황이 발생하지 않도록 엔지니어가 기도하는 중에, 전국의 테스트 코스를 마구 달리며 주행거리를 늘려가고 있었다. 하지만 지금까지 볼트 팀은 내구성 테스트의 결과에 크게 만족하고 있었다. 등판성능을 조사하기 위해서 볼트의 엔지니어는 시험제작차를 타고 표고 4,300m의 파이크스 피크의 정상까지 오르내리기를 반복했다. 전지의 액체 냉각 가온 시스템 테스트를 데스 밸리의 사막과 한랭한 캐나다 온타리오 주의 커퍼스케싱에서 행했다. 토니 포사와츠에 의하면 커퍼스케싱의 기온이 영하 18℃ 이상이 되면 엔지니어들이 실망했다고 한다. 큰 문제없이, 볼트의 책임자는 완전히 자신을 가진 것 같았다.

최후의 11개월간 남겨진 것은 양산으로 이행하기 위한 생산설비의 확대 이외에는 소프트웨어 작업—전지의 관리, 휴먼 머신 인터페이스의 미세 조정, 최종적인 버그 수정—과 소프트웨어 코딩이었다.

2010년 1월 북미 국제 오토쇼가 시작될 무렵 볼트와 그 배터리 팩을 제조할 디트로이트의 공장은 준비에 들어가 있었다. 어쨌든 곧 시험조업을 개시하여, 테스트와 실증에 이용할 전지와 자동차를 제조하는 것으로 되어 있었다. 쇼의 첫날, 필자는 존 로크너에게 전기자동차라고 하는 테마가 거버홀에 도착한 것을 어떻게 생각하는지 물었다. 흥미롭고 기쁘다고 로크너는 말했다. 이와 같은 회의장에서 3년 전에 볼트가 발표했던 것을 로크너는 회고했다. "당시 잊혀져버린 전기자동차를 우리들이 부활시킨 일로 모두 꿈속에 빠져 있었다. 하지만 일부 의심많은 사람들은 '이 자동차가 양산되지는 않을 것이다.'라는 등의 이야기를 하고 있었다. 그들이 말하기로는 전지가 들어가 있지 않았기 때문이다. 2007년 1월에 콘셉트카로서 시작된 것이 지금은 같은 테마 즉, 석유 대신 전기를 사용하는 구동방식을 가진 차량이 몇 개 만들어진 것을 조심스레 이야기해도 기쁜 것이다.”

그 동안 수개월이나 아무일 없이 지난 것은 아니었다. 12월 프랑크 웨버가 볼트 프로젝트에서 나와 독일 오펠로 돌아갔다. 가장 컸던 것은 프리츠 핸더슨이 사임한 것이다. 그 해 두번째의 CEO 해임이었다.[15] 타이밍이 최악이었다. 12월 첫째 주에 로스앤젤레스 오토쇼에서 핸드슨은 첫날 오전의 기조연설을 행할 예정이었다. 그런데, 그 전날 밤 해임된 것이다. 에드 위티커 회장이 잠정 CEO로서 뒤를 이었고, 밥 라츠가 오전의 강연에서 대역을 맡게 되었다.

로스앤젤레스에서 필자는 포사와츠를 붙잡고, 최근의 인사쇄신에 대해서 소감을 물었다. “놀랐어요.”라고 무표정하게 대답했다. “그리고 조금 실망했다. 타이밍이란 것을 모르는 것 같다. 하지만 1년 동안 온갖 큰 변경이 있었다. 그러고 보니 딱 1년전 로스앤젤레스 오토쇼 때 전 CEO인 릭 웨그너가 의회의 위원회에서 규탄받고 있던 것을 TV에서 본 적이 있다.” 최근 큰 폭의 인사이동이 볼트 프로그램에 악영향을 미칠 것이라는 걱정은 전혀 하지 않는다고, 포사와츠는 말한다. 볼트의 기세는 매우 강하다. 발매기한도 코 앞으로 다가왔다.

“볼트 팀의 재편 페이스는 GM 전 부문 중 톱 클래스까지는 이르지 않지만 빠른 편이다.” 그는 말했다. “다음달까지 전지를 만들고, 봄 초반까지 햄트래믹에서 차를 만든다. 오늘 발표한 데모 차량에 대한 계획이 있다. 2010년에는 여러 가지 할 일이 있다. 그리고 양산준비가 되면 일부는 고객에게, 일부는 에너지 성에 인도한다. 그리고 온

스터(자동차 정보통신 서비스)를 만들어 주행 데이터를 모은다. 이것은 우리들밖에 할 수 없는 것이다. 이 시스템은 가동되고 있다. 붕붕 돌아가고 있다. 그리고 아아, 그러고 보니 위티커 본인과 잠깐 이야기했다. 대단한 볼트 팬이다." 프리츠 핸드슨이 해임되고 회장 겸 잠정 CEO가 된 에드 위티커에 대해 포사와츠는 이렇게 말했다.

포사와츠가 피로한 기색을 보이지 않았던 것은 아니다. 많은 저널리스트가 볼트를 거론하는 접근법에 대해서 포사와츠는 조금 이야기를 흘렸다. "솔직히 말해서, 나는 개인적으로 당신들의 일에 대해 상당히 실망하고 있다. 첫날부터 이 프로그램에 대해서 가장 많이 받은 질문은 '가격이 얼마 정도 됩니까?' 라는 것이다. 그래서 오늘, 그런 무리들에게 말했다. '당신들은 기자로서 태만이다.' 여기에 자동차 현물이 있고, 항속거리 연장, 모드 등등에 대해서 전시되어 있다. 전지공장이 건설 중으로, 다음 달에는 전지의 제조가 시작된다. 제너럴 모터스가 미국의 환경을 배려한 일자리를 창출하는 것이다. 그런데 당신들은 와서 태만한 질문들만 하고 있다. '캘리포니아의 HOV 레인법은 어떤가?'라든지, HOV 레인 스티커가 붙은 프리우스는 붙어 있지 않은 것에 비하여 얼마에 판매되나?' 와 같은 것은 묻지 않나? (HOV 레인은 일정 이상의 사람이 타고 있지 않은 차의 주행이 규제된 차선을 말하는 것으로, 하이브리드차 등 환경을 배려한 차는 규제를 벗어나는 경우도 있다.)"

그들을 변호하여 필자는 말했다. "자동차의 코스트는 여기서는 큰 문제입니다. 말하자면, 4만 달러 이하로 판매하는 것이 가능하다면…."

"아니 아니, 그들은 코스트가 아닌 판매에 대해서 묻고 있는 것이다." 포사와츠가 가로막았다. "코스트의 이야기라면 꼭 하고 싶은 이야기다." 그래서 우리들은 코스트의 이야기를 했다. "리튬 이온 전지는 전기자동차의 양산이 실현될 만큼 싸게 될 수 없다."라는 일반적 인식에 대해서 필자는 견해를 물었다. "전지에는 무어의 법칙에 따른 곡선이 맞지 않는다." 그러나, 포사와츠는 말을 이었다. "기술의 발전적 변화에 의해, 곧 전지는 대폭 싸게 된다. 기초 과학은 잠깐 옆에 놓아두자. 닛산 리브의 전지는 공랭식으로, 볼트에 사용된 정밀한 액체 온도조정 시스템에 비해서 싸게 먹힌다. 볼트의 배터리 팩을 공기로 냉각하는 것도 가능할지 모른다. 또, 볼트는 전지용량의 절반만 사용하도록 설계되어 있다. 전지가 차체의 보증기한까지 유지가능하도록 하기 위한 신중한 판단이다. 그러나 도중에, 전지의 절반을 예비로 필요로 하지 않는 것이 확실시 될 지도 모른다. 같은 전지를 가지고 유효하게 사용하면, 비용도 노력도 들이지 않고 볼트의 항속거리는 늘릴 수 있다."

"2~3년 이내에 이 전지의 가격을 수천 달러 내릴 수 있지 않을까?"라고 포사와츠는 자문자답한다. "물론, 몇 천 달러로 말이다. 1킬로와트시(kWh)당 코스트에 관해서, 내가 말하는 것은 여러 전문가들의 견해보다 앞서고 있다고 말하고 싶은가? 그대로이다. 그들은 전지를 만든 적도 없으니까."

다음달 디트로이트 쇼에서는 로크너와 필자가 이야기한 것 같이, 볼트의 코너에 많은 사람들이 몰려들었다. 커다란 자동차 쇼에서 그와 같은 사람의 무리는 대체로는 유명 인사가 도착한 표시다. 이때는 낸시 페로시가 인솔한 의원단이었다. 정부의 투자가 제대로 쓰이고 있는지 어떤지 보려고 온 것이다. GM의 현 CEO인 에드 위티커가 페로시, 존 딘겔, 스테니 호이어를 수행하여 볼트 쪽으로 안내하자 일행은 카메라에 둘러싸였다.

이 해의 디트로이트 쇼에는 이례적일 정도로 정부의 관심이 높은 것 이외에도, 정세의 변화를 강하게 보여 주는 것이 많아 보였다. GM의 스탠드로부터 벽을 사이에 둔 건너편에는 낯선 경쟁사가 있었다. 중국 기업 BYD이다. 이 회사는 1995년에 전지 메이커로서 등장하여, 극히 최근 자동차업계로 진출했다. 홍콩에서 1시간 거리의 대공업도시 선전(深圳)에 있는 본사로부터 BYD는 세계의 전기자동차 시장을 지배하는 것을 꾀하고 있다. 이 회사의 같은 편에는 워렌 버핏[16] (2008년에 10%의 출자자가 되었다.)과 2012년까지 세계 최대의 전기자동차 생산국이 되겠다고 하는 국가 목표를 2009년에 선언한[17] 중국 정부가 있었다.

BYD에는 유력한 후방이 있었지만, 세련미가 부족했다. 국제 오토쇼의 화려한 기준에 비추어보면, 그 부스는 싸구려였다. 카펫의 끝단은 잘려진 체이었고, 작은 플라스틱 화분이 최대의 관심거리인 전기자동차 e6 세단을 둘러싸고 있었다. BYD는 이 차를 곧 미국에 발매하겠다고 한다.

독일업체도 전기차를 무시할 수 없었다. 그날 BMW는 1 시리즈 쿠페의 전기자동차판을 발표했다. 이것은 미니E 프로젝트(저온에서 열등한 전지수명, 고객이 차고에 충전기를 설치해 받을 때까지 장시간 걸리는 등 문제가 산적했다.)와 BMW가 2015년까지는 발표를 계획하고 있는 시가용 고급전기차(이 회사는 메가시티라고 부르고 있다.)의 사이를 메우는 것이다. 통로의 반대편에는 아우디가 콘셉트카 E트론의 보디를 짧게한 쿠페를 전시하고 있었다. 이 2개월 사이에 보여진 2대째 전기 슈퍼카이다.

테슬라는 메르세데스와 통로를 사이에 두고 건너편에 있었다. 사인펜으로 몇 군데 사인이 써진 먼지가 쌓인 흰색 로드스타는 충전 인프라의 문제는 과장되었고, 테슬라의 광고자료가 말하는 것처럼 항속거리에 대한 걱정은 '겁쟁이가 하는 것'이라는 이 회사의 입장을 실증하는 것이었다. 테슬라의 엔지니어는 이 쇼를 위해서 로드스타를 로스앤젤레스에서 디트로이트까지 운전해 와서, 일부러 세차하지 않은 채로 둔 것이다. 다음날 엘런 머스크는 기자회견을 열어, 일부러라고 할 수 있는 반성을 보였다. 그것은 테슬라의 CEO로 취임한 이래 머스크가 자신이 쌓아온, 억지가 강하고 잔소리가 많고 자기중심적이며 논쟁 상대를 매도한 것을 집어올려 기뻐하는 자라는 이미지 전환을 모색하는 연출로도 생각할 수 있다. 모델 S 세단을 제조하는 신공장은 아직 늦어져 있으나, 테슬라는 정상으로 돌아온 것 같았다. 2008년 이후 1,000대를 넘는 로드스타를 팔아―결코 쉬운 곡예가 아니다.― 대공황 이래 가장 가혹한 불황을 극복한 것이다.

쇼 첫날의 끝, 시찰 의원단은 전시회장에 준비된 작은 무대에서 짧은 강연을 행했다. 낸시 페로시, 스테니 호이어, 존 딘겔, 레이 라훗드, 힐더 소리스 외에 수명의 워싱턴 거주인들은 그날 하루 미시간 주지사 제니퍼 그랜호름의 운전으로 회장을 안내 받았다. 딱딱하고 짧은 스피치는 어느 것이나 산업의 생존, 미국이 넘버 원의 위치를 유지하는 것에 대해서 틀에 박힌 문구를 늘어놓고 있었다. 그 중에 가장 진심이 어려있었던 것은, 하원 원내총무로서 메릴랜드 주에서 선출된 스테니 호이어 의원의 발언이었다. 이 연배의 의원은 회장에서 "사탕 가게에 온 어린아이"와 같은 기분이 들었다고 하며, 자신이 어린아이 무렵, "미국의 위대한 상징은 자동차였다."라는 것을 정겹게 떠올리며 말했다.

[주]

(1) "Toyota Surpasses GM in Sales Amid Global Automotive Slump," *Tronto Star*, January 22, 2009.

(2) Greg Keenan, "Losses Force GM to Question Its Future," *Globe and Mail* (Canada), February 27, 2009.

(3) Andrew Neather and Boris Johnson, "In Search of Electric Cars," *Evening Standard* (London), December 5, 2008.

(4) Jim Motavalli, "G. M. Tones Down the Volt," *New York Times*, September 21, 2008.

(5) Kendra Marr, "GM Puts a Charge in Auto Show," *Washington Post*, January 13, 2009.

(6) Steven Rattner, "The Auto Bailout: How We Did It," Fortune, October 2009. 이 기사는 후에 가필되어, 서적으로서 출판되었다. *Overhaul: An Insider's Account of the Obama Administration's Emergency Rescue of the Auto Industry* (Boston: Houghston Mifflin Harcourt, 2010).

(7) "Remarks at Southern California Edison's Electric Vehicle Technical Center in Pomona, California," www.gpoaccess.gov/presdocs/2009/DCPD200900170.pdf.

(8) March 31, 2009, http://gm-volt.com/2009/03/31/bob-lutz-volt-will-survive-and-prosper/.

(9) John M. Broder, "Obama to Toughen Rules on Emissions and Mileage," *New York Times*, May 18, 2009.

(10) Hans Greimel, "Renault, Nissan to Go Electric, Seek Leadership in Green Cars," *Automotive News Europe*, February 4, 2008.

(11) Quoted in Jonnes, *Empires of Light*, p. 202.

(12) Alan Ohnsman and Jeff Plungis, "Toyota Questions Cost, Batteries of Plug- In Hybrids," *Bloomberg*, May 18, 2009.

(13) Lawrence Ulrich, "Audi President Has Verbal Jolt for Volt," MSN Autos, September 2, 2009, http://editorial.autos.msn.com/blogs/autosblogpost.aspx?post=1247701.

(14) Mark Phelan, "Hey, Letterman: Here Are 10 Things About the Volt," *Detroit Free Press*, May 20, 2009.

(15) Bill Vlasic, "In the Changeover at G. M., a New Hands-On Attitude," *New York Times*, December 14, 2009.

(16) Keith Bradsher, "Buffett Buys Stake in Chinese Battery Manufacturer," *New York Times*, September 29, 2008.

(17) Keith Bradsher, "China Vies to Be World's Leader in Electric Car," *New York Times*, April 1, 2009.

🐟 석유와 전지의 안전보장론

세계의 자동차 업체가 조심스럽게 리튬 이온 구동의 전기자동차를 도입하게 되어 전지 붐이 시작되었다. 2008년부터 2009년에 걸쳐서 싱크 탱크와 업계단체는 전기자동차의 가능성을 평가하는 예측을 차례차례 발표하였는데, 그 결론에는 엄청나게 비관적인 것부터 어처구니없이 낙관적인 것까지 커다란 차이를 보였다. 하지만 전지산업에 관여하는 누구라도 지금은 소규모의 전기자동차이지만 장차 엄청나게 큰 시장이 될 것을 인정하고 있다. 십 여 km대로부터 수십km대를 전기로 달려 이후는 가솔린 엔진으로 달리는 플러그인 하이브리드, 순수한 전기자동차, 프리우스 형식의 차세대 자동차, 어떤 것이건 간에 새롭게 출현한 리튬 이온 전지로 달리는 차는 엄청난 수의 전지를 필요로 하는 것이다. 미국 내에서 리튬 이온 전지를 생산하고 있는 에너델의 모회사, 에너원의 CEO 찰스 가센하이머는 연간 10만대의 전기자동차가 제조되면, "랩톱 컴퓨터에 사용되는 전지로 환산하여 지금 전세계에 존재하는 모든 전지의 용량을 흡수해 버린다."라고 종종 말한다.

고성능 전지의 신흥 제조업체는 우후죽순처럼 출현하고 있었다. 다른 분야에서 영업이 순조로운 대형 자동차 제조업체도 참여를 희망했다. 예를 들어, 전세계에 30만 명의 종업원을 데리고 있는 자동차 부품 메이커이며 복합기업인 존슨 콘트롤스는 이 신흥시장에 참여할 필요가 있다고 판단하여, 이를 위해 프랑스의 전지 메이커 샤프트와 제휴하고자 하였다. 캐나다의 자동차 부품업체 마그나는 전기자동차용 전지 팩 제조업체로서 자사의 판로를 확장하기 시작했다. 다우 케미컬은 한국의 전지 메이커인 코컴과 합병회사를 만들어 이 분야에 참여했다.

곧 '전지'라는 단어는 에너자이저 바니(에너자이저 전지의 광고에 사용되는 핑크빛 토끼)나 TV의 리모컨이라는 이미지만으로 연결되는 것이 아니게 되었다. 박막 태양전지나 해상 풍력발전에서의 순진하고 과도한 신뢰감에 의해 전지는 클린 테크놀로지 붐의 일부가 되었다. 그뿐 아니라 전지업계는 테슬라 로드스타와 같은 미래형 자동차에 직결되어 있어 더욱더 매력이 컸다.

더욱이 세계 각국과 지자체도 전기자동차에 관심을 가지기 시작했다. 이스라엘부터 오리건 주에까지 정치가들은 르노 닛산 얼라이언스와 손을 잡고 충전 스테이션 등의 EV용 인프라를 건설하는 노력에 참여하고 있다. 오스틴과 인디애나폴리스는 이후의 커다란 기술혁신에 중요한 역할을 다할 선진 전지의 거점으로서의 위치를 디트로이트와 경쟁하기 시작했다. 실리콘 밸리의 기업가 샤이 애거시가 시작한 전지교환과 EV 인프라 회사인 베터 플레이스는 전기자동차용 인프라 거래의 교섭을 위해 세계를 다니고 있다.

미국의 실업계와 정계는 단순하고 설득력이 있는 문구로 전지문제를 이용하게 되었다. "우리들은 석유를 수입하는 대신에 전지를 수입하게 될지 모른다!" 미국의 자동차 산업은 세계적 불황, 산업구조의 언밸런스, 경영 실수에 의해 제대로 운신할 수 없게 되었다. 디트로이트는 살아남기 위해서 긴축이 필요하고, 자동차의 생산만으로는 잃어버린 고용을 완전히 되돌리는 것은 가능할 것 같지 않다. 따라서 관련사업, 즉 선진전지산업을 육성한다는 생각은 매력적이었다. 디트로이트는 차를 제조하지만은 않게 될 것이다. 신차와 함께 차량에 들어가는 전지, 그 전지를 충전할 솔라 패널이나 풍력발전장치도 제조하는 것이다.

2008년의 마지막 무렵에는 디트로이트에 있는 자동차 업체 각 회사의 경영자는 라스트 벨트(중서부~대서양 해안중부의 공업지대) 부흥을 위한 정부지원을 강하게 요구하고 있었다. 윌리엄 클레이 포드 주니어는 「뉴욕 타임스」 지면에서 상투적인 안전보장론을 피력했다. "우리들은 석유와 같이 전지까지 해외에 의존하고 싶지 않다."[1] 당시 아직 GM의 실권을 잡고 있던 릭 웨그너는 「워싱턴 포스트」에서 거의 같은 주장을 했다.[2] 찰스 가센하이머는 갓 만들어진 북미 전지산업을 대표하여 발언했다.[3] "선진전지는 이 새로운 시장에 있어서 중요한 것이다. 퍼스널 컴퓨터의 혁명에 있어서의 마이크로 프로세서와 마찬가지로…."라고 가센하이머는 기자들에게 말했다. "한쪽이 없으면 다른 한쪽도 없다. 안타깝게도 미국에는 현재, 이후 수년간 필요로 하는 만큼의 전지를 시장이 요구하는 비용으로 제조할 생산력이 없다."

이 담화가 정부 지원으로 결실을 맺을 때까지 오래 걸리지 않았다. 비영리 산업단체인 전미 선진 테크놀로지 전지연합회 회장 제임스 그린버그는 2008년 6월 시카고에서 개최된 회의를 회상한다. "우리들은 시카고 지역의 산업계와 지방 정계의 리더를 초대했다."라고 그린버그는 말한다. "요점은 이러했다. 리튬 이온 전지는 잠재적으로 혁신적 기술이고, 그뿐 아니라 자동차 산업의 기초가 되어 대량의 중동산 석유를 대체할지도 모르나 중동의 석유 대신 아시아제 전지를 수입하게 될 가능성이 높다." 그린버그는 한 지역 정치가와 함께 일하고 있는 한 무리들과 이 신사업을 어떻게 쌓아가는 것이 최선인가를 이야기 나누었다고 한다. 한 번 더 회의를 열 것인가? 업계단체를 발족할 것인가? 드디어 그 정치가의 권유로, 그린버그는 전미 선진 테크놀로지 전지 연합이라고 불리게 되는 단체의 결성에 착수했다.

"2008년 중에는 대단한 움직임은 없었다."라고 그린버그가 말했다. "그렇지만 이 동료들의 상사라는 사람이 2008년 11월에 대통령에 선출되자 갑자기 누구라도 주목하게 되었다."

🔋 24억 달러의 융자

오바마 정권은 전지산업에 있어서 생각지 못했던 우군이었다. 2009년 2월 양원합동회의에서 행한 최초의 연설로 오바마 대통령은 미국제 플러그인 하이브리드차가 '한국제 전지'로 움직이고 있다는 굴욕을, 미국이 클린 에너지 경쟁에서 뒤쳐져 있다는 증거로 들었다.

오바마는 이미 2015년까지 100만 대의 플러그인 하이브리드 차를 판매할 것을 목표로 상정했다. 이 방향으로 크게 한 걸음 내딛을 찬스는 위기라는 형태로 다가왔다. 세계 경제가 파탄의 갈림길에서 요동치기 시작하자, 긴급지출이라는 피할 수 없는 상황에 이르렀다. 그러나 이것을 이용하여 클린 에너지 고용을 만들어 낼 리튬 이온 전지 산업을 처음부터 육성하는 기회로 하자고 오바마 정권은 생각한 것이다.

"1개월인가 2개월이 지났을 것이다. 나는 람 엠마누엘의 사무소로부터 이런 전화를 받았다. '경기 자극책을 취하게 되어 그 중에서 전지에 얼마를 투자하는 것이 결정되었는데 얼마나 필요한가?' 나는 '이것 봐라, 이건 흥미로운 질문이네.'라고 생각했다." 수명의 동료들과 이야기하고서 "20억 달러가 필요하다."라고 그린버그는 엠마누엘의 사무소에 전했다. "어느 정도 농담이 섞였지만, 그렇더라도 확실히 그 정도는 필요했다. 그랬더니 웬일로 그것이 정말로 실현되어 버린 것이다."

8월 에너지 성은 24억 달러의 융자처를 발표하고 대통령의 대리인은 이 소식을 전달하기 위해 각 처에 파견되었다. 에너지 성 장관 스티븐 추는 노스캘로라이나 주, 샤롯트에 있는 셀가드 사를 향했다. 이 회사는 리튬 이온 전지의 +극과 −극 사이에 들어가는 고분자 박막 세퍼레이터를 만들고 있다. "이것은 선진전지기술에 대한 단독 투자로서는 세계 최대이다."라고 추는 자금원에 대하여 말했다.[4] 셀가

드가 받은 4,900만 달러의 조성금은 고용창출, 수입석유에 대한 의존도 저하, 대기오염의 경감, 지구온난화 대책과 몇 배로 되어 되돌아올 매우 효과적인 투자이다. 이 투자는 2015년까지 100만 대의 플러그인 하이브리드 차를 판매한다는 대통령의 목표달성에 일조할 것이다. 그리고 무엇보다 중요한 것은 이로써 미국의 선진전지산업이 이륙하여 국가의 자동차 산업이 보다 클린하며 경쟁력을 갖추는 데 바탕이 되는 것이다.

조성금은 상대를 선택하여 지급된 것이 아니라고 해도, 적어도 받을 수 있는 범위는 한정되어 몇 십 개의 기업이 리스트로부터 빠져 있었다. 수급자의 상위 4개 업체—존슨 콘트롤, A123, 다우 코캄, 쉐보레 볼트용 전지를 공급하는 컴팩트 파워—는 벌써 디트로이트 지역에 공장을 건설할 계획을 가지고 있다. 근소한 차이로 5위인 에너델은 가동 중인 전지공장을 자동차 산업에 협력적인 도시인 인디아나폴리스로 벌써 가지고 갔다.

수령자의 리스트에서 많은 사람은 정치력이 작용하고 있다는 것을 알았다. "결국 우리 회사는 보상받는 단계에는 없었다고 생각한다."라고, 매사추세츠의 리튬 이온 전지 메이커 보스턴 파워의 CEO 크리스티나 란페 오넬드는 말한다. "우리들은 그다지 정치적으로 대상을 보지 않았다. 정말 좋은 물건을 만드는 기술 기회는 우리 회사가 가지고 있다. 그러나 그것이 다른 흐름으로 움직이고 있는 것을 우리는 100% 존중하고, 이해하고 있다." 이 회사는 중국에 새 공장을 개설

할 계획을 가지고 있었지만, 경기자극자금을 신청했을 무렵에는 계획을 유보했다고 그녀는 말했다. "조성금 신청 결과를 알게 된 날, 우리들은 중국 공장의 계획을 속행했다. 결국 그 3,000명의 고용 기회는 중국으로 가 버렸다."

자동차 산업의 실리콘 밸리

2010년 1월 비가 내려 얼어버릴 것 같던 날 에너델의 리튬 이온 전지 공장에서는 닦여진 콘크리트 바닥 위로 수십 명의 기자가 모여 있었다. 이곳은 이럭저럭 상업 규모를 갖춘 리튬 이온 전지공장으로서 그 시점에서는 미국에서 유일한 것이었다. 보안경을 낀 에너델의 노동자들이 우리들 등뒤를 둘러싸는 것처럼 서 있었다. 그것은 마치 미국의 창의와 그린 잡의 이미지 광고로부터 오려낸 한 장의 사진 같았다. 찰스 가센하이머가 성큼성큼 작은 스테이지에 올라가 인디아나폴리스 지구는 곧 "자동차산업의 실리콘 밸리로서 알려지게 된다."고 선언하고, 마르고 쾌활한 남성을 소개했다. 인디아나 주지사인 미치 다니엘즈이다.

다니엘즈는 마이크를 받았다. "나는 늘 엔진이 좋았습니다. 그러나 전기자동차가 우리 나라의 미래에, 세계의 환경과 경제에, 그 중에서도 우리 국가경제에 가지는 의미를 생각하면 저는 열렬한 전기자동차의 팬으로 전향했다고 말하지 않을 수 없습니다."

에너델은 뉴욕에 본사를 둔 에너원 사의 차량 그레이드 전지부문이다. 이 회사는 2004년, 에너원이 자동차 부품 메이커 델파이의 리튬 이온 전지관련 자산을 이 공장(우연히도 델파이는 GM의 EV1용 부품을 개발하고 있었다.)을 포함하여 인수했을 무렵에 조직되었다. 이 발표의 5개월 전 에너델은 1억 1,185만 달러의 조성금을 받았다. 이날 에너델은 그 몫으로 인디아나폴리스에 제3의 시설, 지금까지보다는 훨씬 큰 2015년까지 연간 전기자동차 12만 대의 리튬 이온 전지를 생산 가능하게 될 공장의 건설예정임을 발표하려 하고 있었다.

지원연설을 마친 다니엘즈 지사는 가센하이머에게 질의응답의 시간을 양보했다. 가센하이머는 그 시간을 이용하여 에너델의 사명을 안전보장의 문맥으로서 처음 표현했다. "외국산의 석유를 대신하여 해외의 전지산업에 의존해서는 안 됩니다." 마치 지방 가설 비행장의 이점을 검토하는 것처럼 가센하이머는 에너델의 물류가 우수하다는 것을 설명했다. 클래스 9의 위험물로서 생각되는 수백kg의 전지 팩을 운반하기 위해서는 고액의 비용이 든다. 미국 국내에서의 전기자동차 제조를 희망하고 있는 자동차 메이커에 있어서 인디아나폴리스에 공장을 둔 에너델은 형편이 좋다. 차량을 이용하여 북으로 5시간 정도의 디트로이트의 빅3에도, 남쪽에 있는 아시아나 유럽의 자동차 메이커 공장으로도 이동이 편리하다.

가센하이머는 키가 작고 안경을 쓰며 언제나 다크 수트를 입고 있는 뉴욕의 헤지펀드 관계자와 같은 외견과 언행의 소유자이다. 실제 그러하니 무리도 아니다. 2006년에 에너원에 들어오기 전에 가센하이머는 자산운영 담당자로, 그러한 입장에서 에너원에 의한 델파이의 리튬 이온 전지사업 인수에 투자했다. 초기 2년간, 신사업은 돈이 나가기만 했는데 '채무초과'이었다고 가센하이머는 말한다. 2006년 1월 그는 임원회로부터 CEO로서 맞이하고 싶다고 초청받아 에너지 저장 비즈니스의 전도자라는 현재의 일에 뛰어들었다.

우리들은 인디아나폴리스에서의 이벤트 2~3개월 전, 맨해튼에서 점심을 같이 했다. 가센하이머가 선택한 것은 팬클럽이었다(나는 그곳의 멤버였다.). 천장이 높고 판자를 댄 다이닝 룸에서 리튬 이온 전지 사업의 규모가 과거 3년 동안 얼마나 확대되었는지를, 가센하이머는 설명해 주었다.

"순서를 따라 가면 이렇다."라고 가센하이머는 말했다. "2007년 나는 자주 워싱턴으로 가서 여러 의원들 아래에서 일하는 많은 에너지 정책고문과 몇 번이나 미팅을 가졌다. 2008년에 그들은 주로 인디아나 주의 의원단이나 열광적 지지자들과 미팅을 열지 않으면 안 되었다. 너무 싫어하면서다." 열광적 지지자라고 하는 것은 예를 들어 워싱턴 주 제1선거구에서 선출된 제이 인스레이 하원의원이다. "2008년 마지막 무렵에는 이것이 대단한 주목을 모았다. 큰 돈이 움직였다. 첨단기술 자동차 생산촉진 프로그램에 의한 250억 달러의 직접 융자 프로그램이다. 에코카에 갑자기 250억이라니? 이건 대단한 일이다. 어떻게 되고 있는지 알아보지 않으면 안 되겠다고 생각했다. 이 해, 나는 대통령 본인 이외의 여러 사람들과 만났다. 록 가수처럼 사람들에게 휩싸여, 전화가 여기저기서 걸려왔다. 워싱턴에 와달라든지, 브라우너에 만나러 와달라든지, 램과 만나달라는 식으로….”

다음 1월 인디아나폴리스에서 필자는 훌륭한 물밑 선전비즈니스를 상세히 조사하고 있었다. 그날 아침 일찍, 우리들은 에너델의 기존 전지생산 라인을 견학했다. 그것은 새로운 시설로서 확장되거나, 이전과 같은 부분은 그 규모를 확대·설치하게 되었다.

이 순수 국산공장마저도 최초의 공정은 중국으로부터 수입한 전극분말이다. 전극분말은 전지를 작동시키는 활성 원재료를 포함한다. 세계 각처의 존 굿이노프와 같은 사람들이 수십 년 전에 연구실에서 만들어낸 기본적으로 리튬 베이스의 화합물로, 특허를 낼 수 있을 만큼 조금만 손을 봐서 공업제품용으로 한 것이다. 에너델의 배터리 셀 제조 제1단계에서는 투명한 액체 용제가 조합실로 파이프로 유도되어 그곳에서 전극분말, 카본 블랙, 결합제와 합쳐진 뒤 공업용의 피자 머신 같은 번쩍이는 거대한 금속 믹서에서 혼합된다.

다음으로 일종의 공업용 인쇄기(코팅 머신, 코터)가 길다란 금속박(양극은 알루미늄, 음극은 구리)의 시트에 끈적이는 액상의 전극을 도포한다. 도포된 전극재료 시트는 오븐 안을 통과하여 굳어진다. 에너델은 각형 즉 장방형의 전지('돌돌 마는' 원통형 전지가 아닌)를 만들고 있으므로, 다음 일련의 기계에서 전극재료를 단행본 사이즈의 장방형으로 재단한다. 전극의 표면에 트러블의 원인이 되는 이물질이 남지 않도록 표면에 브러시(솔질)와 베큐엄(진공흡입)을 건다.

온도와 습도가 조절된 드라이 룸에서 '세퍼레이터'를 사이에 끼우고 양극과 음극을 겹친다. 쓰레기 봉투와 같은 흰색 비닐로 밖에 보이지 않는 세퍼레이터는 별것 없어 보이지만 절대로 뺄 수 없는 존재이다. 그것은 양쪽 극이 접촉되지 않도록 하여 쇼트를 방지하면서 양쪽 극 사이에서 이온의 왕래가 가능하게 하는 것이기 때문이다. 다음으로 이 전극과 세퍼레이터의 샌드위치를 플라스틱 용기에 넣고, 그곳에 전해액을 채운 다음 진공 상태로 만든다. 이렇게 해서 만들어지는 것이 셀, 즉 전지의 구성단위이다.

다음 방에서는 충전의 공정이 행해진다. 셀이 플라스틱의 맥주 케이스와 같은 것에 수납되어 높이가 가슴까지 되는 금속제 케이스에 들어간다. 우선 셀의 예비충전, 즉 화학반응을 시작하는 정도만의 전력을 가한다. 그 다음 용기를 열어 발생한 기체를 방출한다. 다시 진공 상태로 만든 다음, 용량의 60%까지 충전하고 결함이 없는 것을 확인하기 위해서 14일간 놓아둔다.

최종 공정은 몇 개의 셀을 배선한 배터리 팩으로 완성하는 것이다. 조립기계에서 냉각가열장치, 전압감시회로, 개개의 셀의 오버히팅을 검출하는 서미스터를 붙인다. 셀을 묶어서 모듈을 형성하고, 그것을 케이스 안에서 한 번 더 묶어 배선 후 측정회로를 붙인다. 완성된 제품은 차량을 달리게 할 전기의 블랙박스이다.

보스턴의 수완가 교수

인디아나폴리스로부터 필자는 보스턴으로 날아가 A123의 옛 민 첸을 방문했다. 첸은 매사추세츠 공과대학(MIT) 캠퍼스 안에 있는 호텔까지 애마 프리우스로 나를 맞이해 주었다. 그 프리우스는 리튬 이온 전지 팩으로 구동하는 플러그인 하이브리드로 개조되어 있었다.

첸은 자신의 장난감을 자랑스럽게 내어 보이고 즐거워하는 타입의 열정적인 남성이었다. 그날은 MIT에 있는 첸의 연구실에서 출발하였다. 우리들은 프랑크 게리 설계로 악명 높은 스테이트 센터 1층에 차를 세웠다. 함석 지붕의 허술한 판자집같은 비가 샌다는 평판의 역사적 건물이다. 엘리베이터를 타고 첸의 사무실에 도착하자 첸은 진귀한 물건이 들어 있는 캐비닛을 열어 수수께끼 같은 물건을 차례차례로 필자에게 건네주기 시작했다. 그 하나 하나가 구조와 조성을 신중하게 조점함으로써 물질을 변화시키는 재료과학의 위력을 보여주고 있었다.

첸은 뭔가 알 수 없는 물질을 한 가지 보여주었다. 사탕 정도 크기의 회청색을 띤 젤리 모양의 입방체로, 얼어버린 연기처럼 보이는 가스와 같은 고체였다. 이 재료는 에어로 겔이라고 불려져 항공 용도의 단열재로서 사용되고 있다. 그 다음 첸에게서 건네 받은 것은 무지개

색으로 빛나는 붕소규산나트륨 글라스의 축구공 크기 덩어리였다. 이것은 세계 최대급의 천체 망원경의 반사경으로 사용된다. 그 다음 작은 플라스틱 케이스를 집어들었다. 안에는 컴퓨터의 마우스 정도 크기의 상아색을 한 타지마할 조각이 넣어져 있었다. 그것은 컴퓨터를 통한 명령을 플라스틱으로 전사하여 모형을 만든 3D 프린터의 작품이었다.

우리들은 홀의 건너편에 있는 연구실로 걸어가고 있었다. 그곳은 기름이 덕지덕지한 화학공장으로 아르곤 가스를 충전한 글러브 박스와 2,000℃의 고온을 발생시키는 가열로(퍼니스)가 설치되어 있었다. 첸과 학생들이 재료의 합성에 사용하는 것이다. 자신의 퍼니스는 MIT의 누구보다도, 아마 세계의 어느 연구실에 있는 것보다도 고온이 가능하다고 첸은 말한다.

우리들은 서둘러 아래층으로 내려와서 첸의 에코카로 향했다. 캠퍼스를 뒤로 하면서, 첸은 자신의 경력을 짧게 이야기했다. 첸은 MIT와 함께 살아왔다. 1958년에 대만에서 태어난 첸은 뉴저지, 코네티컷, 뉴욕에서 자란 후 1976년에 누이에 이어서 MIT에 입학, 재료과학과 공학을 전공했다. 첸이 처음한 연구는 석탄화력발전소로부터 플라이 애시를 회수하는 것이었다. 플라이 애시는 에너지 위기 시대에 자계 안에 고온 플라즈마를 방출하여 전류를 발생시키는 전자유체역학 등으로 이용이 검토되었으나 결국 실현되지 않았다. 졸업 후 첸은 MIT의 박사과정에 입학하여 그대로 조교의 직을 갖게 되었다. 2~3

번의 휴가연도를 제외하고, 첸은 대학을 떠나 기업에 취직한 적은 없다. 첸이 대학원을 졸업한 1985년에는 대기업이 기초연구를 삭감하고 있었던 것이 그 이유 중 하나이다. "내가 대학원생 무렵에는 사업을 하는 것에 대해 아무도 생각하지 않았다." 워터 타운 가까이에 있는 A123 본사로 찰스 강변을 따라 차를 달리면서 첸은 말한다. "세계적 기업 IBM과 경쟁하자는 것은 생각도 못했다." 그 후 바이들법이 성립하여 연방정부가 출자한 연구성과와 연관된 발명에 대해 대학이 법적 권리를 가지고 예를 들어, 기업의욕이 왕성한 교수에게 사용을 허가하는 것이 가능해졌다. 첸이 처음 설립한 회사 중 하나가 아메리칸 슈퍼컨덕터로서, 1987년에 MIT 교수 3명과 함께 설립했다. 아메리칸 슈퍼컨덕터(이 회사는 지금도 조업하고 있다.)는 고온 초전도체의 이용을 목적으로 하는 것이다. 1980년대 후반에는 세계의 모든 재료과학자들이 고온초전도체에 관심을 빼앗겨 초전도선, 초전도 모터, 그 외의 응용물을 상업적 규모로 제조하고자 했다.

물의를 일으킨 인산철리튬에 관한 논문을 2002년 「네이처」에 발표하기 전부터 첸과 공동 경영자들은 그의 연구의 분사화(分社化)를 시작하고 있었다. 그들은 민간 자본과 에너지 성으로부터의 10만 달러의 중소기업융자로 시작하여 곧 75만 달러의 보조금 채택을 에너지 성으로부터 받아 블랙 & 데커와 전동공구용 전지의 공급계약을 맺었다. 그 후 이 회사는 급속도로 확대되었다. 다음으로 합계 1,500만 달러나 되는 2개의 계약을 미국 선진전지협회(1990년대 전기자동차의 작은 붐으로 시작된 Big 3와 에너지 성에 의한 전기자동차용 전지 협력조직)와 맺었다.

곧 그들은 캐나다의 하이모션사를 인수했다. 이 회사는 종래의 하이
브리드차를 플러그인 하이브리드차로 개조하기 위한 배터리 팩을 판
매하였다. 세계 최고속의 전동 오토바이이고, 뛰어난 PR 재료도 되는
리튬 이온 전지 구동의 킬러사이클을 제조하고 있었다.

A123의 화려한 신규 주식공개(많은 시간이 지난 끝에 2009년 9월 24일에
행해짐)에 있어서는, 쉐보레 볼트의 전지계약을 LG화학에 **빼앗겼을** 때
도 커다란 데미지가 되지 않았다. 신규 주식공개는 대대적으로 진행되
었다. 「매드 머니」의 짐 크래머는 "이것은 2009년 가장 센세이셔널한
주식공개가 될지 모르겠다."고 했다.[5] 자동차용 리튬 이온 전지 시장
은 현재 3,190만 달러부터 2020년에는 740억 달러 규모의 시장으로
성장할 가능성을 간직하고 있다고 클래머는 설명한다. "그 엄청난 성
장세는 헤지펀드나 뮤추얼 펀드 등에서 갈급하게 구하고 있는 것이고,
그들은 실제로 A123에 투자하는 것이 될 것이다."라고 자신의 웹사이
트 기사에서 논하고 있다. A123은 설립 이후 1억8,600만 달러의 수익
에 대하여 1억 4,600만 달러의 손실을 내고 있음을 지적하며 의문을
가지는 사람들도 있었다. 하지만 그것은 A123의 주식공개 일에는 아
무 영향도 없었다.[6] 이 회사는 13달러 50센트에서 주식을 팔기 시작
했다. 종료가는 20달러 29센트까지 올라가 A123은 3억 7,800만 달러
를 조달했다. 이 주식공개에 의해 전기라는 단어의 발음을 흉내낸 서
툰 말장난이 차례로 생겨났고—A123이 '충전'되어, 시장이 '전기 충
격', '쇼크'를 받았다는 식으로—또한 A123은 제너럴 일렉트릭, 퀄
컴, 모토로라 등의 우량기업으로부터의 투자를 얻게 되었다.

필자가 방문한 수개월 후, A123은 2011년에 본사를 보스턴 교외의 별도의 장소로 옮기는 계획을 발표했으나, 그 당시 A123의 본사는 찰스 강 근처의 아세널이라고 불리는 19세기의 대포공장을 고급 오피스 가와 쇼핑 센터로 리모델링한 장소에 자리해 있었다. 그곳은 에너델의 갈색 중서부 공업지대적인 분위기에 비하면 탈공업화된 세련미가 있었다. 임원실은 밝고 통풍이 잘되고 사원들은 젊고 캐주얼한 복장으로 종류가 잘 갖추어진 자판기로부터 무엇이든 25센트로 살 수 있었다. "이전에는 무료였으나 조금 돈을 받는 것이 낭비를 줄일 수 있다는 것을 알게 되었다."라고 첸은 말한다. 브론즈의 특허증과 중역이 인기 사회자 제이 르노, 조지 W. 부시 전대통령, 영화감독 로브 로우 등의 저명인사와 찍은 사진액자가 벽에 나란히 걸려 있었다. 최근 컬렉션에 더해진 것은, 사장인 데이빗 비오가 타임스 스퀘어에서 행한 나스닥의 상장 세레모니에 참석했을 때의 사진이었다.

첸은 필자에게 만나는 사람 대부분을 소개해 주었다. 그 중의 한 사람, 법률고문 에릭 파이엔슨은 첸이 홍보나 고문 변호사를 사이에 두지 않고, 필자에게 하루 종일 사내견학을 허용하고 있는 이유를 가늠하고 있는 것 같았다. "취재입니까?"라고 그는 악수하면서 물었고, 경계하는 눈초리가 필자에게로 향했다. 파이엔슨은 간략하게 첸이 코멘트 가능한 범위의 기본원칙과 경고를 늘어놓고, 발언을 인용하려면 사전에 체크할 필요가 있다고 말했다. 필자는 미안하지만 그것은 불가능하다고 거절했다. "그렇다면 첸에게는 말할 수 없는 것이 있다는 것을 확실히 인식해서 아무쪼록 주의해 주었으면 합니다. 그렇지 않다면 일체 이야기할 수 없습니다." 첸은 필자 쪽을 향해서 히죽 웃었다. "미안합니다. 이런 걸 위해서 모시고 온 것은 아닙니다."

파이엔슨의 방의 벽에는 레이건, 아버지 부시, 클린턴 대통령의 사인이 들어간 사진이 걸려 있었다. 로스쿨에 들어가기 전 파이엔슨은 정부직원으로 테러 대책을 담당하고 있었다. 이전의 일에 대해 이야기하는 동안 파이엔슨은 마음을 터놓게 되었는지, 곧 A123과 리튬이온 전지업계의 전반적인 장래성에 대해서 이야기하기 시작했다. "닷컴 경기 무렵의 신흥기업을 떠올린다."라고 파이엔슨은 말한다. "지금은 같은 상황입니다."

우리들은 파이엔슨의 오피스를 뒤로 하고, 주차장을 가로질러서 연구개발 플랜트로 향했다. 그것은 발전소를 리모델링한 것이었다. 벽돌 굴뚝이 우뚝 솟고, 벽 전체가 창인 건물은 전지 공장이라고 하기보다는 양조장 직영의 고급 퍼브 같은 외관이었다. 이 공장은 기초적인 활물질을 제조, 시험, 해석하여 소수의 셀을 조립하고, 그것을 사용한 실험과 제품개발을 행하는 것에 완전히 이용된다. 에너델과는 달리 이 공장에서 A123은 원통형 전지를 만들고 있다. 옛날부터 가전에 사용되고 있는 형식이다. 전극을 책과 같은 각형으로 잘라 2개의 전극을 세퍼레이터와 겹쳐서 샌드위치 상태로 하는 대신, 이 프로세스에서는 전극·세퍼레이터·전극으로 조합한 것을 거대한 권취기(winder)에 걸어둔다. 길다란 시트상이 된 전지의 재료는 감겨져서 알루미늄 또는 철의 캔에 수납되도록 설계된 '롤'이 된다. 이렇게 해서 만들어지는 것이 일반적인 단3전지보다 조금 크고, 보다 고성능인 원통형 전지이다.

랩톱용 전지 중에는 이와 같은 작은 원통형 전지가 요구되는 전압에 도달하도록 몇 개의 직렬로 접속되어 있다. 휴대전화나 디지털 카메라에 들어가 있는 평평한 각형 전지도 거의 감아서 만들고 있다. 납작한 형태로 말아서 사각 용기에 집어넣는 것이다. 전지를 감아서 만드는 것은 자르고 겹치는 각형 전지의 제조공정보다 틀림없이 빠르고 싸다. 그러나 각형 전지의 이점은 표면에 접촉하기가 쉽기 때문에 냉각이 용이하다는 것이다. 이것은 문고 사이즈의 셀을 만들어 몇 백 개나 자동차에 적재시킬 경우 특히 중요하다. 각형 전지의 제조공정에는 아직 비용이 많이 들지만 전지 메이커와 자동차 메이커는 생산량이 늘어나면 비용이 절감될 것이라고 말했다.

A123은 전동공구용 전지의 제조부터 시작했기 때문에 그 제품의 대부분은 아직 원형이었지만 이것도 점차 변해갈 것이다. 2008년에 A123은 각형 전지를 제조하고 있는 한국 기업 에너랜드를 인수하였다. 조성금을 받은 미시간 주 리보니아의 신공장에서는 에너랜드의 공정이 채용되어 세계 도처의 고객을 향한 각형 전지를 제조해 가게 된다.

작은 권취실에서는 테스트용 전지를 만들 목적으로 전극재료의 시트가 캔 안에 봉입되고 있었다. 그것을 뒤로 하고 우리들은 은색을 띤 금속제 수조의 옆을 지나갔다. 나노 인산전극 재료가 섞인 검은 광택의 액체가 뿌려져 있었다. 고급 초콜릿이 묻은 공업용 보울 같았다. 청소담당자가 일을 태만히 하고 있었다. 우리들은 걸음을 멈추고 참상을 지켜보았다. 첸은 어깨를 위로 움츠렸다. "열어보면 전극의 내용물은 전부 검은 잉크 같은 것이다." 첸은 말했다. 그리고 2~3보 걸은 후 멈춰서서 부연했다. "하지만 검은 황금이다."

첸이 개조한 프리우스로 돌아오자 찰스 강을 따라서 서쪽으로 더 차를 달려 홉킨턴보다 더 교외에 있는 작은 공장을 향했다. 그곳에서 A123은 배전망에 사용할 거대한 전지를 조립하고 있다. 고속도로에 오르자 필자는 첸에게 물었다. "보스턴을 거점으로 하는 작은 회사가 대체 어떻게 일본·한국·중국의 거대 기업과 경쟁 가능한가?" 이에 "좋은 질문이다."라고 첸이 말했다. 간단히 말하면, 목표를 터무니 없이 높게 하는 것이라고 한다. "리스크가 높은 것을 하지 않는 한, 그다지 우위에 설 수 없다. 견실함을 쌓아서 경쟁하는 것은 성공의 비결이라고 말할 수 없다."

첸의 비즈니스는 중국 메이커에 있어서 매우 나쁜 이야기가 아니다. 필자가 방문했을 때, A123은 중국에 5개의 공장을 가지고 있었다. 그 모두가 우연히도 첸의 아버지가 자랐던 장쑤성(江蘇省)의 마을로부터 45분 거리에 있었다. 이 회사가 아시아에 공장을 둔 것은 블랙 & 데커용 전지를 제조하기 위한 최초의 거래에 있어서, 중국으로 진출하지 않으면 안 되는 것이 극히 명백해졌기 때문이다.

문제는 인건비만이 아니라고 첸은 말한다. 전지 제조는 어찌되었든 그렇게 노동집약적인 것이 아니다. 중국에서의 생산이 용이한 것은 인건비가 싸기 때문이라는 것만이 아니라, 새로운 공장을 건설하여 가동시킬 때까지의 스피드가 빠르기 때문이다. A123이 처음 건설한 전극분말 공장은 맨땅에서 생산까지 9개월밖에 걸리지 않았다고 첸은 말한다. 기계·철강·알루미늄이 필요하면, 높은 수준의 견본을 거의 즉석에서 입수 가능하다.

그러나 중국에서의 제조는 난점도 있다. 특히 잘 알려진 것이 지적재산권의 도용이다. "우리들은 세계 최첨단을 걷는 자사의 전지 제조 방법을 이 사람들에게 가르치지 않으면 안 되었다."라고 첸의 공동설립자 버트 레이리는 필자가 첸을 만난 수개월 전에 「시카고 트리뷴」에서 말하고 있다. "그리고 그 일부는 현재 우리 회사와 직접 경쟁하고 있다."[7]

그러나 첸이 가장 열중하고 있는 것처럼 보이는 신형 전지는 중국에서 조립하고 있지 않다. 개개의 배터리 셀은 중국제이다. 그렇지만 A123은 이 회사가 대기업으로 발전해 가는 데 있어서의 중요한 생명선이 되는 트랙터 사이즈의 배전망용 전지제조를 홉킨턴에서 행하고 있다.

우리들은 소나무로 둘러싸인 오피스 파크에 도착했다. 첸은 프리우스를 뒤쪽으로 돌려 충전 스테이션에 접속했다. 3개의 컨테이너가 하적된 플랫폼이 모여져 놓여 있었다. 이것이 A123의 거대한 배전망 사이즈의 전지이고, 각각이 다른 조립단계에 있었다.

A123 에너지 시스템 그룹의 엔지니어링 담당부장 버드 콜린스가 여러 가지 프로젝트에 대해 하나 하나 설명하며 공장을 안내해 주었다. 그것들은 전기승용차용 전지의 제조가 채산이 맞는 규모의 비즈니스가 될 때까지 회사를 유지하는 데 도움을 줄 것이다. 콜린스는 '유명한 자동차 메이커'의 신형 슈퍼카에 실을 리튬 이온 스타터(시동용) 배터리를 보여 주었다. 다음은 연방항공국이 유일하게 허가한 항공용 리튬 이온 전지이다. 이것은 세스나 사가 제트 엔진의 시동에 사용되고 있다. 곧 우리들은 거대한 흰색 판자가 겹쳐져 있는 장소에 도착했다. 뉴욕, 토론토, 샌프란시스코의 도시 버스의 지붕에 설치되는 것이다. 버스를 커다란 프리우스로 바꾸기 위한 350kg 한 개의 리튬 이온 전지이었다. 필요에 따라 200킬로와트(kW)의 전력을 만들어 내는 것이 가능하여, 버스의 운전기사가 액셀을 너무 밟지 않도록 주의하지 않으면 안 될 정도로 파워풀하다고 콜린스는 말한다. 지금까지 A123은 2,000개의 버스용 팩을 출하했고, 총주행거리는 650만km에 도달하고 있다.

우리들은 첸이 지구상에서 최대의 리튬 이온 전지라고 지칭하는 것의 안쪽에 서 있었다. A123은 그것을 SGSS(스마트 그리드 안정화 시스템)라고 불렀다. 대폭 개조된 길이 16m의 운송 컨테이너 안에서는 머리 위에 무기질 형광등이 밝혀져 고압전류의 화이트 노이즈의 우르릉

소리가 흩뿌려진 냉각 팬의 소음과 겹쳐졌다. 한편 벽에는 슈퍼 컴퓨터와 같은 전지의 집합체가 서있었다. 각각 8개의 트레이가 쌓여진 컴퓨터 랙이 18개, 1개의 트레이에 전지 모듈이 6개, 모듈 1개당 96개의 리튬 이온 전지의 단 셀 합계 8만 2,000개의 셀이 컨테이너에 수납되어 있다(쉐보레 볼트의 18kg의 배터리 팩에는 220개의 셀이 들어가 있다.). 그것은 어딘지 모르게 사이버 전쟁의 이동 사령부를 떠올리게 했다.

보이는 것 모두 인상적이었지만, A123은 어려운 문제에 직면하고 있었다. 텍사스 대학과의 소송은 아직 미해결이었다. 필자가 방문했던 날 첸은 플러그인 하이브리드의 신흥 메이커, 피스커 오토모티브와의 신규 계약에 기뻐하고 있었지만 피스커는 다른 주요한 신규참여 전지자동차 메이커와 비교하여 의문시되는 것이 많았다. 사실, 에너델은 피스커와의 거래를 미루고 있었다. 거래에는 피스커에 대한 투자가 포함되어 있어 그와 같은 계약에 에너델은 가치를 찾지 못한 것이다(에너델은 이미 자동차회사 —미국에 2011년 상륙예정인 유럽 스타일의 실질적이고 강건한 전기 마이크로 카를 제조하고 있는 노르웨이의 싱크 사—의 주식을 보유하고 있다.). A123은 모험을 걸고 현금과 주식을 조합하여 2,300만 달러를 피스커에게 제공했다. 이 협정에 대해 좀더 이야기하면 에너델과 싱크의 거래도 페이 투 플레이(추가 투자를 하지 않으면, 투자가의 우선권을 잃어버리는 계약조건)와 같은 것이라고 평하는 사람도 있다. 한 업계 관계자는 이러한 종류의 거래를 볼 때 미국 전지 메이커의 필사적인 모습이 엿보인다고 필자에게 말했다.

🐘 아시아의 거인

미국의 전지 업계가 국가의 조성금을 받기 상당히 이전부터 리튬 이온 전지 시장을 지배하는 한국·일본·중국의 메이커들은 영토를 확장하고 있었다.

2008년 5월 당시 세계 최대의 리튬 이온 전지 메이커였던 산요는 폭스바겐 그룹과 제휴하여 폭스바겐 및 아우디용 전지를 제조한다고 발표했다.[8] 산요는 이 사업에 2015년까지 7억 6,500만 달러를 지불하겠다고 말한다. 그 해 7월에는 파나소닉이 약 10억 달러를 투자하여 월생산 5,000만 개의 리튬 이온 셀 공장을 오사카 부에 건설하는 것을 검토하고 있다고 발표했다.[9] 또 1개월 후, 미쓰비시가 전지 메이커인 GS 유아사와 협력하여 새로운 리튬 이온 전지 공장을 시가 현에 만들 의향을 표시했다.[10] 닛산과 NEC의 합병회사인 오토모티브 에너지 서플라이는 닛산이 지금부터 출하할 전지자동차(이 시점에서 리브는 공식발표되지 않았다.)에 사용되는 전지를 제조한다는 계획을 발표했다.[11]

찰스 가센하이머는 2008년 워싱턴 D.C.에서 개최된 전기자동차 회의에서의 강연 중 붐이 진짜라는 증거로서 닛산이 앞서 1억 5,000만 달러 정도를 들여서 12대의 전극 도포기를 구입한 사실을 실례로 들었다.[12] 자동차 메이커가 전기자동차 개발에 열심인 것, 이번에 전기자동차는 사라져 없어지지 않는다는 것에 대한 확실한 조짐이 있다고 가센하이머는 논했다.

그러나 가센하이머는 닛산의 투자를 매우 커다란 위협으로 보았을지 모른다. 일본만이 아니라 중국이나 한국의 기업도 준비를 하고 있었다. 중국에서는 선전(深圳)과 텐진(天津)의 전지 업체가 생산량을 늘려가고 있었고, 그 중에는 자동차를 제조할 의향을 나타내는 곳도 있었다. 그로부터 1년 이내에 중국 정부는 세계 전기자동차 시장의 제패를 공식적인 국가목표로 삼았다. 한국에서는 LG 화학이 공장 하나를 연간 65만 개의 쉐보레 볼트용 셀의 생산에 할당할 것을 계획하였을 뿐 아니라,[13] 삼성(三星)도 이후 5년간 최대 4억 달러의 비용으로, 독일의 보슈와의 합병에 의한 자동차 회사를 세우고자 하고 있었다.[14] (현재 삼성과 보슈의 합병은 해제되었으며, 이후 보슈는 일본의 GS유아사와 합병회사를 다시 만들었다.)

이들 기업이 건설하고 있었던 신공장은 어느 것이나 5만m² 규모의 거대한 것이었다. 필자가 방문한 에너델 공장의 5배이다. 중국의 BYD 사는 많은 아시아의 메이커가 어느 정도 규모에 도달하고 있는지 나타내는 좋은 사례이다. 세계 제5위의 리튬 이온 전지 업체 BYD의 3만 명의 노동자는 10만km²에 걸친 선전(深圳)의 이 회사 부지에 있는 고층 사원기숙사에 살고 있다.[15] 그들은 매일 12시간 일한다. 2010년 초 한 산업 애널리스트는 BYD는 가까운 장래 틀림없이 세계 4위의 리튬 이온 전지 업체가 될 것이라고 필자에게 말했었다.

전지업계의 거인이 탄생한 것은 2008년 가을, 파나소닉이 산요의 인수계획을 발표한 때이다. 거대한 전지 메이커를 만드는 것만이 인수 뒷면의 숨겨진 전략이었다고, 많은 애널리스트의 공통된 의견이었다. 당시, 한 일본의 애널리스트가 이와 같이 「뉴욕 타임스」에 말했다. "이것은 1 더하기 1이 2가 아닌 3이 되는 거래와 같이 생각된다. 그 전지사업은 틀림없이 세계급이다."[16] 모든 전지사업(리튬 이온에 한정하지 않고)을 포함하여, 산요에는 그 해 50억 달러 상당의 매출이 있었고 혼다, 포드, 푸조-시트로앵과 제휴하고 있었다(한편으로 일본은 경영 위기에 처한 산요의 외국자본인수를 우려하였으며, 합병은 결과적으로 시너지를 발휘하지 못하고 현재 리튬 이온 전지 업계 2위로 전락했다.).

"전지 메이커는 소형전기제품만이 아닌 전기자동차도 더해지며, 자신들의 시장이 약 1,000배 단위로 확대되는 것을 알고 있다."고 폭스바겐 아우디의 전기자동차 담당부장이 되어 있었던 마틴 에버하드는 말한다. 필자가 이야기를 들은 2010년 4월에 에버하드는 전지를 구하기 위해 아시아 출장에서 돌아온 직후이었다. "메이커는 그러한 것에 관심이 쏠렸다. 그것이야말로 투자할 만한 가치가 있다는 것을 알게 된 것이다. 나는 일본과 한국에 다녀왔는데, 그곳에서 본 것은 상당히 유망한 기업이 실로 많이 있다는 것이다." 지금 현재, 이 분야는 무엇 하나 확립되어 있지 않은 점을 에버하드는 강조했다. 가장 이상적인 리튬 이온 전지의 형태마저도 의견이 정리되어 있지 않은 것이다. 소형의 원통형인가? 대형의 원통형인가? 각형인가? 파우치형 전지인가? "미개척지 같은 것이다."라고 에버하드는 말한다. "모두 토지가 있는 동안에 자신의 것으로 해버리려고 한다. 최종적으로 어느 것이 좋은 토지이고, 어느 것이 나쁜 토지인지 아는 것은 아직 이후의 일인 것이다.”

“곧잘 ‘우리들은 전지의 레이스에서 이길 것인가?’라고 질문받는다.”라고 제임스 그린버그는 말한다. “거기에 대해서 나는 이렇게 말한다. 이것은 레이스가 아니다. 복싱 시합이다. 우리들은 제1 라운드에 나서지도 않았다. 제2 라운드에서 한방을 먹었다. 제3 라운드, 제4 라운드에서 넉아웃될 것 같다. 아무도 파나소닉이나 NEC나 LG화학에게는 상대가 될 수 없으니까…. 그래도 복싱에서 이길 요령은 가능한 한 오래 버티는 것이다. 그러면 제5 라운드나 제6 라운드에서 왼쪽 훅을 칠 수 있다. 미국에 있어서 왼쪽 훅이란 기술이다.”

그러나 아시아의 기업도 연구개발에 막대한 비용을 쏟아부어, 새로운 기술을 개발하고 있다. 그것은 즉, 미국의 신흥 리튬 이온 전지 메이커의 장래에 예사롭지 않은 난관이 기다리고 있다는 것이다. 특히 그것은 A123에 해당된다고 에버하드는 생각한다. “A123은 앞날이 보인다.”고 에버하드는 말한다. “그 회사의 기술에는 좋은 점이 없다. 에너지 밀도가 너무 낮고, 그 해결책이 없다.” 에버하드는 파나소닉이 3.4볼트 4암페어시(Ah)의 용량을 가지는 18650형 셀의 발매 계획을 발표한 것을 언급했다. “인산철 전지의 약 3배의 성능이다!” A123의 당초의 강점, 즉 성분이 본질적으로 안전한 것은 중요하지 않다고 에버하드는 주장한다. 에버하드에 의하면 안전은 시스템 엔지니어링의 문제이다. 무엇보다 전지 메이커가 전력을 쏟아야 하는 것은 에너지 밀도를 높이고, 코스트를 낮추는 것이다. 코스트 경쟁에 있어서 명백히 가장 유리한 기업은 당연히 시장 점유율이 높은 기존기업이다. 이들 기업은 시설을 감가상각하여 벌써 연간 몇 십억 달러나 벌고 있는 것이다.

전지 공장을 납입처인 자동차회사 근처에 두어야 한다는 주장은 일리 있다. 무게 수 톤의 화물을 해외로부터 운송하는 것은 시간과 비용의 낭비이고, 거리가 멀어지면 조달책임자를 떨게 하는 예측불가사태(항만 노동자의 스트라이크, 세관에서의 트러블 등)가 일어날 가능성도 늘어난다. 그러나 미국 국내에서의 전지제조를 안전보장문제라고 하는 주장은 정당화가 어려우며, 또 전지는 수입품이라도 가능한 한 빠르게 국내의 고용을 창출하여 탈석유를 이루는 것과 어느 쪽이 이익이 큰지 비교 검토하는 것이 필요하다. 뭐라 하든지 외국 산의 전지는 외국산의 석유와 비교할 수 없다. 고성능의 자동차용 전지는 몇 년이나 유지되는 첨단기술로 설계된 상품인 것이다. 석유는 매일 몇 백만 배럴이나 구입하여 연료로 태워버리는 물건이다.

안전보장을 중요시하는 미국인에게도 전지는 수입하면 된다고 생각하는 사람이 있다. "예를 들어 기후변화가 걱정이라면, 최우선으로 생각해야 할 것은 전지 기술을 얼마나 빨리 시장에 침투시킬 것인가이다."라고 글로벌 안전보장 분석 연구소 소장 갈 루프트는 말한다. 이 연구소는 워싱턴 D.C.의 싱크탱크에서 에너지 안전보장 문제를 주로 다루고 있다. "10년 후도 20년 후도 아닌 지금이다. 그래서 중국이 그것을 한다고 해도 좋고 일본이라도 좋다. 미국이라면 더욱 좋다. 음, 그러길 바란다."

그것을 가능하게 하는 열쇠는 분명히 코스트 삭감이다. "중요한 것은 용량 1킬로와트시(kWh)당 가격이다."라고 에버하드는 말한다. "테슬라의 전지와 같은 것을 생각해보자. 단락 짓기 쉬운 숫자로서 50킬로와트시(kWh), 2만 달러, 무게 500kg이라고 한다. 여기서 2가지 선택이 가능하다. 첫 번째로는 에너지 밀도가 5배, 즉 무게 500kg부터 100kg이 되는 이외에 똑같은 전지, 두 번째로는 전지의 코스트가 5분의 1로서, 2만 달러의 물건이 4,000달러가 되는 것이다. 어느 쪽의 세계가 나은 것일까? 첫 번째 세계에서는 테슬라 로드스타는 훌륭한 자동차가 된다. 정말 좋은 스포츠카이다. 두번째의 세계에서는 가솔린이 불필요하게 된다."

코스트라는 장벽

업계의 응원단인 제임스 그린버그는 기대에 찬물을 끼얹은 것처럼 식어 있었다. "우리들의 생각으로는 전기자동차와 배전망 안정화 기술을 채용하는 데 있어 유일한 최대의 장애는 전기화학적 에너지 저장 코스트가 같은 기능을 다하는 경쟁기술에 비해서, 현재로는 상당히 비싼 것이다."라고 그린버그는 말한다. "그 문제가 해결될 때까지, 크게 동요할 필요가 없다."

그린버그는 「케즘」의 저자 페프리 A. 무어가 신기술을 대량으로 판매하는 어려움에 대해 이야기한 1절을 자주 인용한다. "하이테크 마케팅과 하이테크 산업계의 과거 경험을 보면, 이러한 혁명적 기술을 최초로 받아들이는 시장이 비교적 간단하게 손에 들어오는 것을 알 수 있을 것이다. 우리들은 EV나 PHEV(플러그인 하이브리드 전기차)를 프리우스를 산 사람들에게 파는 것이 가능하다. 거기에 의문은 없다. 그러나 그것은 경제적으로 지속 가능한 시장이 아니고, 정치적으로도 지속 가능한 시장이 아니다. PHEV와 EV의 시장은 유복한 소비자와 정부의 보조금만 의존하지만, 5년만 되면 보조금은 없어지기 때문이다. 즉, 전혀 의식이 없는 특히 신기술에 흥미가 없는 미국의 일반 소비자에게 어떻게 EV를 팔면 좋을지를 파악하기 위해서 주어진 시간은 상당히 짧은 것이 된다. 사견으로는 아마 5년 이내일 것이다. 소비자는 자신들이 지금 가지고 있는 제품보다 아주 조금 좋은 것이 필요한 것 뿐이다."

그 때문에 차량 그레이드의 리튬 이온 전지가 보다 싸지지 않으면 안 된다. 보다 대담한 가격수준은 미국 선진전지협회(USABC)로부터 나왔다. 전지만으로 15km/h 달릴 수 있는 플러그인 하이브리드 차용으로서, 킬로와트시(kWh)당 300달러, 볼트와 같은 65km/h로 달리는 플러그인으로 킬로와트시(kWh)당 200달러라는 것이다. USABC 회장이고 포드사의 에너지 저장전략 상급 매니저이기도 한 테드 미러는 목표를 설명한다. "우리들은 모든 차량과 경쟁력이 있는 플러그인 전기차를 만들고 싶다. 그것이 200달러의 목적이다." 1킬로와트시(kWh) 당 200달러는 대담하고 말하자면 노력의 목표이다. 미러 자신은 그것을 가능하게 할 기술은 연구실에서도 아직 본 적도 없다고 한다.

그러하더라도 자동차 메이커와 전지 메이커가 공개하지 않은 한 내부시산에 의하면 세계 최대급의 기업 수개 사가 리튬 이온 전지 구동의 전기자동차에 수십억 달러를 투자하고 있는 것이 이 계산을 성립할 가능성을 나타내고 있다고 한다. "작년 우리들은 여러 가지 형식의 리튬 이온 전지에 대해서 벤치 마크 조사를 행했다."라고 전력연구소의 에너지 저장 애널리스트 덴 레슬러는 말한다. "판매업자의 회답은 제각각이었다. 그래서 한번 더, 보다 구체적인 숫자를 들어달라고 부탁했다. 움직이는 표적을 맞히는 것 같은 것이다." 그러나 그 버텀업(Botton-up) 분석으로부터 현재 자동차에 들어가 있는 대형 각형 셀이 장래에는 현재 일용품으로 팔려지고 있는 가정용 리튬 이온 전지와 같은 정도의 코스트가 되지 않을 이유가 없다고 레슬러는 생각했다. 2010년 봄의 시점에서, 리튬 이온 전지는 벌써 kW당 600달러 정도까지 코스트가 내려가 있는 것을 알고 있고, 이것은 같은 일을 하도록 설계된 납축전지 모듈과 같다고 레슬러는 말한다. 아르고네 국립연구소의 폴 낼슨과 다니로 산티니에 의한 연구결과는 이 계산과 일치하고 있다.

"코스트는 급속으로 저하하고 있다."라고 옛 민 첸은 말한다. "전지의 코스트 내역의 원 그래프를 보면, 돌출되어 높은 것은 하나도 없다." 수소연료전지가 고가인 것은 주로 백금촉매를 사용하고 있기 때문이라고 첸은 말한다. 백금은 고가이고, 쉽게 그 대용이 될 물질이 아무것도 없기 때문이다. 한편, 리튬 이온 전지에서는 "컷 가능한 것이 많이 있다."

대량 생산되지 않는 한 전기자동차는 대다수의 소비자에게 있어서 너무 고가이다. 그 주된 이유는 수작업된 신형 전지가 고가이기 때문이다. 그러나 전기자동차가 몇 십만 대나 도로를 달리게 될 때까지, 그 전지가 양산되지는 않을 것이다. 규모에 대한 이러한 근본적 딜레마를 해결함과 동시에 첸이 보여준 거대한 배전용 전지는 실제로 유용할지 모른다.

배전용 전지와 차재 전지에서는 경제적 사정이 상이하다. 현재의 배전망은 바보스러울 정도로 비효율적이므로, 시스템에 조합해서 넣을 대형 리튬 이온 전지에 조금만 투자한다면 곧 이익이 생긴다. 첸과 버드 콜린스에 의하면 A123이 배전용 전지 비즈니스에 참여한 유일한 이유는 전세계적인 에너지 회사 AES로부터 전화로 부탁을 받았기 때문이었다. "이것은 완전히 금전적인 동기때문이다."라고 콜린즈는 말한다. 에너델도 배전용 전지시장에 참여하고 있어, 우선은 포틀랜드 제너럴 일렉트릭에 풍력과 태양광 발전용으로 1메가와트의 전지 5기를 공급하는 것으로 되어 있다. 바람이 불고 있는 때나 태양이 비치고 있을 때 발전한 전기를 여기에 저장해 두면, 언제나 이용 가능하다는 것이다.

전지의 코스트를 보다 낙관적으로 하고 있는 것은 실리콘 밸리의 고참인 것 같다. 컴퓨터 관련 코스트가 거저나 다름없는 수준까지 축소된 것을 생각하면 놀랄 필요가 없다. 마틴 에버하드에 의하면, 더 이상 내려가지 않는다는 것은 리튬 이온 전지에는 존재하지 않는다. "무엇이 바닥가인지 알 수 없다."라고 에버하드는 말한다. "그러한 개념을 믿고 있지 않다. 그보다 절대로 싸질 수 없다는 바닥을 몇 개의 회사가 치고 나오는 것을 나는 보아 왔다. 그리고 다른 회사에 가 보면 벌써 그보다 아래의 가격이 되어 있다."

연구개발과 공장·기계, 인건비와 운송비, 전기세와 수도세를 지불해 버리면 최종적으로 남는 코스트는 원재료라는 것이 된다. 그리고 전지 붐이 시작되자, 그때까지 대량으로 채굴이나 거래가 없었던 리튬의 입수에 대한 우려가 전기자동차 시대에 피할 수 없는 새로운 문제를 야기하게 되었다.

[주]

(1) Bill Vlasic, "Ford Scion Looks Beyond Bailout to Green Agenda," *New York Times*, November 24, 2008.

(2) Sholnn Freeman, "GM Says Batteries for Volt Might Not Be U. S. Produced," *Washington Post*, September 18, 2008.

(3) David E. Zoia, "All Charged Up," *Ward's Auto World*, November 1, 2008.

(4) Official transcript of Steven Chu's remarks, www.energy.gov/7751.htm.

(5) "Cramer's IPO Play----A123 Systems," http://maddmoney.net/cramers-ipo-play-a123-systems/.

(6) Erin Ailworth, "IPO Fuels Prospects of Battery Makers," *Boston Globe*, September 25, 2009.

(7) Don Lee, "Battery Recharges Debate About U.S. Manufacturing," *Chicago Tribune*, May 16, 2010.

(8) "Volkswagen, Sanyo to Develop Lithium-Ion Batteries," Reuters, May 28, 2008, www.reuters.com/article/idUST26662320080528.

(9) "Panasonic to Build Lithium- ion Battery Plant in Osaka," JCN Newswire, www.japancorp.net/article.asp?Art_ID=19219.

(10) "Lithium Energy Japan Secures Plant Site and Buildings for World's First Mass Production of Large Lithium- ion Batteries for EVS," Lithium Energy Japan press release, www. gsyuasa- lp.com/News/LEJ_20080806e.pdf.

(11) "Nissan and NEC Joint Venture----AESC----Starts Operations," Nissan press release, www.nissan-global.com/EN/NEWS/2008/_STORY/080519-01-e.html.

(12) "Ener1, Inc. at Jefferies & Co. Global Clean Technology Conference," FD (Fair Disclosure) Wire, October 22, 2008.

(13) John Voelcker, "Global Market Review of Hybrids and Electric- Drive Vehicles----Forecasts to 2015," *Just-Auto*, April 2009.

(14) David E. Zoia, "All Charged Up," *Ward's Auto World*, November 1, 2008.

(15) Amy Hsuan, "Governor Sees Hybrid as Green Fit for Oregon," *Oregonian*, November 23, 2008.

(16) Taro Fuse and Kentaro Hamada, "Panasonic in Tentative Deal to Buy Sanyo," *New York Times*, November 2, 2008.

시굴자들

🪨 피크 리튬과 9·11 음모론

2006년 12월 윌리엄 타힐이라는 이름의 에너지 애널리스트가 「리튬의 결함」이라는 제목의 논문을 인터넷에 투고했다.[1] 거기에서 타힐은 리튬 이온 전지를 베이스로 전기자동차를 부활시키는 것은 "또 다른 유한 자원에 대한 의존으로 석유를 대신하여 리튬 중독이 되는 것밖에 안 된다."라고 주장했다. 타힐의 분석에 의하면, 세계의 리튬 매장량은 턱없을 정도로 부족하여 경제적으로 거래되는 리튬의 양은 리튬 이온 전지로 구동하는 전기자동차로의 세계적 전환을 받쳐주기에는 무척 부족하다. "만약 세계가 석유 대신에 리튬 이온 베이스의 전지를 추진한다면, 남아메리카가 새로운 중동이 될 것이다. 볼리비아는 앞으로 사우디아라비아를 훨씬 뛰어 넘는 주목을 받게 될 것이며, 미국은 다시 중대한 전략광물을 국외의 공급원에 의존하게 되고, 한편 중국은 대량의 리튬 매장량이 있기 때문에 상당량 자급이 가능할 것이다."

그 해의 전반기에 타힐은 별도의 논문을 발표했다.[2] "그라운드 제로…, 세계무역센터는 핵으로 파괴되었다."라고 하는 것이었다. 타힐은 2001년 9월 11일에 피납된 여객기가 투윈 타워에 충돌함과 동시에 세계무역센터 지하 75m 정도에 '비밀리에 설치되어 있던' 2기의 원자로에서 체르노빌형의 멜트다운이 고의로 일어났다고 주장했다. "정부는 계획을 알고 있으면서 방치했다."는 설을 타힐은 취하지는 않았다. 민간기업이 빌딩의 해체에 이용하는 제어폭파 해체와 같은 기술도 타힐의 말대로라면 그날의 사건을 설명 가능한 것이 아니다. "투윈 타워가 단순한 일반적 제어폭파 해체를 훨씬 뛰어넘는 것에 노출된 것은 압도적이고도 논쟁의 여지가 없는 증거가 있다. 그것은 핵폭발에 의해 완전히 분쇄된 것이다. 누가 비밀리에 원자로를 세계무역센터(WTC)의 지하에 설치한 것인가?" 타힐은 알고 있다고 말하지는 않았다. 그러나 타힐의 지적에 의하면 초기의 핵실험은 트리니티 실험이라고 불리고 "WTC의 근처에 있던 교회는 흥미롭게도 트리니티 교회라고 불리고 있었다."

이 음모론은 타힐의 신용을 손상되게 하지는 않았다. 적어도 바로는…. 수많은 미디어 보도가 타힐에 의한 '피크 리튬'의 경고에 달려들었다. 치명적인 자원부족 때문에 전기자동차의 부활은 시작되기도 전부터 파경이 될 운명이라는 인식이 곧 세간에 넘쳐나서 「포브스」나 「케미컬 위크」와 같은 주류의 출판물에도 언급되었다.[3] 돌연, 전기자동차의 부활을 보도하는 신문이나 잡지 기사에도 리튬 이온 전지 의존의 말로를 나타내는 타힐의 틀에 박힌 경고가 보이게 되었다.

그러한 기사에는 대략 지질학자 R. 키스 에반즈에 의한 반론도 실려 있었다. "전혀 엉터리다."라고 에반스는 필자에게 말했다. 우리들은 라스베이거스의 시저스 팰리스 호텔의 복도를 걷고 있었다. 그가 담배를 피우기 위해 카지노로 가는 것을 붙들었다. 필자는 리튬 공급 논쟁의 뒤편에 있는 진실을 찾으려고, 제2회 「리튬의 공급과 시장」 연차회의에 와 있었다. 타힐이 상도를 벗어난 것을 알고 있었지만,

그것만으로는 반드시 계산이 잘못된 것이 아니었기 때문이다. 신뢰할 만한 많은 인물들이 역시 세계의 리튬 공급량에 불안을 표명하고 있었다. 예를 들어, 전기화학을 대표하는 거물 도날드 세드웨이는 그러한 걱정 때문에 리튬을 환멸하고 있었다. "나는 의문을 가지기 시작했다. 간단히 입수가 가능한 리튬은 지구상에 얼마만큼 있는 것인가?"라고 세드웨이는 말한다. "안정된 리튬 자원은 어디에 있는가? 볼리비아와 칠레의 국경에 있는 염호(소금 호수)와 중국이다. 중동도 아니지만 유타 주도 아니다. 그래서 이렇게 생각하게 되었다. 우리가 석유를 수입하는 대신에 리튬을 수입하게 되는 것인가? OPEC 대신에 LiPEC이 만들어지면—아니, 리튬 수출국기구이니까 OLEC인가—리튬을 가진 자들이 마음대로 가격을 올리는 것을 어떻게 막을 것인가?"

카지노로 내려가는 긴 에스컬레이터 위에서 에반즈는 자신이 피크 리튬 논쟁에 참여하게 된 경위를 설명했다. 필자는 논쟁의 발단에 대해서 질문한 것은 아니었다. 질문한 것은 쉐보레 볼트 발표로부터 수개월은 리튬 이온 전지 반대론을 차례차례 발언한 도요타가 최근에 오로코브레라는 작은 리튬 생산업자의 소유주식을 사들인 것은 왜인가라는 것이었다. 그러나 에반즈에게 있어서는 그 이야기는 타힐로부터 시작되는 것이었다. 타힐의 논문이 세간에 의식되게 되면서, 장래에 리튬의 대량 매입 참여를 생각하는 어떤 대기업도 사태를 조사하여 필요하다면 리튬을 확보하기 위한 대책을 강구하도록 조달담당자와 애널리스트들에게 명령할 것이라고 에반즈는 시사했다.

모든 것이 급속도로 일어났다. 볼트 데뷔로부터 2년 후 런던에 본사를 둔 업계지 「인더스트리얼 미네랄스」는 제1회 리튬의 공급과 시장회의를 세계 리튬의 중심지인 칠레에서 개최했다. 1년 후의 제2회 회의까지 도요타는 완전히 생각을 바꾸어 아직 광산의 조업을 시작하지 않은 회사의 공동소유자가 되었다. 그 회사의 유일한 세일즈 포인트는 아르헨티나 최북부에 있는 유망한 염류평원의 채굴권을 가지고 있는 것이었다.

리튬 공급에 대해서 비관론은 에반즈의 노력에도 불구하고 이어지고 있었다. 타힐이 리튬의 문제점을 발표하니 에반즈는 기절할 만큼 화를 내었다. 에반즈는 리튬 공급의 연구에 40년 가깝게 종사해 왔다. 처음 일을 시작한 1970대 전반에는 짐바브웨에서, 그리고 1970년대 후반의 플라잉 스타트의 시기에는 조업 중인 것으로서는 세계 최대로 가장 순수한 광물 공급원인 칠레의 아타카마 염호(소금 호수)에서였다. "나는 현역으로 복귀하지 않으면 안 되겠다고 생각한 것이다."

타힐에 대한 대답으로서 에반즈는 세계의 리튬 공급량을 독자적으로 계산한 「풍부한 리튬」이라는 보고서를 썼다.[4] 그 내용 중에 에반즈는 미국 지질조사부가 1975년에 개최한 긴급회의에 대해 언급했다. 그것은 2000년에 시작되는 것이 상정된 절박한 핵융합로용 리튬 부족을 경고하는 것이었다. 그 공포로 인해 처음으로 전세계 리튬 공급량의 계산이 신중하게 행해진 것이었다. 1975년의 회의로부터 수년간, 리튬 매장량에 대한 데이터는 몇 배로 늘었다. 에반즈가 타힐에게 회답을 쓴 시점에서의 세계의 리튬 매장량은 금속 리튬으로 약 2,840만 톤(또는 리튬이 생산 판매되는 가장 보통의 형태인 탄산리튬으로 1억 5,000만 톤)이 되어 있었다. 연간 리튬 수요량은 1만 6,000톤이다. 특히 이번의 리튬 붐 확대에 따른 탐사와 연구를 계산에 넣어도 거의 걱정할 것은 없어 보였다.

논쟁은 이어졌다. 타힐은 「리튬의 문제점 2 : 현미경 아래에서」로 반격했다.[5] 이번에는 에반즈를 지명하여 이론상으로 풍부한 지각에 포함된 리튬 공급량과 경제적으로 추출가능한 리튬을 혼동하고 있다고 비판했다. 에반즈의 인내도 한계에 달했다. 에반즈는 반론의 논문을 인터넷상에 투고했다. 그 절반은 새로운 탐사와 정보에 기초하여 계산을 상향수정한 리튬 매장량의 최신 정보였고, 나머지 절반은 타힐을 직접 비난하는 것이었다.[6]

"전세계의 리튬 매장량과 자원은 이전의 수치로부터 2,990만 톤 조금 증가함. 이 수정은 전일 발표된 보고서에 대한 회답으로서 써진 것임. 그 보고서란 자원을 대폭 과소평가한 몇 가지 점에서 어이없는 소동임."

이것이 초록 전체 문장이다. 그랬지만 여전히 정부·중개상·자동차 업체·전자 업체는 그 주에 빠짐없이 라스베이거스에 모여 이후 수십 년 에너지 저장에 빼놓을 수 없는 것으로 돌연 부상하게 된 광물의 공급에 대하여 열심히 이해하려고 하였다.

🎭 제2회 리튬 공급과 시장 회의

회의 전야의 칵테일 파티에서는 공작 깃털로 장식한 반라의 쇼걸 5명이 테슬라 로드스타, 2대의 전동 바이크, 전기자동차로 개조한 드로리언 앞에서 「비바 라스베이거스」를 춤추었다. 참가자들은 젊었고 주로 남성으로, 한국·일본·프랑스·독일·스위스·이탈리아·칠레·볼리비아·페루·아르헨티나·브라질·멕시코·캐나다·오스트레일리아·노르웨이·세르비아·영국·미국의 여러 주들로부터 조사를 목적으로 와 있었다.

컨벤션 센터의 회의실 중앙에 놓인 스탠딩 테이블의 주변에서 필자는 국방비축 센터의 직원 두 사람에게 말을 걸었다. 그 중 한 사람은 30세 정도의 남성으로, 리튬 시장과 리튬 이온 전지 전반에 대해서도 실은 아무 것도 알지 못한다고 들떠서 이야기했다. 곧 전기자동차에 사용될 리튬 이온 전지는 휴대전화에 들어가 있는 전지와는 다른 재료의 조합으로 되어 있는 것도 그는 몰랐다. 주말의 현지 견학에는 참가하는지 필자에게 물었다. 네바다 주 북부까지 전세기로 날아가 금방 미국에서 유일한 대규모 리튬 채굴장이 될지 모를 장소를 방문한다는 것이다. 그것은 미국 본토 48주의 리튬 공급원이 될 뿐만 아니라 개발하고 있는 기업에 의하면, 이론상은 전세계에 리튬을 공급 가능한 규모라고 한다. 그는 가지 않는다고 말했다. "아무렴 그렇다하더라도, 정부의 돈으로 와 있어요."(현지 견학에는 1,350달러가 든다고 한다.)

다음날, 개회를 알리기 시작할 무렵 필자는 밤색 카펫이 깔려진 홀에서 국방비축 센터의 직원과 바로 마주쳤다. 어젯밤은 흥에 겨워 도가 지나쳤다는 듯한 모양새였다. "늦게까지 돌아다녀서요." 필자가 한통속인 것처럼 그가 말했다. "그래서 커피와 이온 음료를 함께 가지고 있어요."

"우리들의 시스템에서 무엇보다 큰 약점은 정부 담당자가 무지하다는 것입니다." 개회사 중에 글로벌 안전보장분석연구소의 갈 루프트는 말한다. "기록을 봅시다. 마지막으로 의회에서 리튬이라는 단어가 나온 게 언제지요? 한 번도 없습니다. 정부 고관은 이것에 대해 전혀 아무것도 모릅니다. 그들은 리튬이라는 단어를 겨우 아는 정도입니다. 모르는 데다, 모른다는 것을 신경도 쓰지 않고 있습니다."

루프트는 리튬 부족이 일어날 수 있다고는 주장하지 않았다. 오히려 전기자동차에 사용되는 그 이외의 여러 가지 것—특히 모터를 움직이는 영구자석을 만드는 데 빼놓을 수 없지만, 중국 이외에는 거의 채굴되지 않는 희토류 원소의 부족—이 그럴 수 있다고 주장했다. 그래도 리튬은 루프트가 말한 것처럼 '빵 반죽에 있어서의 효모'이다. 2015년까지 100만 대의 전기자동차를 달리게 하려면 그를 위한 원재료를 확보할 필요가 있으나, 현재로는 확보가 되지 않았다고 말했다. 나중에 그가 필자에게 설명하기로는, 미국은 '재고정리를 하지 않은 빵 가게'와 같다고 한다.

과점기업으로부터의 경고

리튬업계는 역사적으로 작으며 광산 회사로부터 완전히 무시되어 왔다. 광산 회사가 관심을 가지는 것은 대개 금·은·우라늄과 같은 보다 매력적인 자원이다. 그러나 2007년에 볼트가 발매된 다음부터 리튬 업계에 어떻게 해서든 참여하려는 기업과 국가가 압도적으로 늘었다. "TSX(토론토 증권거래소)만으로 67개 회사가 상장되어 있어 전세계 100개가 넘는 기업이 리튬을 찾고 있다."라고 지질학자이며 시장 애널리스트인 데이빗 L. 톨맨은 회의 첫날 강연에서 말했다. 에번즈는 글씨가 꽉들어 찬 읽기 어려운 캐나다의 탐사사업 리스트를 스크린에 투영하며 캐나다에서의 탐사가 광란 상태에 빠져 있다고 말했다. 더구나 노르딕 마이닝이라는 핀란드의 기업은 페그마타이트라고 불리는 암석의 광맥으로부터 리튬을 추출할 준비를 하고 있었다.[7] 오스트레일리아에서는 갤럭시 리소시스와 타리슨이라는 두 개의 회사가 동일한 것을 하려 하고 있었다. 로렌스 리버모어 국립연구소의 전 과학자를 스태프로 고용한 심벌이라는 이름의 비밀스러운 신흥기업은 캘리포니아의 솔튼 호반에 있는 4개의 지열발전소의 폐수를 여과하면, 세계 리튬 수요의 20%를 채울 수 있다고 한다. 웨스턴 리튬은 네바다 주 북부의 리튬을 풍부하게 함유한 막대한 점토의 퇴적층 위에 있는 기업이다. 거대 광산회사 리오 틴토는 리튬을 포함한 자더라이트라는 광물의 광맥을 세르비아에서 탐사하고 있다. 조금 전에 발표된 오로코브레의 주식 취득에 더하여 도요타는 한국의 제철회사 포스코와 합병회사를 설립하였고, 캐나다의 자동차 부품업체 마그나도 런던의 조사회사 로스킬의 애널리스트에 의하면 리튬개발을 진행할 기업에 투자했다고 한다.

라스베이거스에서는 과점기업(세계 리튬의 대부분을 공급하는 3사가 여러 차례 불리는 것을 들었다.)이 중요한 메시지를 개발회사들을 향하여 발표했다. "우리 회사는 지금부터 세계에 수백 년에 걸쳐서 공급 가능할 정도의 리튬 위에 세워져 있다. 회의장에 있는 신흥 광산회사나 꿈꾸는 기업가 여러분은 우리와 경쟁이 될 거라고 생각하지 마라."

최초로 경고를 발표한 곳은 소시에드 키미카 미네라 드 칠레(SQM)이었다. SQM 부사장겸 최고집행책임자 패트리시오 솔미니악은 시굴을 기획하는 이들의 기세를 누루고자, 자사의 리튬 공급원인 아타카마 염호(아타카마 사막에 있는 소금으로 덮인 28만 헥타르의 분지)에는 누구도 이길 수 없는 강점이 있다고 설명했다. 그것은 탄산리튬 환산으로 4,000만 톤에 이르는 상업적으로 채굴 가능한 광맥으로서 알려진 것 중에서는 세계 최대이다. 그 염수는 다른 리튬의 광맥보다도 고농도의 리튬을 함유하고 있다. 더구나 회수 가능한 리튬의 양을 줄이는 여분의 광물이 적다. 아타카마 염호는 태평양 연안의 광업 중심, 안토퍼거스터 항구에 가깝다. 2009년 SQM은 4만 톤의 탄산리튬을 생산했다. 기존 시장관계자에 의한 현재의 확장계획을 계산하면 이후 50년간 전세계에 충분히 공급을 계속하게 된다. 여기에 새로운 참여자가 생기면 시장은 이후 20년간 공급과잉이 될 것이다.

다음으로 독일 기업, 케메탈이 같은 프레젠테이션을 진행했다. 결론적으로, 리튬을 함유한 리티아 휘석이 풍부한 노스캘로라이나 주 킹스 마운틴에 있는 휴면 중의 광산을 재개하는 것이 가능하다며 최후의 일격을 가했지만, 그 말은 오후의 휴식시간에 웃음거리가 되었다. "머리숫자를 늘리기 위해 95세의 노인을 휠체어에 태워 참석시킨 꼴이다."라고 누군가 말하는 것을 필자는 들었다.

과점기업의 3번째 회사는 FMC였다. 원래 푸드 머신너리 코퍼레이션이라고 불려진 1세기 이상 이어진 화학회사로서, 1985년에 리튬 코퍼레이션 오브 아메리카를 인수하여 리튬 업계에 참여했다. FMC는 단순한 광산회사가 아니라, 고품질 특수화학제품 업체이기도 한 자사의 신용을 강조하여 신규참여를 결론짓는 계획의 총 마무리를 진행했다. "자동차 시장의 품질 요구는 세계에서 가장 엄격한 수준이다." 그래서 FMC의 제품―여러 가지 리튬 분말이나 잉곳 등의 가공품, 렉트로맥스나 렉트로라이트와 같은 이름의 용액 등―은 벌써 그 사양을 채우고 있다고, 이 회사의 리튬 부문장 존 에반즈는 말한다.

오후의 패널 토론에서 밴쿠버를 거점으로 한 금융회사 카나코드 아담즈의 광업 애널리스트 에릭 존샤브는 그날의 발표를 해석함에 있어서 힌트를 주었다. "과점기업의 빅3가 한쪽 편에 앉아 있고, 신흥기업들이 또 한쪽에 앉아 있다. 우리들에게 상반된 의제가 주어져 있다. 누군가가 리튬이 몇 톤 있다고 말한 때에는 그것을 생각할 필요가 있다."

과점기업 3사가 매우 희망적인 측정치를 사용하여 채굴 가능한 리튬의 양을 과장하여 말했다 하더라도, 이것은 경쟁이 치열한 시장과 새로운 프로젝트의 수, 새롭게 행해지는 답사의 수는 눈앞에 닥친 리튬 부족에 대한 불안 등이 전혀 근거가 없는 것처럼 생각되었다. 특히 리튬은 석유와 같은 연료로서 태워버리는 것이 아니기 때문이다. 오히려 그것은 에너지를 저장하는 기계를 만드는 것에 사용하는 것으로, 동이나 철 등의 금속과 같은 것이기 때문이다.

과점기업 각 사는 석유에 비유하면 중동이라 할 수 있는 남아메리카의 일각, 이른바 리튬 트라이앵글에서 적어도 하나의 대규모 사업을 하고 있다. 1만 년 전, 몇 개의 염수호가 안데스 고원, 현재의 볼리비아·칠레·아르헨티나가 접하는 부근에 있었다. 이와 같은 호수가 증발하자, 그 뒤의 거대한 결정의 누적된 염이 화산에 둘러싸여 분지에 남겨졌다. 화산은 태고로부터 마그네슘·칼륨·붕소 그리고 리튬 등 가벼운 원소가 풍부한 암석을 만들어냈다. 수천 년에 걸쳐서 매년 이들 화산의 봉우리에 싸인 눈이 녹아 그 물이 바위 틈을 흘러내리자 광물이 녹아 분지로 흘렀고 염에 스며들었다. 이 결과, 이 주변의 땅은 현재 세계에서 가장 풍부한 리튬원이 된 것이다.

SQM은 세계의 리튬 공급량의 약 30%를 칠레 리튬 트라이앵글에 있는 염류 평원의 아타카마 염호, 단 한군데에서 추출하고 있다. 케메탈의 공장은 같은 염호에 있으며, FMC는 리튬의 대부분을 국경을 넘어 아르헨티나에 있는 유사한 염류 평원, 사랄 델 온브레 무에르트

(죽은자의 염호)라는 꺼림찍한 이름이 붙은 장소에서 캐내고 있다.

FMC의 채광소로부터 북쪽 방향에 있는 것이 그 중에서 아마도 가장 리튬이 풍부한 나라인 볼리비아이다. 그 우유니 염호는 바로 세계 최대의 리튬 자원 추정치로 8,900만 톤을 매장하고 있다고 여겨진다.[8] 빈곤과 불안정한 국정 때문에 그 자원은 손대지 못한 채이다. 그러나 전기자동차의 부활이 시작되었을 무렵, 볼리비아 정부는 그 개발을 공약했다. 라스베이거스 회의 무렵에는 우유니 염호는 아는 사람은 다 아는 자연의 경이로부터 세기의 투자 기회가 되어 있었다. 여기에서 3대 기존 생산자의 위협적 태도에, 또 하나 해석이 가능해진다. 3사는 중소업자와의 경쟁을 피하고 있는 것만이 아니다. 자신들의 가장 생산력이 높은 채광소로부터 국경 넘어 있는 세계최대의 공급원과 경쟁하는 것을 피하고 있는 것이다.

레스토랑 기 사부아

회의를 폐회한 밤, 필자는 웨스턴 리튬 사로부터 레스토랑 기 사부아에서 열린 '캐주얼 디너'에 초대되었다. 미슐랭 별 두 개에 빛나는 유명 셰프가 개점한 파리 본점의 미국 지점이다. 라스베이거스도 최근 고급 지향이 되었으나, 그렇더라도 이 레스토랑은 지나칠 정도로 화려한 시저스 팰리스 호텔은 어디를 보아도 이질적이다. 높은 천장, 알곤을 채운 와인 캐비닛, 누군가의 잔이 비워지자마자 마법과 같이 나타나는, 정중한 프랑스인 웨이터….

누구나 한결같이 수수한 수트를 입고, 누구나 같은 반 병 높이로 채워진 다이어트 코크를 마시는, 개성 없는 균일한 분위기의 회의장에서 이틀을 지낸 뒤에 기 사부아에서 디너 전의 회합이 더해지니 제임스 본드의 영화에 빠져 들어간 것 같은 기분이었다. 유꼬 그로스만은 우아한 옷맵시의 국적 불명의 여성으로, 예닐곱의 낯선 사람들의 무리에서 사교에 익숙한 자산가의 부인처럼 즐기고 있었다. 그녀의 남편, 에드 프레드를 만나서 '역시 그랬구나'라고 수긍이 갔다. 에드 프레드는 60대의 호리호리하고 단정한 생김새의 남성으로 은발을 빗어 넘기고 여유있게 리노 말투를 구사했다. 그 수트의 분위기도 품위가 감돌았다. 이전에도 이런 사람들과 엘리베이터에 같이 탄 적이 있었다. 대체로 자신이 근무하는 회사의 오너이다.

우리들은 개인 연회장으로 안내되었다. 프레드가 상석에 있었고, 그로스만은 중앙에 앉았다. 이어 들어온 전채요리는 두 조각의 거위 간에 검은 철갑상어 알을 저민 꽂이 요리다. 에드 프레드가 이 디너의 주최자였지만 회의에는 참석하지 않았고, 그 이름도 필자는 전날 있었던 웨스턴 리튬 사장 제이 시메로스카스의 발표에서 처음으로 들었다. 프레드는 웨스턴 리튬의 회장으로, 자신이 초대 사장을 맡았던 웨스턴 우라늄으로부터 웨스턴 리튬을 분사했을 때 그 지위에 올랐다. 더구나 프레드는 밴쿠버에 본사가 있는 헤이우드 증권 런던 지사의 투자은행 업무담당 전무이기도 하다. 하지만 프레드가 현금을 모은 것은 아이반호우 마인즈 사를 통해서였다. 국제적 광업회사인 이 회사를 프레드는 1994년에 창업하여, 지금도 임원으로서 근무하고 있다. 밴쿠버에 본사를 두고, 뉴욕 증권거래소에 상장하고 있는 아이반호우는 리오 틴토와 협력하여 지구상에서 최대급의 동과 금 광맥인 오유 토루고이 프로젝트를 남몽골에서 진행하고 있는 것으로 상당히 유명하다.

웨이터 장이 방에 들어와 시선을 모았다. 다음 요리는 일찍이 셰프 사부아의 이름을 드높인 메뉴로, 영계와 거위간과 샐러리 줄기의 모자이크 모듬, 검은 버섯 소스이다. 제공된 그것은 세계 최고가의 점심이었다.

자신은 모나코의 카지노 근처에서 살고 있다고, 그로스만은 옆에 앉은 남성에게 이야기하고 있었다. 이사한 지는 9년이지만, 국제적인 지배계급의 은신처라는 평판보다는 작은 마을로 진정한 지역사회일 뿐이라고 그로스만은 말했다.

기 사부아의 명성을 드높인 또 하나의 요리가 나왔다고, 웨이터 장이 알렸다. 아티 초크와 검은 버섯을 찐 스프, 잘게 간 검은 버섯과 파마산 치즈를 띠우고, 검은 버섯 버터를 곁들인 머슈룸 브리오슈 빵…. 웨이터 장이 설명을 마치고 방을 나가자 모든 대화는 침묵했다. "저와 유꼬는 피에몬테에 버섯을 캐러 갔었어요." 에드 프레드가 모두를 향해 말했다.

필자의 건너편에 앉아 있는 사람은 볼리비아의 지질학자로 프랑스의 거대 기업 보로레의 컨설턴트로 근무하고 있는 오스칼 바지비언이었다. 보로레는 이전부터 볼리비아의 리튬 광맥을 탐사하고 있었다. 1981년 바지비언은 동료 과학자와 함께 우유니 염호의 리튬 양을 처음으로 측정했다. 이후 무언가의 이유로 리튬에 관심을 가진 거의 모든 기업이나 정부에 조언을 하고 있다. 필자가 우유니에 가보고 싶다고 말하자, 바지비언은 명함을 주면서 협력하겠다고 하였다. "볼리비아에서는 이런 요리는 먹을 수 없지요." 한쪽 눈으로 윙크하며 그는 말했다. "이메일로 오늘 디너에 대해서 말하면 기억할 거요."

볼리비아에서는 먹지 않을지 모르지만 바지비언이 다른 곳에서 이런 요리를 먹고 있는 것은 확실하다. 파리에 5번 갔었다. 바지비언은 자기 나라를 자학적으로 말하며, 우유니 염호의 리튬 주광맥의 개발이 어렵다는 점을 설명하면서 한숨을 쉬었다. 볼리비아 대통령 에보 모랄레스는 해외 투자 없이 개발하는 것을 주장하고 있으나, 바지비언에 의하면 정부도 "자신들이 무엇을 하고 있는지 모르겠다."고 한단다. 해외의 전문 기술자를 데려오지 않는다면 개발은 불가능하다. 볼리비아는 서반구에서 가장 가난한 나라 중 하나로, 우유니 염호는 특히 인기척이 없는 해발 3,700m의 가혹한 장소에 있는 내륙으로, 외교적으로는 미국의 오바마보다 베네수엘라의 차베스와 결속이 강하다.

"볼리비아의 유일한 문제는 볼리비아노이다."라고 바지비언은 필자에게 말했다. 화폐에 대해 말하는 것인지, 국민에 대한 것인지 잘

몰랐지만 그 뒤의 조크에서 확실히 알았다. "신이 볼리비아를 만들면서 말했다. '이 나라에 모든 동, 모든 주석, 과일, 야채, 동물을 주어야지.'라고 하자 누군가가 이렇게 말했다. '신이시여, 정말로 그것을 모두 한 나라에 주시려 합니까?' 신이 대답했다. '말하고 싶은 것이 있다면 이 나라의 사람을 본 다음에 하여라.'라고…"

흰빛의 골수가 드리워진 소등심살과 디저트 후에, 우리들은 에드 프레드와 유꼬 그로스만에게 인사를 하고 레스토랑을 나왔다. 둘은 다음날 리튬 체굴장 견학에 참가하지 않는다. 유꼬는 헬기로 이미 현지를 다녀왔고, 에드는 리노에 사는 모친을 방문한다고 한다. 그 외의 우리들은 동트기 전에 북쪽으로 향하는 전세기에 탈 것이다.

필자는 계단을 내려가 카지노의 정면 현관으로부터 밖으로 나왔다. 세련된 수트를 입은 캐나다의 광업 애널리스트와 함께였다. 필자는 그에게 에드 프레드는 어떤 사람인지 물었다. "큰 승부를 하여 적지 않게 대승한 사람입니다." 절찬의 디너, 모나코 이야기, 토리프 버섯 채취에 대하여 그는 알기 쉽게 가르쳐 주었다. 그러한 것이 광업을 하다 보면 손에 들어온다.

견학회

다음날 아침, 19인의 전형적인 광업 업계 사람과 필자는 공항행 버스에 타기 위해서 카지노에 집합했다. 추웠다. 프랑스의 거대 야금회사 에라메트의 사원과 서서 이야기를 하고 있는 동안, 타는 듯한 사암의 색깔을 한 일출이 멀리 보이는 에펠탑의 복제품을 비추었다. 샌디에고를 거점으로 하는 SQM의 마케팅 담당자는 그날 웨스턴 리튬을 방문할 예정이었다. 그것은 모든 투자가, 애널리스트, 미국 지질조사부의 리튬 연차보고서 담당자, 세계 각지로부터 리튬의 안정적 공급을 찾아서 온 다양한 사람들(아시아의 대형 일렉트로닉스 기업, 일본의 증권회사, 한국의 철강 업체 포스코 등으로부터 온 정찰대)도 마찬가지였다.

큰길의 카지노와 호텔이 멀리 아득히 보이는 맥칼렌 공항에서 우리들은 활주로를 걸어서 전세를 낸 프로펠러 비행기에 탔다. "아리따운 위네막커행입니다."라고 파일럿이 퉁명스럽게 말했다(그는 아리따운 위네막커의 조그만 공항에서 오늘 하루 지내야 한다.). 우리들은 네바다 주 중부의 사격장과 UFO 실험장(네바다 주에 있는 공군시설, 에어리어 51에서는 UFO에 관한 실험이 행해지고 있다는 설이 있다.)을 피해 네바다 주와 캘리포니아 주의 경계를 따라 서북쪽으로 날아갔다. 바로 아래로 보이는 삐죽삐죽한 녹슨 색깔의 경치는 군데군데 흰눈으로 화장을 하고 있었다. 왼쪽으로는 데스밸리, 오른쪽으로는 유커 마운틴과 에어리어 51이다.

비행 도중에 우리들의 여행 안내원, 웨스턴 리튬의 데니스 브라이언이라는 지질학자가 우리에게 네바다 주 실버 파크에 있는 케메탈의 염수를 이용한 리튬 채굴장에 가까워졌다고 알려주었다. 학교 버스를 추월해서 가는 페라리에 시선을 빼앗긴 소년들처럼 일행은 창문 쪽으로 몰려들었다. 케메탈은 근처에 새로운 경쟁자가 생기는 것을 기분

좋게는 생각하지 않는 것 같다. 전날 필자는 케메탈의 허스키 보이스의 독일인 사장 모니카 엥겔 버드에게 웨스턴 리튬을 어떻게 생각하냐고 물었다. "전망이 없다."라고 담배에 불을 붙이면서 그녀는 권태롭게 이야기했다.

위네막커 공항으로부터 버스를 타고, 북쪽으로 1시간 정도 달렸다. 변변찮은 호텔과 궁상맞은 카지노의 작은 광산촌을 뒤로 하고 푼볼트 강을 건넜다. 포티나이너(1849년 골드러시의 시기에 금을 찾아서 캘리포니아에 온 사람들)들은 이 강을 따라서 금을 찾아 서쪽으로 향했던 것이다. 이 부근의 언덕에는 지금도 금이 있어 세계 최대급의 금광회사가 수사, 위네막카 시외에서 조업하고 있으나 팔뚝 정도 굵기의 광맥을 찾는 나날은 과거의 것이다. 현재는 주로 진흙으로 보이는(실제 진흙이기도 하지만) 것으로부터 약품을 사용하여, 있을까 말까한 금을 긁어모으는 노천채굴로 조업한다.

브라이언은 부지런한 여행 안내원이었다. 버스 안에서 마이크를 사용하여 자신의 고향 네바다에서 광업과 도박이 얼마나 중요한 역할을 하는지 설명했다. 도박과 광업은 각각 네바다 주에서 1위와 2위를 점하는 산업이다. 이 땅이 주의 지위를 얻은 이유는 실은 광업에 있었다. 남북전쟁 중 에이브러햄 링컨은 북군의 전비조달을 위해서 네바다의 캄스톡 광맥에서 채굴되는 은을 필요로 하고 있었다. 그리하여 1864년, 이 도박과 광업과 그리고 광업으로 한 몫 잡으려는 도박의 토지를 미국 36번째의 주로 승격시킨 것이다.

2,000만 년 전 이 지역에 하와이와 같은 화산활동이 있었다고 브라이언이 말한다. 화산이 없어지자 갈륨·우라늄·금·수은·칼륨 등 중요한 물질이 뒤에 남았다. 리튬도 물론이다. 우리들은 맥더미더 칼데라로 향하고 있었다. 그것은 고대의 화산이 함몰하여 생긴 자연현상으로 일반적으로 연상되는 오리건 주의 크래이트 호보다는 오래된 침식이 진행된 곳이다. 화산이 함몰된 뒤는 베이슨 앤 렌지 단층운동이라는 지질현상이 시작되어, 남북 방향으로 띠 모양의 토지가 지구의 중심을 향해 끌어당겨져 녹색 부분이 산맥으로 남았다. 그래서 일찍이 격렬한 화산활동이 있었던 장소라는 것을(지질학자 이외에는) 거의 알 수 없게 되었다.[9] 북으로 이어지는 산맥은 군데군데 야생쑥의 평원으로 끊어져 있고, 그 일부는 경작, 관개되어 목초나 감자가 재배되고 있다. 현재의 경관은 1만 년 전에는 리노로부터 오리건까지 펼쳐진 호수의 바닥에 있었다.

1970년대 쉐브론 리소시스는 맥더미더 칼데라에서 우라늄을 찾고 있다가 엄청나게 리튬을 많이 함유한 기묘한 점토 광물을 발견했다. 이것은 물론 대체 에너지 열기에 잠깐 들뜬 시기였다. 쉐브론은 보울링을 행하고 코어 샘플을 조사하고, 시굴하고 토지의 상세 측량을 진행했다. 이렇게 저렇게 하는 동안 1970년이 끝나고 불황이 닥쳐 레이건이 대통령이 되었고 석유는 다시 싸졌다. 그리고 거대한 리튬 광맥의 권리는 드디어는 아무 의미도 없어졌다. "30년 빨랐던 것이다."라고 브라이언은 말한다. 쉐브론은 채광권을 1991년에 다른 회사에 양도하고, 그 회사는 그 후 권리를 잃어버렸다. 2005년 웨스턴 우라늄은 쉐브론의 권리를 이어받아 2007년에 별도회사 웨스턴 리튬에 이양했다. 이 리튬을 풍부하게 함유한 점토가 매장된 토지는 네바다 주의 80% 이상이 그러한 것처럼 연방정부 소유지이지만, 웨스턴 리튬은 현재 2,000개의 광구를 가지고, 그 하나 하나는 8헥타르에 달하고 있다.

프린스턴 대학의 지질학자 케네스 데파이즈가 필자에게 말한 것에 의하면 지질학적 성립에 있어서 리튬은 부적합하다. 네바다 북부 화산활동에 의해 용암이 식어서 굳어 화강암이 되기 시작하면, 몇 종류의 흔한 원소는 새롭게 생성된 화강암에 들어가지만 물과 리튬을 함유한 잡다한 광물은 남겨진다. 이 남은 것들의 주스라고 데파이즈가 부르는 것은 페그마타이트라는 암맥과 결정을 많이 함유한 바위로 성장한다. 가끔 리튬 함유량이 높은 특별한 페그마타이트를 리티아 휘석이라고 부른다(오스트레일리아에서 타리슨과 갤럭시 리소스가 채굴하여, 탄산리튬으로 정제한 것이다.). 이와 같은 바위가 녹아서 다시 식으면 유문암이라고 불리는 바위를 형성하는 경우가 있다. 나트륨·칼륨·리튬을 많이 포함한 어떤 종류의 유문암은 볼리비아의 우유니 염호나 우리들이 오늘 방문할 웨스턴 리튬의 채굴장을 시작으로 몇 개의 커다란 리튬 광맥에서 볼 수 있다. 긴 시간을 걸쳐서 지하수가 리튬을 리오라이트로부터 녹여내어 지층을 돌아 곧 머무를 만한 곳에 모이게 된 것이 그 이유이다. 웨스턴 리튬의 광맥이 점토 속에 갇혀 있는 것은 당연한 것이다. "리튬은 점토를 좋아한다."라고 데파이즈는 말한다.

버스는 버려져서 무너져 내린 주유소 옆을 지나간다. 그것은 석유 고갈 후의 황폐해진 세계를 그려낸 영화의 세트를 연상케 했다. 텀블 위드(서부지역에서 볼 수 있는 굴러다니는 목초)가 돌아다녀도 이상하지 않을 듯했다. 웨스턴 리튬의 사장인 시메로스커스가 브라이언으로부터 마이크를 받아들고, "지금의 주유소는 모두 저렇게 될 것이다."라고 선언했다. 아이들이 이렇게 말할 것이다. "아빠, 저게 뭐야? 주유소 라는 게 뭐지?"

우리들을 태운 버스는 질퍽한 입구의 길로 들어가 현장사무소로 사용되고 있는 건물 옆에 정차했다. 작업장에는 채굴현장으로부터 캐낸 흙을 채운 컨테이너가 늘어서 있었다. 안뜰의 헛간에는 합판의 테이블 위에 코어 샘플이 가득 놓여 있었다. 이것으로 광산회사는 지하에 무엇이 있을지 판단한다. 흙을 길다란 원통형으로 빼낸 샘플을 구석 구석까지 통계적으로 분석하여 지하의 조성 그림을 만드는 것이다. 우리들이 방문했을 때에는 3~5m의 상부 물질과 유문암의 기암과의 사이에 두께 90m부터 110m의 헥토라이트라고 알려진 리튬이 풍부한 점토층이 있다는 것이 확인되었다. 이 층의 군데군데는 오랜 옛날 덮인 화산재가 포함되어 그 부분은 리튬이 적어 쓸만하지 못하다. 하지만 전체적인 수치는 양호하여, 점토 부분의 리튬 농도의 평균은 상업적으로 이용 전망이 있는 4,000ppm을 나타내고 있다.

샘플이 가득 놓인 테이블 옆에 서서 필자는 시메로스커스와 이야기했다. 그는 이 사업 이전에 다루었던 것은 확실히 그다지 달갑지 않앞던 프로젝트인 중국에서 세계 최대의 노천 금광 건설을 감시하는 것이었다. 그것이 오늘은 "매일매일 밤낮 없이 세계를 구하기 위해서 일하고 있는 것이다."라고 시메로스커스는 말한다.

그것이 그의 일이지만 시메로스커스는 눈앞에 닥친 전기자동차 혁명에 대해서 신을 직접 본 사람처럼 말했다. 또는 지옥을 즉, 중국의 대기오염을 본 것이다. 북경에 살고 있었을 때 필자의 가족은 빌딩지수라고 불리는 것으로 대기오염을 측정했다. 창 밖에 빌딩이 몇 개 보이는지를 말하는 것이다. 보통의 날들은 하나였다. 이틀 전 회의에서의 발표할 무렵에 시메로스커스는 개인적인 경험을 바탕으로 동일한 주장을 했다. "저는 1969년 출생으로, 당시의 세계 인구는 30억 명이었습니다. 지금은 70억 명입니다. 우리들이 살아있는 동안에 90억 명이 될 것이라고 예상하고 있습니다." 그 폭발적인 인구는 "단지 살아가면 되는 것이 아니다. 서구에 사는 우리들과 같은 생활 수준을 요구하고 있는 것입니다."라고 시메로스커스는 논하고 있다. 그들은 휴가 때에 몽골의 초원을 드라이브하고 싶은 것이다. "자원은 고갈되어 가고 인구는 늘어가며 지금 살아있는 사람들의 원하는 삶의 수준은 높아가고 있습니다." 이러한 요소로 중국이 오염에 의한 빈사 상태에 있는 것과 함께, 중국 정부는 자동차의 전기화를 명령하지 않으면 안 되게 되어 있다. 또한 이 경우 중국이 움직이면 세계가 움직이게 된다. "중국이 전기자동차로 이행하면 GM도 전기차를 만들지 않을 수 없다. 그렇지 않으면 중국에서 차를 팔 수 없기 때문이다."라고 시메로스커스는 말한다.

우리들은 고무장화와 비옷을 입고 사륜구동차에 올라 채굴현장으로 향했다. 차는 잭슨 산맥를 향하여 서쪽으로 갔다. 오로바다라는 작은 마을이 있는 농업분지를 칼데라와 갈려진 작은 산맥으로, 풍요로운 태고적 화산의 모습이다. 이곳은 안테로프 영양의 나라, 코요테의 나라, 큰뿔양의 나라다. 도로는 평평하게 포장되어 있었다. 오른쪽으로 굽은 비포장도로로 들어가 야생쑥의 언덕을 2,300m 정도 올랐다. 그 곳에서 현재 리튬 수요를 단독으로 채우는 것이 가능하다고 웨스턴 리튬이 말했던 토지를 보고 필자는 조금 놀랐다. 그것은 사람 없는 미국 서부의 흔해빠진 언덕과 같은 전망이 좋은 산지로, 한 쪽 편에 야생쑥으로 덮인 뭐라고 할 것도 없는 작은 산이었기 때문이다.

　우리들은 오른쪽으로 돌아 다시 별도의 비포장 도로로 갔다. 전방으로 대략 사오백m 오른쪽으로도 왼쪽으로도, 이 능선의 위부터 아래까지, 후방으로도 수백m 걸쳐 그 곳은 점토로 묻혀 있었다.

　우리들은 트럭과 셔블 카가 흙을 파내어 생긴 새로운 절삭면이 있는 곳에 차를 세워두고 개천으로 걸어 내려갔다. 채굴은 난폭하게 진행되어 있지 않았다. 앞서 이야기된 것처럼 좌우의 단면에는 5m 정도의 진흙과 그 아래에 점토가 보였다. 장화가 점토 위에서 조금 탄력을 받아 플레이 도우(어린이용 컬러 점토)를 깔아놓은 것 같았다. 헥토라이트의 뭉텅이가 아직 파내지 않은 점토 바닥 한 면에 흩어져 있었다. 만져보니 촉촉한 것이 지난 밤 영계 모자이크 모듬 요리에 들어가 있던 거위간과 같은 간장색이었다.

이 방대한 점토의 스폰지에는 50만 톤 상당의 탄산리튬이 포함되어 있어 이론상으로는 현재의 세계 수요를 4년간 지탱할 수 있다고 웨스턴 리튬은 말한다. 이 회사의 두 사람의 투자자, 샌프란시스코에서 패밀리 펀드를 운영하는 젊은 형제가 필자의 주위를 어슬렁거리고 있어 어떻게 생각하는지 물었다. "이것은 좋은 것이다." 한 사람이 말했다. 지금까지 본 노천광산은 안으로 들어가는데 세계 전체를 뒤엎을 것 같은 소동이었다. 형제 중 또 한 사람이 이렇게 말했다. "알게 된 것은 돈의 흐름이 보인다."라는 것이다.

2년부터 5년 사이에 발 아래 지면은 노천광산이 된다. 그것으로 부족하면 추가로 개발 가능한 4개 장소가 북쪽에 있다. 필자는 이와 같은 채광이 환경에 영향을 주지 않는지 시메로스커스에게 질문해 보았다. 대답은 솔직했다. 점토로부터의 리튬 채굴은 다른 많은 채굴업에 비교하여 영향이 훨씬 적다. 유독한 화학물질은 사용하지 않고, 폭발도 없다(어떤 사람은 여기서 행해지고 있는 채굴방법을 '정원 일'이라고 표현했다.). 하지만 광업이 환경에 전혀 영향이 없을 수는 있다. 말하자면 우리들은 산 한가운데에 커다란 구멍을 파내는 것이기 때문에, 그리고 긴 안목으로 코스트를 생각해보지 않으면 안 된다. 즉 네바다의 주변 경지의 언덕 하나를 파내는 것은 석유에 의존하지 않는 미래의 자동차에 사용할 유효성분의 공급원을 미국이 확보하기 위한 희생으로써 지불할 가치가 있는 것이 아닌가라는 것이다.

채굴장이 작업하기 시작하면 이 언덕으로부터 파낸 점토를 깨뜨려서 가소하여 황산염의 용액과 섞는다. 그 후 물로 침출시켜 다음으로 탄산나트륨을 더하고 탄산리튬을 침전시켜서 용액으로부터 분리한다. 완전 가동하면 연간 2만 7,000톤의 탄산리튬과 부산물로서 11만 5,000톤의 황산칼륨이 산출된다. 1파운드의 리튬을 처리하는 비용은 89센트로 웨스턴 리튬은 1년에 2억 6,300만 달러의 수익을 올릴 것이다.

라스베이거스로 돌아오는 기내에서 필자와 통로를 사이에 두고 오스칼 바지비언의 곁에 앉았다. 필자는 상체를 내밀고 물었다. "볼리비아와 웨스턴 리튬 중 어느 쪽이 먼저(두 프로젝트는 실질적으로 같은 예비조사단계부터 시작하고 있다.) 생산을 개시할 것 같은가?" 바지비언은 대답으로, 1980년대에 우유니 염호의 조사를 시작한 이래 컨설턴트를 수행한 다수의 기업명을 열거했다. "정부와의 교섭은 우유니에서의 생산이 되는 곳까지 가본 적이 없었다. 지금 모랄레스는 우유니를 자력으로 개발하겠다고 주장하고 있다. 과거 남미국민이 수많은 외국 광산회사에게서 받아온 수탈로부터 볼리비아 국민을 지키기 위해서이다. 새롭게 취임한 광업 장관은 융통성이 있을지 모르지만 해보지 않으면 모른다."고 바지비언은 말한다. "문제는 산적해 있다. 현지로 가서 자기 눈으로 보면 좋을 것이다."

[주]

(1) William Tahil, "The Trouble with Lithium: Implications of Future PHEV Production for Lithium Demand," http://tyler.blogware.com/lithium_shortage.pdf.

(2) "Ground Zero: The Nuclear Demolition of the World Trade Centre," www.nucleardemolition.com/GZero_Sample.pdf.

(3) Brendan I. Koerner, "The Saudi Arabia of Lithium," *Forbes*, November 2008; Rebecca Coons, "Lithium: Charging Up the Hybrids," *Chemical Week*, July 22, 2008.

(4) R. Keith Evans, "An Abundance of Lithium," March 2008, www.che.ncsu.edu/ILEET/phevs/lithium- availability/An_ Abundance_of_Lithium.pdf.

(5) William Tahil, "The Trouble with Lithium 2: Under the Microscope," www.meridian-int-res.com/Projects/Lithium_Microscope.pdf.

(6) R. Keith Evans, "An Abundance of Lithium Part Two," July 2008, www.evworld.com/library/KEvans_LithiumAbunance_pt2.pdf.

(7) 이 문단 이하의 정보는 2010년 리튬의 공급과 시장회의의 첫날에 행해진 키스 에반즈의 발표에 의한 것임.

(8) R. Keith Evans, "Lithium Reserves and Resources," paper presented at Lithium Supply and Markets 2010, Las Vegas, January 2010.

(9) 네바다의 이 지역에 있어서 베이슨 엔 렌지 단층운동에 관한 알기 쉬운 설명으로서, John McPhee, *Annals of the Former World* 참조.

제10장

>>

리튬 트라이앵글

유백색의 세계

익숙해 있지 않은 사람의 머리로는 우유니 염호(소금 호수)를 마주하게 되면 패닉 상태에 빠진다. 끝없이 펼쳐진 흰색 물체를 가장 닮은 것은 얼어버린 호수면을 덮은 얼음이다. 그래서 처음 자동차로 염호를 달리자 등골 깊숙이로부터 지금이라도 표면이 깨어져 가라앉을 것 같은 경고가 전달되어 온다.

하지만 염호는 고체이다. 측량할 수 없을 만큼의 대량의 물질 덩어리, 즉 470억m³의 염과 석고, 염수, 진흙, 화석화된 브라잉 슈림프(염수호에 서식하는 소형 갑각류)의 분비물로 되어 있다. 그리고 그것을 남아메리카에서는 '살무에라'라고 부르며 염수를 다량 함유하고 있고, 아마 세계에서 가장 풍부한 리튬원이다.

염호를 처음 방문했을 때 어쩐지 잔뜩 흐린 비가 올 것 같은 날씨가 필자를 맞이했다. 이런 날씨에서 염 이외의 눈에 띠는 지형은 모두 흰색과 회색의 안개에 감춰져 있었다. 눈에 들어오는 모든 것은 아래를 보아도 위를 보아도 유백색의 소금과 구름뿐이다. 개시하여 얼마되지 않은 볼리비아 정부의 리튬 사업은 소규모이지만 열심히 작업을 진척시켜 도착한 날 필자의 발 아래는 염을 불도저로 긁어 모아 만들어진 댐이 있었다. 몇 개의 증발지 제방이 되는 것이다. 예정대로 진행되면 이렇게 만들어진 연못은 세계 최대로 리튬 공급을 진행하는 데 있어 빼놓을 수 없는 것이 될 것이다.

하지만 그 실현은 극히 어렵다는 것을 필자는 곧 알게 되었다.

🐚 500년간의 착취

오스칼 바지비언이 1981년에 우유니 염호의 리튬 매장량을 처음 발표한 이래, 지질학자들은 풍부한 광물자원이 염의 바닥에 숨겨져 있는 것을 알고 있었다. 그러나 최근까지 누구도 크게 관심을 가지지 않았다. 리튬은 비관심 상품으로, 금·은·우라늄·백금에 비해 투기꾼이나 투자가들에게 있어서 매력이 없었기 때문이다. 1990년대 초 미국 기업 리스코가 볼리비아 정부로부터 채굴권을 얻고자 하였지만, 현지의 저항으로 철수하게 되었다. 현지 주민들은 리튬에 대한 것은 거의 생각지도 않았지만, 당시부터 외국기업들이 자신들의 광물자원을 훔치러 오는 것을 두려워한 것이다. 그러나 광란이 시작된 것은 쉐보레 볼트가 발표되어 '피크 리튬'의 위협이 나타났기 때문이었다. 볼리비아가 사우디아라비아보다도 큰 관심을 세계로부터 받게 될 것이라는, 윌리엄 타힐의 경고는 특히 볼리비아의 천연자원 개발에 관계된 길고 고통스러운 역사와 근년의 흥미 깊은 격동의 정치를 생각하면 부정하기 어려운 것이었다. 2009년부터 돌연 우유니 염호는 「뉴욕 타임스」에서 「르 몽드」, ABC, BBC에서 까지 뉴스가 되기 시작했다.[1]

위대한 남아메리카의 해방자 시몬 볼리바의 이름을 기념하기 위한 국명의 볼리비아는 남미대륙의 최빈국 중의 하나이다. 2009년의 국내 총생산은 451억 1,000만 달러로,[2] 엑슨 모빌 사의 전년 이익과 거의 같은 정도이다.[3] 1825년 8월 6일 스페인으로부터 싸워서 독립을 쟁취한 이래 볼리비아는 약 200회의 쿠데타, 반쿠데타, 그 외의 정치적 쟁난을 경험하고 있었다.[4] 국내 대립의 다수는 서부 안데스 고원(인구의 60%를 점하는 원주민의 대부분이 이곳 출신이다.)과 동부 저지대, 즉 국민의 주류인 백인과 메스티조(백인과 원주민의 혼혈)가 점유하는 아마존 유역 지방과의 지리적, 민족적 분열이 원인이다. 원주민 중 30%는 잉카의 언어인 케츄아어를 쓰며, 대통령 에보 모랄레스를 포함한 25%는 1450년 경의 잉카 제국 성립 이전에 이 땅을 지배하고 있던 민족의 언어, 아이마라어로 말한다.

오스칼 바지비언이 볼리비아를 창조한 것은 신의 실수라는 농담을 이야기해 준 것처럼 이 나라에는 방대한 천연자원이 있다. 단 그 자원은 옛날부터 국외의 권익에 수탈되어 볼리비아인은 무엇하나 이익을 보지못했다. 잉카를 정복한 스페인 사람들이 최초로 한 것은 볼리비아 안데스 지방의 풍부한 은광맥을 파내는 것이었다. 스페인 사람들은 그 때문에 원주민들을 노예로 부려 수십만 명을 광산에서 죽게했다. 가장 악명 높은 예는 볼리비아의 도시 포토시에서 볼 수 있다.[5] 포토시에는 일찍이 경이적인 생산량을 자랑하는 은광맥이 있었으며, 이로 인해 스페인어로 세로 리코(부의 산)라고 불리는 산기슭에 위치해 있다. 17세기 초 이곳은 서반구에서 가장 풍부하고 중요한 도시였으며, 그 이름은 상상할 수 없을 만큼 부의 대명사였다. 파리와 런던이 페스트균이 범람하는 불결한 중·소 규모 도시이었을 무렵 포토시는 지금으로 말하자면 사막의 부호도시 두바이에 필적하는 곳이었다. 그러나 현재의 포토시는 황폐해져 잊혀진 세계의 한 귀퉁이에 있는 가난한 거리이고 사춘기 이전의 아이들이 매일 코카 잎을 씹으면서 세로 리코를 관통하는 낡은 갱도를 갉아내어, 식민지 시대에 캐다 남은 은의 작은 부스러기를 찾는 일을 하는 가혹한 장소이다.

볼리비아는 베네수엘라에 이어서 남미에서 두 번째로 커다란 천연 가스 평지 위에 위치하고 있으나 현재 개발이 제대로 이루어지고 있지 않은데, 그 개발 실패의 경위는 볼리비아의 일반국민과 지하자원의 관계를 웅변하고 있다. 볼리비아의 가스 분쟁의 씨앗이 뿌려진 것은 2002년 미국에서 교육을 받은 자칭 여피(도회파 엘리트)인 호르헤 키로가 대통령이[6] 볼리비아의 천연 가스를 칠레까지 보내는 60억 달러의 파이프 라인 건설계획을 검토하기 시작한 때이다. 가스는 칠레에서 가공·액화되어 멕시코나 미국에 판매할 예정이었다. 거기에는 볼리비아 원주민이 가장 싫어하는 2개국, 칠레와 미국이 관계되어 있었고, 또한 볼리비아에서 이익이 되는 것은 가스에서 얻어지는 가치의 아주 적은 일부밖에 되지 않는다고 생각되었기 때문에 이 계획은 불평이었다.

2002년의 대통령 선거 기간에도 가스 파이프 라인은 아직 검토 중이었다. 그 선거는 국가를 일변시키는 것이 될 사회운동으로 휘저어졌다. 사회주의 운동당(MAS)으로부터 대통령 입후보한 코카 생산자 조합의 카리스마적 리더, 에보 모랄레스가 전 대통령이며 골수 자유

시장경제 지지자인 곤사로 산체스 드 로사다(애칭 고니)를 상대로, 놀랄 정도로 크게 선전했다.

부시 정권은 모랄레스와 MAS에 대한 혐오를 드러내 보이는 실수를 범했다. 투표 3일 전, 주 볼리비아 미국대사는 모랄레스가 당선될 경우에는 대 볼리비아 원조의 삭감이 있을 수 있다고 코멘트하였다. 그러자 반미감정으로 인해 갑자기 모랄레스의 표가 급증하여 로사다에게 근소한 차로 2위까지 부상했다(모랄레스는 미국 대사를 자신의 선거 사무소장이라고 부르게 되었다.[7]). 로사다와 모랄레스는 결선투표에 넘겨졌다. 로사다가 간신히 당선되었으나 결국 불안정한 연립정부가 만들어졌다.

공식적으로는 로사다는 가스 파이프 라인에 대해서 미결정인 상태였지만 시종 칠레 안을 강행하고 있었다. 국민은 파이프 라인에 관한 것을 잊지 않고서 그것은 몇 세기나 거쳐서 외국에 계속해서 빼앗겨 온 일체의 부를 상징하는 것이 되어 있었다. 표면적으로 가스 파이프 라인 논쟁은 볼리비아가 받아야 할 이익의 배분을 문제로 하고 있었지만 그것은 가스만의 문제가 아니었다. 거기에는 미국 마약수사국 주도의 코카 박멸에 볼리비아 정부가 가담하고 있는 것과 빈곤과 민족적 긴장 중에 느끼는 묘연한 불안의 표출도 관계되었다.

2003년 스트라이크와 항의 행동에 대하여 정부는 용납 없는 탄압을 더하게 되었고 9월에 중대한 사건이 일어났다. 군이 8세의 소녀를 포함한 아이마라 마을 사람을 살해한 것이다.[8] 볼리비아 노동자연맹은 동맹 총파업을 일으켜 국가의 기능을 완전히 마비시켰다. 데모대는 엘 아루토(라파스보다 표고가 높은 지대에 있는 슬럼가로, 인구 75만 명의 대부분이 원주민)로부터 수도 라파스까지의 간선도로를 봉쇄하고, 식료품과 가스의 공급을 끊었다. 이에 군은 엘 아루토에서 강경하게 대응하여 67명을 살해하고 400명을 부상 입혔다.[9]

엘 아루토에서의 과잉 무력사용에 항거하여 부통령 카를로스 메사가 로사다에 대한 지원을 취하하자 로사다 정권은 붕괴하기 시작했다.[10] 10월 18일에는 사태의 수습이 어렵다고 판단한 로사다가 해임되고, 민간기로 미국으로 망명하였으며 지금도 거주하고 있다.[11] 볼리비아 신정부는 로사다를 송환시키려 했으나 성공하지 못하고 있다.

카를로스 메사가 후임 대통령이 되어 2005년에 정부는 탄화수소의 수출세를 인상하는 법안을 가결했지만,[12] 그래도 국민의 분노는 가라앉지 않고 항거 행동은 재연되었다. 2005년 6월에 메사는 사임하고, 다음의 대통령 선거까지 임시정부가 정권을 장악했다. 그리고 다음해 행해진 선거에서 에보 모랄레스는 정권의 자리에 앉았다.

모랄레스는 이 나라에서의 첫 원주민 출신 지휘자이다. 취임에 있어 모랄레스는 "500년에 걸친 식민주의에 대한 저항은 쓸모없는 것이 아니었다."라고 선언하고, 이후 500년은 이 나라의 다수파인 원주민이 통치할 것을 예고했다.[13] 취임식에서 모랄레스는 파차마마 즉,

모친되는 대지에 공물을 받쳤다. 그리고 잉카 제국 이전의 신전에서 태양신관의 복장을 입고 의식을 거행하여, 원주민들이 드디어 나라를 되찾은 것을 상징하는 황금이 아로새겨진 지팡이를 짚어들었다. 2006년 5월 1일 모랄레스는 볼리비아의 천연 가스 산업을 전면적으로 국영화하는 것을 선언했다.

모랄레스 정권하에서 미국과의 관계는 악화되었다. 무엇보다 모랄레스는 '양키에게 죽음을'이라고 외치며 연설을 매듭짓는 것을 좋아하는 코카 농민인 것이다.[14] 하지만 모랄레스의 죽음의 외침에는 놀랄만큼 위협적인 울림은 없었다. 그는 이란 대통령 무하마드 아프마디네자드와는 전혀 달랐다. 볼리비아에서 가장 과격한 원주민 정치가와도 거리가 멀다. 그렇다 하더라도 2008년에 모랄레스 정권은 미국 마약수사국에 대한 협력을 중지했다.[15] 같은 해, 모랄레스는 주 볼리비아 미국대사 필립 골드버그를 동부 저지 지역의 분리운동을 지지한 혐의로 국외추방시키고, "미국 대사는 민주주의에 대한 음모를 품고, 볼리비아의 분열을 꾀하고 있다."라고 논평했다.[16] 다음날, 미국 정부는 볼리비아 대사 구스타보 구즈만이 바람직하지 못한 인물이라고 선고하는 것으로 보복했다.

같은 무렵 외국기업들이 우유니 염호의 리튬 자원의 배당을 얻기 위해 줄을 지어서 모랄레스를 설득하려 했다. 미쓰비시, 스미토모, 중국 정부 등이 리튬 때문에 볼리비아 정부에 접근했다.[17]

아마 가장 적극적으로 접근한 것은 프랑스의 제조업자 반산 보로레일 것이다. 2009년 2월 에보 모랄레스는 파리에 외유하여 보로레의 가까운 친구인 니콜라 사르코지 대통령의 환대를 받았다.[18] 모랄레스는 보로레의 임원에게 우유니 염호의 채굴권을 준 외국기업이 볼리비아에 전기자동차 산업을 흥하게 해 줄 것을 기대한다고 밝혔다. AP통신에 의하면 모랄레스는 보로레 임원의 전향적 반응에 놀랐다고 한다.

그래도 볼리비아는 그를 위해서 얼마나 시간이 걸리더라도(실제로 걸리겠지만), 리튬 자원을 자비로 개발하겠다고 정한 것 같다. "이것은 경제안전보장과 주권의 문제다."라고 하는 모랄레스의 메시지가 읽혀진다. "착취는 넌더리난다. 원료가 감쪽같이 국외로 빼돌려져 국민에게 약간의 보상만이 주어지는 경우는 이미 많았다." 모랄레스가 원하는 것은 볼리비아가 소유하는 공장에서 볼리비아인의 노동력을 사용하여 볼리비아 국내에서 우선 천연자원을 개발하고 그리고 부가가치가 부여된 제품을 공정한 시장가격으로 수출하는 것이다. 볼리비아의 부통령 가르시아 리네라는 이러한 비즈니스의 방법은 공산주의에서도 사회주의에서도 없는 '안데스식 자본주의'라고 말했다.[19]

🐷 '라스 푸틴'이라고 불린 사나이

모랄레스가 리튬 사업을 감독하는 과학위원회의 책임자로 삼은 기제르모 로란츠 드 비비에라는 1981년부터 볼리비아에 살고 있는 50대의 벨기에인이었다. 볼리비아에서는 로란츠를 나쁘게 말하는 사람도 있다. 엔지니어로서 교육을 받은 그는 본인에 의하면, 최초 봉사활동으로 볼리비아를 방문하여 작물의 품질 향상과 고수익을 목표로 키누아(안데스 일대에서 재배되는 잡곡) 농가를 위해서 일하고 있었다고 한다. 수년 뒤, 로란츠는 티에라라고 하는 붕산 회사를 만들고, 칠레와의 국경에 가까운 표고 4,500m의 고원에 있는 염호에서 붕소를 채굴하고 있었다.[20] 티에라 사는 일종의 빈곤대책 프로그램으로 여겨지고 있었다. 영리기업이지만 그 이익은 모두 커뮤니티에 환원하는 것으로 되어 있었다.

그런데 2003년 티에라 사는 소동의 한 가운데에 말려들었다.[21] 정부 직원은 이 회사를 강제수색하여, 황산을 동부의 코카 생산지 차파레에 부정 유출했다는 것으로 고발한 것이다. 황산은 코카인 제조에 사용되기 때문에 볼리비아에서는 규제물질이다. 이 사건은 상세내용이 전혀 불명확했기 때문에 거꾸로 국제적 주목을 모았다. 티에라는 모범적 빈곤박멸 프로젝트로서 UN이 인정한 곳이었다. 티에라의 종업원들은 이 사건은 모두 경쟁 상대를 무너뜨리려는 외국기업의 속임수라고 했다. 그러나 강제수색으로부터 3년 후, 로란츠와 다른 3명의 임원은 장기 징역형을 언도 받았다. 로란츠는 12년형의 유죄판결을 받고, 정부는 티에라 사를 몰수했다.[22] 종업원들은 라파스로 압송되어 가고 수 개월에 걸쳐 로란츠가 받은 유죄판결에 항의했다. 결국 로란츠는 석방되었고 티에라도 반환되어 사태는 조금씩 평상으로 되돌아가 있었다.

그리고 2008년에 모랄레스는 로란츠를 리튬 사업의 첨병으로 삼았다. 로란츠는 말한다. "나는 모랄레스 대통령으로부터 우유니를 어떻게 하면 좋을지 어드바이스를 요청 받았다. 과거 25년간 우유니에는 사업이 없었기 때문이다. 리튬과 칼륨의 파일럿 플랜트를 설치하는 프로젝트를 나는 제안했다. 그 자리에서 나는 공장의 설계를 의뢰 받았다. 3년 후에 우리들은 다시 만났고 정부는 이 프로젝트를 승인했다."

천연자원의 취급에 극도로 신경질적인 나라에서 주목받는 광업 프로젝트를 담당하는 외국출신 백인으로서, 로란츠는 지금은 비판을 도맡는 몸이다. 그는 자신의 이익을 위해서 즉 자신이 채굴권을 가진 다른 염호의 리튬과 붕산의 권리를 확장하기 위해서 의도적으로 리튬 사업을 늦추고 있다는 비판을 받고 있다. 로란츠의 비판기록이 나오자 「엘 포토시」와 같은 신문의 웹사이트의 코멘트란에 로란츠를 마약 밀매인(티에라 사의 일이 이야기되고 있는 것이다.)이나 벨기에의 라스 푸틴 등이라고 부르는 장문의 댓글로 채워진 것이 수차례였다.[23]

어느 오후 라파스의 로란츠의 사무실에서 가까운 카페에서 필자는 로란츠와 만났다. 로란츠는 캐주얼한 복장을 한 백발의 남성으로 초조해하는 모습이었다. 카페에 들어와 박스석으로 미끄러지듯이 앉더니 블랙 베리의 스마트폰을 향해서 살무에라(염수층)의 리튬과 칼륨 농도에 관한 최근의 분석치에 대해서 스페인어로 거의 소리치듯 이야기했다. 테스트 결과에 만족하고 있는 모습이었지만, 그날이 좋은 날일 리가 없었다. 일반적으로 모랄레스 정권편이라고 생각되는 신문 「라 라손」의 칼럼이 정부가 우유니 염호의 광물자원 개발에서 실패를 계속하고 있다고 깎아내렸다.[24] 수 페이지 앞에 실린 별도의 기사에서는 보로레가 볼리비아 정부에 강하게 압력을 넣어 우유니의 리튬 광맥 개발에 관하여 이 회사의 제안을 받아들이도록 요청한 것이 명확했다.

그 앞에는 파일럿 플랜트의 수개월 지연, 여러 가지 증발광물의 취급에 신속히 대응 가능한 기관, 엔프레사 볼리비아나 드 레크루소스 에바포리티코스(EBRE 국영 볼리비아 증발자원회사)를 새롭게 설립한 계획의 실패도 지적되어 있었다. 이 계획은 거의 수주 전에 시야가 좁은 정치가에 의해 폐기되었다. 지방 선거의 시기가 되어 포토시, 우유니를 시작으로 각지의 정치가들은 새 기관이 라파스에 본거지를 둔 것을 화내고 있었다. 볼리비아의 전통적 방식에 따라서 "새 기관을 라파스에 둔다면 파업을 결행한다."라고 지방의 노동조합이 협박하여, 정부는 계획을 유보하는 것으로 대응했다고 로란츠는 말했다. 이 계획의 좌절은 정부의 무위무책을 나타내는 최근의 예라고 리튬 사업 관측통의 대다수가 생각하고 있다. 남미의 비즈니스 출판물 「비즈니스 뉴스 아메리카스」에 의하면, "볼리비아 대통령 에보 모랄레스는 최고 정령 444호를 철회하는 결정을 내렸다. 이 정령은 국영증발자원기업 EBRE를 설립하여 리튬 산업을 시작으로 하는 증발자원의 개발을 담당하게 하는 것이었다. 이것은 이 정부가 이 정도 대규모 프로젝트를 다룰 수 있는 경험을 아직 축적하지 않았다는 것을 나타내는 것이다."[25]

로란츠는 인터뷰 전에 자신이 이야기하는 것은 기술적인 것만으로, 정치적인 것은 아무 것도 말할 수 없다고 다짐했다. 그러나 볼리비아에서는 이 두가지를 나누는 것이 어렵다. 커피를 주문한 다음에 필자는 질문했다. "볼리비아의 광물생산국으로서의 수 세기에 걸친 복잡한 역사에 리튬은 어떠한 위치를 점하는 것인지?" 로란츠는 떫은 얼굴로 "우선 최초에 리튬만이 아니라 증발자원 전체에 대해 이야기하는 것이 나을 것이다."라고 말했다. "우유니 염호에는 칼륨· 마그네슘·붕소 등이 리튬보다 훨씬 많이 존재한다. 리튬은 유행하고 있지만 경제적인 면에서는 칼륨과 염화칼륨 쪽이 탄산리튬보다 우리에게 있어서는 중요하다. 왜인가? 확실히 염화칼륨의 가격은 톤당 약 500 달러이다. 염화리튬은 1톤에 6,000달러 정도이다. 하지만 우유니 염호의 칼륨양은 리튬의 약 25배이다. 거기다 칼륨의 제조 코스트는 몹시 싸다. 비교적 단순한 공장에서 괜찮은 상업용 품질의 염화칼륨이 얻어지기 때문이다. 즉 코스트는 낮고 가격은 그럭저럭 괜찮으며 양은 막대하다. 그리고 수요 또한 막대한 것이다. ─브라질에서도, 베네수엘라에서도, 콜롬비아에서도, 물론 그 외의 국가에서도…." 로란츠의 칼륨 중시 태도에 볼리비아인 중에는 숨겨진 동기를 감지하는 이도 있다. 미래가 리튬으로 움직이려는데, 우리나라에 있는 세계 제일의 리튬 광맥의 개발을 맡은 외국인이 왜 중요성을 경시하는 것인가? 목적은 무엇인가?

이 프로젝트에 끊임없는 관심이 향하고 있는 것에 대해 로란츠는 지쳐버린 모습으로 기대를 억누르려 했다. 증발자원산업은 리튬도 칼

룸도 일괄하여 "거대한 것이다."라고 로란츠는 말한다. 하지만 볼리비아의 상황을 바꿀 수 있는 것은 아니다. 예를 들어 탄화수소 쪽이 이후 몇 년간 볼리비아에 있어서 중요할 것이다.

　로란츠가 이 정도까지 프로젝트의 가치를 낮추는 것은 그 프로젝트가, 그리고 자신이 그것에 관여하고 있는 것이 터무니 없는 논쟁을 일으키고 있기 때문일지도 모른다. 2주일 전 산크리스토발 광산(스미토모 상사가 소유하는 거대 은·납·아연의 채굴장에서, 우연히 정부의 파일럿 플랜트로부터 자동차로 곧장 갈 수 있는 곳에 있는)의 근처에 사는 주민이 자원을 둘러싼 옛날부터의 볼리비아풍 항거운동을 행했다.(26) 당초 주민은 광산이 매초 600리터가 넘는 엄청난 양의 물을 사용하고 있는 것에 항의하고 있었다. 그 물은 반사막의 고지의 주민을 적셔주기 위해서 크게 필요한 것이었다. 거기에 더하여 광산은 물을 낭비하면서 물 사용에 드는 세금을 지불하지 않을 뿐만 아니라, 항의자에 따르면 스미토모는 지역 주민을 위해서 인프라를 정비하겠다는 약속을 지키지 않았다고 한다. 주민은 그것에 항의하여 컨테이너 80개 분량의 광석을 차지하고 광산과 칠레 해안을 연결하는 철도를 봉쇄하여 볼리비아와 칠레 국경의 마을 아바로아에 있는 광산사무소를 태워버리겠다고 협박했다. 항의 행동은 성가신 시기에 일어났다. 마침 코차반바에서 열린 기후변동에 관한 세계민중회의의 회기에 겹쳐진 것이다. 이 이벤트는 세계 곳곳의 많은 보도관계자와 대표단이 모여서 행해지기 때문에 모랄레스에 있어서는 국제적 각광을 받는 장소였다. 정부가 항의자의 요구에 응답하는 데는 시간이 걸렸다. 요구의 한 가지로라 기

제르모 로란츠를 국외로 추방시키자는 성가신 것이었기 때문이라고
도 한다.[27]

출하량이 탄산리튬 환산으로 연간 12만 톤을 훨씬 넘는 리튬의 세
계시장[28]에 있어서도, "볼리비아가 할 수 있는 역할은 한정된 것일
수밖에 없을 것이다."라고 로란츠는 필자에게 말했다. "볼리비아는
세계시장의 30% 이상을 파는 것이 불가능할 것이다."라고 로란츠는
말한다. 그 이상을 팔면, 곧 가격이 하락하여 리튬 가격 전쟁이 일어
나기 때문이다. 그것은 이상적인 상태가 아니다. 현재의 계획은 이
나라의 산업 규모에 맞추어 연간 3만 톤의 탄산리튬과 70만 톤의 칼
륨을 생산하려고 하므로 2014년부터 가동할 예정이다.

리튬 수요 예측은 2014년부터 애매해진다.[29] 2010년 초두의 최신
예측에서는 2013년에는 연간 소비량이 탄산리튬 환산으로 14만
7,000톤 증가하여 "2010년 중엽 무렵부터 전기자동차의 발매가 가
세하게 되어 수요가 상당히 늘어날 가능성이 있다."고 되어 있다. 말
을 바꾸면, 2014년 이후는 무엇이 일어날지, 아무도 모른다는 것이
다. 기껏 말할 수 있는 것은, "수요가 몇 퍼센트 늘어날 것이다."라는
정도의 것이다. 리튬 이온 전지로 달리는 전기자동차가 어느 정도로
빨리 받아들여질까에 모든 것이 걸려있다. 전기자동차의 보급률이
2020년까지 5%에 도달하면, 영국의 조사회사 로스킬에(그 통계는 업
계 내의 관계자들에게 중요시 된다.) 의하면 기존의 리튬 생산력은 신규
수요를 따라 갈 수 없다. 이런 시나리오를 기본으로 하면 2009년에

제로에 가까웠던 전기자동차용 전지시장이 2020년에는 6만 톤의 탄산리튬을 흡수할 것이라는 계산이다.

그러나 리튬의 신규 생산은 반드시 새로운 채굴장을 필요로 하지 않으므로 전기자동차의 보급이 볼리비아의 리튬 구상의 성공에 좌우되는 것은 아니다. 3개월 전 라스베이거스에서 열린 리튬의 공급과 시장회의에서 키스 에반즈는 이와 같이 이야기했다. "전기자동차의 보급은 우유니 염호의 개발에 의존하지 않는다. 그 이야기는 매스컴이 잡아내어서 몇 번이고 반복하고 있는 것 뿐이다."

리튬 과점기업의 멤버가 자신들은 벌써 막대한 자원을 가지고 있다고 호언하여 잠재적 경쟁자들을 밀어내려고 하는 것처럼 볼리비아인도 근거가 확실치 않은 커다란 숫자를 가져오는 것을 좋아한다. 미국 지질 조사부의 계산에서는 우유니 염호에는 탄산리튬 환산으로 900만 톤 정도가 있다고 하지만, 실제의 숫자는 보다 커서, 1억 톤 이상이라고 말 할 수 있다고 로란츠는 필자에게 말했다.[30]

그리고 로란츠는 이러한 커다란 숫자에는 넌더리가 난다는 태도를 보였다. "전체의 매장량에는 그다지 흥미가 없다."라고 로란츠는 말한다. "염호는 엄청나게 크고, 양은 막대하기 때문에 매장량이 5,000만인지 1억인지 또는 1억 2,000인지 확인된 것이 어떠하다는 것도 없다. 어찌되었든 100년에서 120년 가동하는 데 충분하고 넘칠 정도다." 그리고 그것이 로란츠가 말하기로는 볼리비아가 자원개발의 방

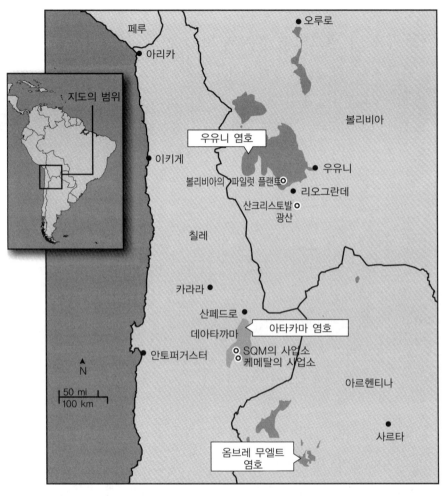

소위 리튬 트라이앵글(칠레·볼리비아·아르헨티나가 국경을 접하는 건조한 고지)에는 염류 평원이 많이 있고, 그곳에는 리튬 원소가 극히 풍부하다.

법을 마음대로 할 수 있는 이유이다. 영구적으로 없어지지 않을 만큼

의 리튬이 있는 것이다. 왜 서두를 필요가 있는가.

🦑 우유니 염호(소금 호수)의 파일럿 플랜트

우유니는 흙색의 평원이 있는 흙색의 마을에서 가장 가까운 거리로부터 남쪽으로 7시간 걸린다.

그곳에 가기 위해서는 열차를 사용하든가, 볼리비아에서 나쁜 승차감으로 손꼽는 버스를 타고 여객운송을 위한 도로라고 하기보다는 모터 크로스장과 같은 비포장의 작은 길을 하룻밤 흔들려야 된다. 우유니 주변의 평원에는 사방팔방 수 km에 걸쳐서 플라스틱 병이나 비닐봉투가 흩어져 있다. 마을의 먼지투성이 길은 염호로 향하는 배낭족들, 전통적인 고산모자를 쓴 볼리비아 원주민 여성, 마을 안을 마음대로 돌아다니는 놀랄 만큼 건강한 개들의 큰 무리로 붐비고 있었다. 하지만 고원의 모래 먼지 속에는 염호를 향하는 여행자를 상대로 한 레스토랑이나 바가 쭉 늘어서 있다. 그 중에는 역으로 가는 길을 사이에 두고 건너편 쪽에 리튬 클럽이라고 불리는 가게도 있다.

필자가 우유니에 도착하자, 호텔에 메시지가 와 있었다. 남부 알티프라노 지역 농업노동자연맹(Frutcas) 회장, 프란시스코 키스벨트로부터였다. 키스벨트나 그 딸이나 아들이 우유니의 마을로부터 차로 1시간 반 정도의 염호의 근처에 있는 리튬 파일럿 플랜트까지 필자를 차로 데려다 줄 수 있도록 로란츠가 수배해 준 것이었다. 필자가 탄 버스가 약 1시간 늦게 도착했을 때 키스벨트는 벌써 출발할 준비를 갖추고 있었다("볼리비아인은 약속 시간에 늦는 것이 정해져 있다."라는 평판을 뒤집을 만큼 필자가 만난 볼리비아인은 시간에 정확했다).

우리들의 차가 마을을 출발하여 흙먼지가 산란하는 갈색 평원을 가로질러 정규 도로를 벗어나 급하게 만든 비포장도로로 들어갔으나 극심하게 요동치는 공도보다 이쪽이 훨씬 부드러웠다. 경치는 갈색의 바위와 진흙에서 붉은 바위와 진흙으로 변하고, 다시 원래로 돌아왔다. 가끔 적동색을 한 비크냐(낙타의 일종, 남미산)의 작은 무리가 도로 옆의 황폐한 평지에서 모래 먼지로밖에 보이지 않는 것을 먹으면서 우리들을 보고 있었다.

1시간 반의 오프로드 주행 중 우리들은 하천변의 붕소 광산 마을에 도착했다. 마을의 이름 리오그란데는 강의 이름으로부터 따온 것이다. 갈색의 짠 강물은 남동쪽으로부터 염류표면 아래를 흘러와 염수를 보충한다. 이 염호지역 일대에서는 최대의 안정된 수자원이다. 우리들은 마을을 횡단하여 사람 키 정도의 흰색 광물 분말 더미 사이를 빠져나와 북쪽을 향해서 그대로 멀리 신기루와 같이 희게 보이는 염호로 갔다.

드디어 우리들은 파일럿 플랜트 근처까지 왔다. 2008년 5월 에보 모랄레스는 파일럿 플랜트의 기공식을 위해서 헬기로 여기에 내렸다. 아이마라족의 의식용 복장을 입은 모랄레스는 프로젝트의 중요성을 설명하는 중에 약간 도발적인 연설을 했다. "볼리비아는 세계 최대의 리튬 자원이 있다. 그래서 신자유주의 정부나 다국적 기업들은 이 자원의 소유권을 우리 것으로 하자고 노리고 있는 것이다.[31]

공장용지는 염호로부터 수백m 남쪽의 언덕에 있었다. 필자의 방문 중 건설현장에는 거의 활기가 없었다. 금요일 오전 11시 30분인데 소년처럼 젊은 전투복장의 위병이 정문 옆 벤치에서 취해 누워있는 외에는 아무도 없는 것처럼 보였다. 우리들이 가까이 가자 위병이 일어났다. 곧장 다른 젊은 병사 둘이 더해져 우리들을 발 붙일 곳도 없이 내쫓으려고 했다. 전날 로란츠가 공장에 전화한 것이 그다지 효과가 없었다. 분명히 그들은 우리들이 어떤 사람으로 무엇을 하러 왔는지 알지 못하고, 우리들을 맞이해 줄 이반이라는 남성은 무언가의 사정으로 우유니로 돌아가 버렸다. 키스벨트는 잠깐 동안 부드러운 말투로 위병에게 간청했다. 드디어 그들은 우리들의 여권을 받은 후 안전모를 건네 주며, 안으로 들여보내 주었다.

파일럿 플랜트에는 외벽만 만든 3개의 건물이 있었다. 2층짜리 사무동, 같은 정도 크기의 연구소, 그리고 중앙에 공장 본체, 또는 조만간 공장이 될 예정의 것이 세워져 있었다. 이 시점에서는 3층 중 2층까지가 검붉은 벽돌로 입혀져 단순한 나무 대들보로 완성된 구조물이었다. 로란츠가 말한대로 그 날 아무도 건설작업은 하지 않았다. 건설작업은 우기에 중단되어 다음 주 본격적으로 재개되는 것이다(비가 오면 건설작업을 쉬지 않으면 안 되는 것으로 보아 1년 내내 채광 가능할지 어떨지 의문인 것은 말할 필요도 없다.). 키스벨트가 언덕 위를 가리켰다. 거기에는 볼리비아 국기가 컬러풀한 아이마라족의 깃발과 나란히 나부끼고 있었다. 건설현장을 위에서 보고자 우리들은 언덕 도중까지 올라갔다.

건물을 본 것만으로 프로젝트가 성공할건지 아닌지, 확실한 결론을 낼 수 없었다. 건물은 대단한 문제가 아니다. 이 작은 건물 프로젝트는 예정보다 수개월 지연되었으나 언젠가는 완성될 것이다. 자금의 흐름이 이어지는 한, 모랄레스 정권이 존속하는 한, 로란츠를 외국으로 추방하려고 현지인들이 데모를 하지 않는 한 말이다. 하지만 정말 문제는 건물 안에서 그리고 멀리 떨어진 염호에 있는 증발지에서 사용되는 기술에 있다. 볼리비아 정부 주도로 행해지는 이 사업은 우유니 염호 특유의 문제를, 이러한 사업을 전문으로 하는 기업의 원조 없이 극복 가능한 것인가? 염수에 고 농도 마그네슘을 포함한, 농축시켜야 할 염수가 우기가 되면 묽어져서 증발지를 둘러싼 염류평원은 매년 수개월 침수되어 버리는 문제를 안고 있다. 아마도 그 이상의 중대문제는 볼리비아 주도의 사업이 이러한 문제를 모두 2014년의 기한까지 해결했다 하더라도 자동차 업체, 각국 정부, 상사가 우유니 염호의 리튬 구입에 관심을 나타낼지 어떨지이다. 당장은 국경 건너편의 칠레, 아르헨티나, 네바다의 점토, 오스트레일리아의 페그마타이트 등 다른 곳에서 조달할지 모른다.

　우리들은 안전모를 위병에게 반납하고 여권을 되돌려 받은 후 염호의 녹색 숲을 향하여 자동차를 북쪽으로 몰았다. 그곳에 파일럿 플랜트의 증발지가 있다. 하늘은 우중충한 구름에 덮여 비가 내렸다. 염호 남쪽 숲에 가까워짐에 따라, 한 면의 진흙 풍경이 조금씩 서리와 같은 흰색 풍경으로 변하기 시작했다. 흰색은 밀도가 높아져, 염이 진흙을 교체했다. 우리들은 바위와 염의 길을 달려서 염호로 진입했다. 염의 판자를 쌓아올려서 만들어진 도리스 양식의 2개의 기둥이 길의 종점에 서 있었다. 무한하게 이어질 것 같은 한 면의 백색 대지로, 의미도 없는 드라마틱한 입구였다.

리오그란데 강으로부터 끊임없이 광물이 흘러들어오므로 염호의 이 일각은 특히 리튬, 칼륨, 붕소가 풍부하다.[32] 그 곳은 또한 십수 cm의 물을 뒤집어 쓰고 있고, 염호 전체가 50cm 깊이로 침수되는 우기에는 어떻게 될지, 짐작이 갔다. 도로 옆의 얕은 물 웅덩이는, 흐릿하게 연황록색 빛을 내어, 몇 종류인가의 광물이 녹아 있는 것을 암시하고 있었다. 키스벨트는 아들에게 신호하여 트럭을 세웠다. 두 사람은 뛰어나가 파란색 나일론 방수 시트를 트렁크로부터 집어내어, 뒤로 젖혀서 엔진의 방수에 착수했다. 어쩐지 이 바다와 같이 보이는 곳으로 들어갈 준비를 하는 것 같았다.

엔진의 작업이 끝나자 키스벨트는 서서 지평선을 가르켰다. "증발지는 저쪽이다." 우리들은 다시 차에 타고, 물 안쪽으로 나아갔다. 아들이 자동차로 염호에 들어가자, 프란시스코는 만면에 웃음을 띠고 뒷좌석으로 돌아 보았다. "두근 두근 하지요?"

자동차는 천천히 물 안으로 들어가, 전진했다. 얕은 여울을 호버크래프트로 나아가는 것 같았다. 돌과 염으로 된 길의 종점에 세워진 기둥은 안개 속으로 사라졌다. 수백m 나아가자 물이 얕아지고, 우리들은 코발트 블루의 2개의 실험지에 가까이 갔다. 볼리비아 정부 주도의 사업으로 염을 파서 만들어진 것이다. 수분 후 우리들은 장래에 파일럿 플랜트의 증발지가 될 주위로 불도저로 쌓아올린 일련의 염의 댐에 다다랐다. 우리들은 염의 댐 위로 올라가 정부 프로젝트의 솜씨를 조망했다. 연못은 컸지만 그 시점에서는 아직 단순한 소금의 벽이었다. 염수를 채워서 증발에 이용하기 전에 염화비닐 시트로 안쪽을 발라둘 필요가 있었다. 공식 예정에 의하면 내년에 살무에라(염수층)가 채워진다. 그리고 염수가 충분히 농축되어지면, 남쪽에 있는 완성된 파일럿 플랜트까지 파이프로 보내진다. 건설 중의 연못(증발지)은 훌륭했지만, 우기가 되어 우리들이 서있는 벽의 거의 한도까지 물이 채워졌을 때 어느 정도 사용할 수 있을지 전혀 알 수 없었다.

연못을 뒤로하고 우리들은 염호를 똑바로 돌파하여 우유니로 돌아오는 염의 길을 택했다. 코르차니라는 마을에서 염호를 나왔다. 그곳은 문자 그대로 염광이었다. 주민들은 염호로부터 소금을 긁어 모으고 쌓아서 그것을 트럭에 싣고 마을의 동쪽 편에 있는 가공 공장으로 운반하여 생계를 이어가고 있다. 여기서 또 하나의 장사는 염으로 된 샷 글라스나 양초 받침, 작은 조각상 등을 만들어 관광객에게 파는 것이다. 염으로 만든 작은 호텔이 마을 옆으로 서 있었다. 염을 생계 수단으로 하는 이러저러한 것은 대강 이와 같았다. 그래서 볼리비아의 리튬 사업에서 이와 같은 커다란 희망과 불만과 논쟁이 만들어지는 것이다. 무엇보다 걱정인 것은 만약 잘 되지 않았을 경우 새롭게 실망이 생기고, 국민이 빈곤에서 빠져나올 기회가 볼리비아 특유의 어떠한 이유로, 또 예상한 결과를 얻지 못하고 끝나는 것이다.

🪨 사막 가운데의 아타카마 염호(소금 호수)

세계에서 가장 큰 손대지 않은 리튬의 광맥을 본 필자는 국경을 넘어 칠레로 들어가, 세계 제일 고순도의 산출량이 많은 리튬원, 아타카마 염호를 방문했다.

볼리비아의 라파스와 칠레의 항구도시 아리카를 잇는 길은 깨끗하게 포장되어 교통량도 많았다. 그러나 리튬 트라이앵글 중 볼리비아에터 칠레로 들어가는 것은 미래로 여행하는 것 같았다. 자갈길은 금방 쫙 깔린 포장도로로 변한다. 수 분만에 수백 m를 하강하여, 가슴을 쓸어내리게 한다.

하지만, 별로 보이지 않는 것이 있다. 생물이다. 여기 아타카마 사막은 지구상에서 가장 건조한 장소인 것이다.[33] 아타카마 사막에 내리는 비의 양은 10년에 수 mm이다. 이 주변에는 비를 관측한 적이 없는 기상대나 몇 만 년이나 바짝 말라 붙은 강바닥이 있을 뿐이다. 이 사막의 일각에서는 생명이 전무에 가까워 NASA는 박테리아를 채취하는 화성탐사 로봇의 실험에 안성맞춤이라고 생각했다.[34]

스페인인들이 도착하기 전부터 칠레인들은 이 말라버린 토지를 광물 채취에 이용하여 왔다.[35] 19세기 말부터 20세기 초에 걸쳐 아타카마의 질산염 광산은 오늘날 이 지역의 구리 광업이 그러한 것처럼 거의 전 국토를 받치고 있다.[36] 기묘하게도 잔혹하게 황량함에도 불구하고 아타카마는 현재 고급 리조트지이다. 이 지역의 중심지인 오아시스의 마을, 산페드로 드 아타카마는 흡사 산타페의 축소판으로, 하룻밤에 수백 달러하는 호텔이 세워진, 16세기의 햇볕으로 말린 벽돌로 된 마을이다. 장인의 손이 간 보석장식품 전시장, 고급 레스토랑이나 바가 깔끔한 번화가에 있고, 비포장의 길은 소금으로 만들어진 비추피터라고 하는 것으로 처리되어 매력을 최대로 뽐내면서 모래 폭풍의 피해를 최소한으로 하고 있다. 여행회사 수 사가 천체관측 투어, 승마 투어, 샌드 보드 투어 등을 마을 광장에 모여 있는 북미에서 온 배낭족들에게 제공하고 있다.

소시에드 드 키미카 이 미네라(SQM, 소키미치라고 불리는 경우도 있다.)의 마케팅 과장, 안드레스 쟈크시크가 필자를 만나기 위해서 샌디에고로부터 와 있었다. SQM은 세계 최대의 리튬 생산자로 아타카마 염호에 있는 2개의 채굴장의 큰 쪽을 조업하고 있다. 남쪽으로 1시간 반 정도의 거리에 있는 SQM의 채굴장을 방문하기 전날 밤, 우리들은 마을 한가운데에 있는 깔끔한 실외 레스토랑으로 저녁을 먹으러 갔다. 현지 주민과 여행자가 난로불을 둘러싸고 맥주나 칵테일을 서서 마시고 있었다. 2~3자리 떨어진 곳에 SQM의 재킷을 입은 남성 네 사람이 앉아 있었다. 밤의 거리로 몰려나온 노동자들이다. 리오그란데에 있는 볼리비아의 노동자로서는 생각도 못하는 일일 것이다.

그 테이블에 있는 것에 나는 흥분을 느꼈다. 우유니와 산페드로 드 아타카마는 불과 450km밖에 떨어져 있지 않다. 도로의 열악함을 계산에 넣어도 차로 8시간 정도의 거리이다. 그러나 두 마을을 왕래하는 것은 우유니 염호와 절경의 에드왈도 아바로아 국립공원을 3 일에 둘러보는 인기 지프차 투어에 참가하는 것 이 외에는 사실상 방법이 없다. 거기다 볼리비아와 칠레의 여행사 직원은 서로 간에 국경을 넘는 것이 금지되어 있어서, 국경을 넘는 표고 5,000m 가까이 황량한 고개에서 양국의 여행사 간의 인수인계가 반드시 행해진다. 그날 아침 우리들이 국경에 도착했을 때 칠레의 버스는 기다리고 있지 않았다. 가이드 말로는 산길에 4~5cm 얇게 눈이 쌓였기 때문에 악천후의 자동차 통행에 극도로 신중한 칠레에서는 국경을 지나는 도로를 폐쇄 했을지 모른다는 것이었다. 그러나 우리들은 알 길이 없었다. 볼리비아 쪽의 작은 출입국 관리소에는 전화도, 무선도 칠레와 연락을 취할 수단은 아무것도 없었다. 망연자실해 하는 여행자들 사이에 정보가 난무했다. 어제도 버스가 오지 않았다. 아마 오늘도 오지 않을 것 같다. 합리적인 수단은 두 가지가 있다. 산 반대쪽의 호스텔에 방이 있기를 바라면서 온 길을 되돌아가 칠레에 갈 수 있게 될 때까지 매일 국경에 가든가, 돈을 서로 모아서 운전수를 고용하여 7시간 걸려서 우유니까지 가는 것이다. 그때 간신히 칠레의 도로관리직원이 와서 2~3시간 이후 버스가 올 것이라고 말했다. 당국이 도로(눈 등은 눈꼽만큼도 쌓여 있지 않았다.)에 차를 통과시켜도 안전하다고 판단한 것이다.

안드레스가 볼리비아의 파일럿 플랜트에 대해서 물었기 때문에, 필자는 느낀 것을 대충 이야기했다. 안드레스는 호기심을 보였지만, 걱정하는 모습은 아니었다. "벽돌로 만든 것이 아니었나요?" 그는 물었다. 그런데 우습게 보였는지 "응, 매우 웃겨요."라고 안드레스는 대답했다.

다음 날, 안드레스가 운전하는 차에서 아타카마 염호에 있는 SQM의 거대한 채굴장에 가니 그가 말하고 싶은 것을 알 수 있었다. 아타카마 염호는 칙칙한 갈색을 한 바위 투성이의 평원으로, 우유니 염호와 같은 아름다움은 전혀 없었지만 알려진 염호 중에서는 지구상에서 가장 높은 리튬 농도를 가진다. 금속제 파이프와 튜브 그리고 굴뚝으로 된 정제기 같은 기계가 붕붕 소리를 내며, 슉슉 공기를 뿜어 내어 마치 산업이 움직여지고 있는 것을 나타내었다.

볼리비아의 파일럿 플랜트가 개간중인 자작 농지와 같은 것이라고 한다면, SQM은 거대 승인 사업이다. 몇 십 개의 건물·트럭·공장·증발지·흰색 원료의 산이 눈에 보이는 한 펼쳐져 있었다. 증발지의 내부에 사용하는 검은 비닐 시트의 거대한 롤이 도로를 따라서 서 있었다. 이 토지의 위성 사진에는 커피색의 염호에 파여진 파란색의 커다란 사각형이 모여 있는 것이 보인다. 무인의 세계에 출현한 세계 최대의 수영장과 같다. 여기에 SQM은 100개의 면이 넘는 증발지가 집중해 있다. 바로 아래 염호에서 펌프로 퍼올려진 염수는 그대로 여기서 사막의 태양으로 데워진다. 용액이 농축되어 칼륨·붕소·마그네슘·리튬을 추출하는 프로세스가 시작된다. 염호에 들어가는 도로에서도 처리가 끝난 염이 흰색 산이 되어 있는 것이 멀리 보인다. 노면은 딱딱하고 매끄러운 염화마그네슘으로 덮여 있었다. 리튬 제조시에 추출되는 폐염으로, SQM이 현재 미포장도로의 처리용으로 판매하고 있다.

🪨 바다로의 출구

염호로부터 동쪽의 산맥과 서쪽으로 3시간 떨어진 태평양에 도착할 때까지 이 토지의 모든 것이 예전에는 볼리비아의 것이었다. 질산전쟁이라고 불려지기도 하는 태평양 전쟁(여기서 후술하는 볼리비아와 칠레의 전쟁)에서 그것이 일변했다.[37] 분쟁은 비료로서 수요가 급증하고 있던 아타카마 사막의 질산 나트륨 채굴권을 둘러싸고, 1879년에 시작되었다. 칠레 기업 안토퍼거스터 철도회사의 질산나트륨(칠레 초석) 채굴에 대하여 면허를 인정하는 협정에 볼리비아는 부족한 점을 발견했다. 볼리비아가 세금을 걷으려하자 이 회사가 거부하여, 이에 볼리비아가 이 회사를 접수하겠다고 위협했다. 칠레는 500명의 병사를 보내어 안토퍼거스터를 점령하여 전쟁이 시작되었다. 1884년 전쟁이 끝날 무렵에는, 볼리비아는 해안선을 잃어버렸다. 칠레가 새롭게 얻은 영토에는 지금도 막대한 질산의 공급원, 세계 최대의 구리 광업이 있고, 쟈크시크가 렌탈한 트럭 아래 수 미터에도 염수에 녹아 있는 광물이 매장되어 있다.

1904년의 평화우호조약 협정에 의하면, 볼리비아가 상업 목적으로 칠레 국내의 항만 및 우유니와 태평양 연안의 도시 안토퍼거스터를 연결하는 철도(리오그란데의 파일럿 플랜트로부터 8km 이내를 통과하고 있다.)를 통행하는 것에 대해, 칠레는 인정하지 않으면 안 되는 것으로 되어 있다. 그러나 그래도 여전히 볼리비아의 리튬 사업은 조업을 개시하더라도, 칠레의 대기업과 경쟁을 강요받을 두려운 현실은 변하지 않는다. 상대는 450km 정도 해안 쪽에 있고, 2,000m라고 하는 훨씬 쾌적한 표고와 유복하고 안정된 나라에 있는 것이다. 이 칠레의 염호와 그 혜택을 세계로 실어 나르는 항만이 예전에는 볼리비아의 것이었다. 이것은 굴욕적인 것이다.

굴욕은 볼리비아 사람들의 마음 속에 아직 없어지지 않았다. 볼리비아 정부는 지금도 해안선의 권리를 주장하여 해군마저 유지하고 있다. 다만 그것은 티티카카호의 초계임무에 머무르고 있으나 볼리비아의 축일, 바다의 날(디아 델 마르)은, 바다로의 출구를 잃어버린 것을 잊지 않기 위한 것이다. 태평양 전쟁에서 영웅적으로 전사한 병사 에드왈드 아바로아는 그 이름을 기념한 국립공원, 또 라파스의 국회의사당으로부터 거리를 내려와 있는 광장에 있는 동상으로 그 공적을 기리고 있다. 볼리비아인 사이의 칠레에 대한 적대감과 불신이 넓게 존재하여 칠레를 통하는 천연 가스 파이프 라인에 대한 볼리비아 국민의 반응이 약 100인의 생명과 3인의 대통령직을 잃어버리는 격렬한 것이었다는 이유를 알기 쉽게 설명하고 있다.

독재자의 사위

우리들은 차로 작은 관리동으로 가서 회의실에 모였다. 그곳에 커피·샌드위치·안전모·장화·안전조끼·파워포인트에 의한 설명이 준비되어 있었다. 쟈크시크가 사업의 줄거리를 이야기했다. SQM은 1996년에 비료의 제조에 사용하는 칼륨을 아타카마 염호의 염수로부터 추출하기 시작한 이래 이곳에서 조업을 계속하고 있다. 그 해, 이 회사는 약간의 리튬(칼륨의 제조과정에서 이미 추출되고 있었다.)의 판매를 시작했지만 리튬 사업을 확대한 것은 2008년에 시장이 활기를 띠게 된 때부터이다. 그러나 현재에도 리튬이 SQM의 전 거래를 점하는 비율은 적다. SQM은 세계 리튬의 31%를 공급하고 있으나, 그것은 회사 수익의 8%밖에 되지 않는다. 주요 시장은 특제비료로, 세계 시장 셰어의 50%를 지배하는 사업이다. SQM의 질소 베이스 비료는 지금도 별명 '카리치'라고 불리는 초석으로부터 만들어진다. SQM은 세계 요소의 4분의 1을 공급한다. 이것도 역시 카리치로부터 추출된다. 그러나 카리치가 채굴되는 곳은 이곳으로부터 북에 있다. 염호에서는 염과 거기서 추출되는 칼륨·붕소·리튬이 전부이다.

SQM의 사실상의 소유자에 대한 이야기는 쟈크시크의 파워포인트를 사용한 발표에는 없었다. SQM의 최대 주주인 팜파 카리체라의 총수는 프리오 세자르 폰세 레로라고 한다. 폰세는 노골적으로 이익을 취한 것으로 비판되는 인물이다.[38] 삼림공학자였던 폰세는 칠레의 독재자 아우그스트 피노체트 장군의 딸 베로니카와 결혼했다. 1973

년 쿠데타로 피노체트가 정권을 잡기 4년 전의 일이다. 폰세는 파나마에 거주하며 몇 개의 대규모 국영기업의 장을 역임하여 출세가도를 달리고 있었으나, 피노체트 정권이 시작된지 1년만에 귀국하였다. 폰세는 국유자본의 매각을 담당하는 기관 CORFO(칠레 경제개발 공사)의 총재로 임명되어 그 과정에서 소떼와 1,000헥타르의 토지를 손에 넣었다. 1988년에는 투자자 집단을 인솔하여 SQM을 정부로부터 인수했다. 피노체트 실각 후 정부의 조사로 국가가 SQM의 일부를 실제 가격의 3분의 1 이하로 매각한 것이 분명해졌다. 일반적인 야단스런 표현인지 모르지만, 칠레 신문은 폰세를 영화 「유주얼 서스펙트」에 등장하는 실체를 드러내지 않는 악당, 탐사관마저도 이 세상에 없다고 믿어버리게 하는, 결코 정체를 보여주지 않는 수완 좋은 남자 카이저 소제에 비유했다.

연간 증발속도 3,500mm

발표는 확실히 아타카마 염호의 무엇이 특별한 가를 알려 주었다. 지질학적으로, 그것은 3,000km² 정도의 분지에서 남미 플레이트 아래로 들어가 있는 나스카 플레이트의 움직임으로 형성된 것이다. 이것은 필자가 방문한 수개월 전에 칠레 남부를 파괴적으로 강타한 지진이나 기록상 가장 큰 지진인 매그니튜드 9.5가 관측된 1960년의 바르디비아 지진을 일으킨 것과 동일 현상이다. 우유니 염호와 같이 미네랄 성분이 풍부한 화산암층을 통하여 산에서 흘러 들어오는 물이 리튬을 염호로 운반해 오는 것이다. 이 자연이 가져온 우연 덕분에 여기에는 탄산리튬으로 환산했을 때 경제적으로 채굴 가능한 부분만 4,000만 톤의 매장량이 있다고 SQM은 말한다. 비현실적으로 낙천적인 숫자를 상정하면 1억 9,000만 톤이 된다. SQM의 현재 탄산리튬의 생산능력은 연간 4만 톤이 된다.

아타카마 염호의 리튬 농도는 평균 2,700ppm이다. 그것은 자연이 준 첫번째 아타카마의 강점이다. 또 하나는, 이 지옥과 같은 사막의 경관이 증발광물을 추출하기 위한 최적의 환경인 것이다. 화성과 같은 환경에서 증발지의 염수는 지구상의 리튬 산지 어디보다도 격렬하게 태양에 데워져, 연간 3,500mm의 속도로 물이 증발한다. 두번째로 증발 속도가 빠른 리튬 산지는 이곳으로부터 남서로 수 시간 걸리는 장소에 위치한 아르헨티나의 푸나에 있고, 그 곳에서는 1년에 2,600mm의 비율로 증발한다. 우유니에서는 연간 1,300mm에서 1,700mm이다. 우유니 염호와는 달리 아타카마 염호의 염수는 리튬에 대한 마그네슘의 비율이 상당히 낮다. 이 때문에 우유니 염호보다 쉽고 싸게 리튬을 제품화 하는 것이 가능하다. 이러한 이점에 더하여 기존의 인프라(많은 구리 광물을 위해서 설치되었다.)가 이용 가능하기 때문에 SQM은 마음만 먹으면 세계 총 리튬 수요의 3~4배를 생산가능하다고 호언할 정도로 마음을 놓고 있는 것이다.

발표가 끝나자 우리들은 생산과장인 알바로 시스테르나스와 만났다. 시스테르나스가 운전하는 소형 트럭으로 우리들은 광대한 증발지 용지를 돌았다. 가을 바람이 부는 상쾌한 날씨였으나 아타카마의 하늘은 언제나처럼 쾌청하게 개어 있었다. 햇살이 아무 것도 거치지 않고 쏟아지는 따뜻한 액체처럼 느껴졌다.

우리들은 작은 원천이 있는 장소에 차를 세웠다. 염의 층 35m 아래로부터 소방 호스 정도 굵기의 관이 염수를 퍼올리고 있으나 주변 한 면으로 펼쳐진 증발지, 하얀 염의 제방으로 구역된 하늘색의 물에, 어떻게 하려해도 주의가 집중되어 버린다. 공업 규모의 화학처리 시설로서는 증발지는 아름다운 것이었다. 물이 증발됨에 따라 염수 중에 녹아있는 염이 질서정연하게 침전된다. 우선 염화나트륨, 즉 암염(식염)이 결정화되어 연못 아래에 침전된다. 염수는 연못으로부터 연못으로 옮겨져, 한층 더 농축되면 다음으로 중요한 염화칼륨을 침전시킨다. 이것은 일반적으로 칼리라고 불리는 나무에 주는 비료 알갱이의 주성분이다. 그 다음은 캐너라이트라는 광물이 침전되기 시작한다. 이것은 마그네슘과 칼륨의 염이다. 이어서 비숍석이 나온다. 염호 내를 통과하는 도로를 덮고 있는 마그네슘염이다.

이러한 연못의 대부분은 목적의 칼륨염이 충분히 침전되면 공정이 멈추어진다. 그리고 연못의 물이 뽑아지고, 촉촉하고 눈이 부실 정도로 하얀 염의 덩어리가 바닥에 남는다. 이와 같은 연못의 한 군데에서 형광빛 오렌지의 조끼를 입은 종업원 한 사람이 염으로 덮인 지면을 돌아다니면서 남은 물의 깊이를 측정하고 있었다. 칼륨염은 현지의 염화칼륨 공장으로 보내져, 곧 출하 가능한 비료가 된다.

얼마 지나지 않아 우리들은 점점 황록색이 짙어가는 연못 근처에 나란히 모였다. 이것이 리튬의 연못이다. 리튬의 농도가 높아감에 따라 염수의 황색감이 늘어, 드디어 선명한 황등색에 가까워진다(마그네슘과 리튬이 황색을 띠기 때문이다). 최후의 산출물, 6%의 리튬 용액은 진한 황록색을 띠고 있다. 아타카마 염호의 한 가운데에 수일간 체재한 사람의 소변은 아마 이러한 색이 될 것이다. 리튬의 농도를 0.2%에서 6%로 올리는 데는, 거의 14개월에 걸쳐 증발지로부터 증발지로 옮겨지기를 계속하지 않으면 안 된다. 6%를 조금이라도 넘으면 리튬은 침전을 시작한다.

증발지가 도중에 끝난 곳에서 리튬의 하적용 플랫폼으로부터, 탱크로리가 황색 염수를 탱크에 넣고 3시간 떨어진 안토퍼거스터 교외의 카르멘 염호에 있는 SQM의 탄산리튬 공장으로 운반해 간다. 그곳에서 처리되어 염수는 탄산리튬이 된다. 이것은 코카인과 똑같은 흰색 분말이어서, 미국으로 샘플을 가지고 갈 배짱이 필자에게는 없었다.

시설의 이곳저곳에 산재해 있는 염의 산은 대부분 연료로서 한층 더 정제되나 하나만은 남겨진다. 위로 올라가 염호에 펼쳐진 사업을 조망하기 위한 목적이다. 투어의 마지막으로, 시스테르나스는 우리들을 그 언덕의 위에까지 데리고 가서 전망이 좋은 곳에 차를 세웠다. 자, 이 풍경을 보아달라고 권했다. 증발지·트랙터·트럭·작업소·귀중한 염의 산이 몇 km나 멀리 펼쳐진 것처럼 보였으나 공기가 건조하고 맑고 시야를 가리는 것이 무엇 하나 없었기 때문에 사업소의 규모를 확실히 파악하는 것이 어려웠다. 예를 들어 볼리비아와의 국경이 되는 110km로 떨어진 산맥이 종종걸음으로 갈 수 있을 정도로 가깝게 보이는 것이다.

SQM과 3동의 건물로 이루어진 볼리비아의 파일럿 플랜트와는 차이가 커서 비교하는 것은 그다지 공정하지 않다. 하지만 키제르모 로란츠는 비교해보라고 말하는 듯했다. 일주일 전 라파스의 카페에서 인터뷰 할 무렵 마지막에 필자는 리튬 트라이앵글의 투어에서는 아타카마 염호의 SQM의 염호도 방문하는 것으로 되어 있다고 말했다. "아아, 그것 좋다."라고 로란츠는 말했다. 우리들의 4~5년 후의 모습을 볼 수 있을 것이다. SQM의 전망대에 서서, 필자는 로란츠가 터무니없이 낙천적이라는 것을 깨달았다.

🫘 의혹

칠레에서 하루 쉬고 24시간 동안 버스를 타고 라파스로 돌아온 필자는 라파스의 엘 브라도의 가로수길에 있는 카페에서 볼리비아인 경제 애널리스트 판 카를로스 슬레이터와 이야기하고 있었다. 슬레이터는 볼리비아의 리튬 사업에 대해 치밀한 비평기사로 정평이 났다. 이 면회의 1개월 전, 슬레이터는 기제르모 로란츠와 대립하고 있었다. "정부에 전략이 없다는 것이 비극이다."라고 슬레이터는 말한다. 리튬은 볼리비아의 국가 장래에 빼놓을 수 없는 것이라고 그는 강하게 믿고 있다.

필자가 처음으로 슬레이터와 만난 것은 라스베이거스에서 있은 리튬 공급과 시장회의에서였다. 그때 그는 볼리비아 정부의 방식을 강하게 의문시하는 강연으로 회의를 결론지었다. 볼리비아의 정부 주도 사업에는 적어도 3개의 과제가 있다고 슬레이터는 설명했다. 첫 번째가 정치, 두 번째가 우유니 특유의 로지스틱한 문제, 낮은 증발 속도, 리튬에 대한 마그네슘의 높은 농도, 바다로 가는 나쁜 통로, 마지막으로 사회이다. 지역사회는 자신들의 토지에 잠자는 리튬을 채굴하는 조건으로 이 지방에 만연하는 빈곤을 어떻게 하라고 정부에게 요구하고 있다. 지금까지 정부는 그러한 요구에 응하지 않았다. 슬레이터의 논평이 예견한 것처럼 그해 1월 우유니 주변의 지역사회에서 항의 행동과 혼란사태가 발발했다.

라스베이거스에서의 강연으로부터 3개월이 조금 지난 지금 슬레이터는 자신이 그 정도까지 비판적 생각을 하게 된 이유를 말했다. 슬레이터가 라스베이거스로 가기 직전 로란츠가 볼리비아의 비즈니스지의 인터뷰에 응하여 칼륨을 리튬보다 우선하겠다고 발언했다. 기본적으로는 전 주에 로란츠가 필자에게 설명한 것과 같은 것이었다.[39] 리튬의 열렬한 신봉자인 슬레이터에 있어서 그것은 어처구니없는 잘못이었다.

그리고 슬레이터는 아마 그것은 단순한 착오가 아니라고 생각하게 되었다. "나는 답을 찾으려 했다."라고 슬레이트는 말한다. "무언가 있다고 생각한 것이다." 곧 슬레이터는 로란츠가 파스토스 그란데스라는 염호에도 채굴권을 가지고 있는 것을 밝혀내었다. 그곳에 실은, 세계에서 가장 리튬이 집중해 있을지 모른다고 슬레이터는 생각하고 있다. 어떻게 하여 로란츠는 그와 같은 채굴권을 손에 넣은 것일까? 티에라사로부터이다. 그리고 만약 티에라의 프로젝트가 점점 늦어지고 있는 우유니의 프로젝트보다 먼저 리튬의 채굴을 시작하면, 또는 볼리비아 정부의 사업이 칼륨을 우선하여, 티에라가 곧 채굴을 시작할 파스토 그란데스의 리튬을 위해서 시장을 열어둔다면? 로란츠에게는 호기가 아닌가?

슬레이터의 이야기는 추론이지만 우유니 주변 지역의 주민들이 생각하는 것보다 명확한 것이었다. 그해 4월에 「엘 포토시」와 「엘 디아리오」에 실린 기사는 포토시 지역 내의 많은 농촌 주민이 로란츠와 티에라사를 재차 볼리비아 광물자원을 인민으로부터 훔치러 온 해외 세력으로 보고 있는 것을 명확히 했다.[40]

슬레이터에 의한 보다 호의적인 견해는 로란츠와 정부가 자신들이 하고 있는 것을 알지 못하는 것이 아닌가라는 것이다. 이러한 우행의 결과로서 볼리비아는 장래의 시장에 참여할 기회를 잃어버릴지 모른다고 슬레이터는 생각한다. "리튬은 중요한 것이다. 볼리비아만이 아니라, 전 세계에 있어서···."라고 슬레이터는 말한다." 그렇지 않다면, 세계의 여러 자동차 업체가 20년부터 30년을 리튬에 기대를 걸고 있는 것을 설명할 수 없다.

라파스를 출발하기 전날 밤, 오스칼 바지비언과 딱 마주쳤다. 라파스에서 만난 것은 그때가 처음이었지만, 전 주에 필자는 바지비언의 사진을 「라 라송」지에서 보았다. 보로레사가 볼리비아 정부에 압력을 가하고 있다는 기사 중에 있는 것이다.[41] 보로레의 제안에는 볼리비아와 보로레가 공동으로 리튬 이온 전지와 나중에는 전기자동차까지도 볼리비아 국내에서 제조할 계획을 포함하고 있었다. 보로레는 모랄레스 정권을 1년 이상 동안 열심으로 설득하여, 분명한 대답을 기다리는 데 지쳐 있었다.

당초부터 우유니의 리튬 광맥에 관계하여 온 지질학자로서, 바지비언은 일정의 합의에 도달하여 염호의 부가 이용 가능하게 되는 것을 마음 속으로부터 바라고 있었던 것 같다. 바지비언은 염호는 신세기의 기술을 바꾸는 데 필요한 리튬의 생산에 이용될 운명이라고 생각하고 있다. "우유니 염호는 나의 생명이다."라고 바지비언은 말한다.

다음날 아침, 바지비언은 아르헨티나를 향해서 출발했다. 그곳에서는 보로레가 사르타에 가까운 작은 염호에서 리튬을 시굴하고 있었다.

[주]

(1) Simon Romero, "In Bolivia, Untapped Bounty Meets Nationalism," *New York Times*, February 3, 2009; Eitan Haddock, "En Bolivie, la Ruee Vers L'or Gris," *Le Monde Magazine*, December 5, 2009; Jeffrey Kofman, "Bolivia's Uyuni Salt Flats Hold Promise of Greener Future," ABC News, August 5, 2009, http://abcnews.go.com/Technology/JustOneThing/story?id=8257028&page=1; Peter Day, "Battery Power," BBC, January 9, 2009, www.bbc.co.uk/worldservice/business/2009/09/090901_globalbusiness_010909.shtml.

(2) The *CIA World Factbook*: Bolivia. www.cia.gov/library/publications/the-world-factbook/geos/bl.html.

(3) Jad Mouawad, "Exxon Grew as Oil Industry Contracted," *New York Times*, February 1, 2010.

(4) 볼리비아의 역사에 대해서는 Chasteen, *Born in Blood and Fire*, for a history of Bolivia 참조.

(5) Lawrence Wright, "Lithium Dreams," *New Yorker*, March 22, 2010.

(6) William Finnegan, "Leasing the Rain," *New Yorker*, April 8, 2002.

(7) Jeremy D. Rosner and Mark Feierstein, "Hindering Reform in Latin America," *Washington Post*, August 6, 2002.

(8) Grace Livingstone, "International Roundup: Americas: Unions in Bolivia Go on Strike," *Guardian*, September 29, 2003.

(9) Anthony Faiola, " Ex- President of Bolivia Faces Suit in U. S.," *Washington Post*, September 26, 2007.

(10) Larry Rohter, "Bolivian President Remains Defiant as Protests Intensify," *New York Times*, October 14, 2003.

(11) Larry Rohter, "Bolivian Leader Resigns and His Vice President Steps In," *New York Times*, October 18, 2003.

(12) Juan Forero, "Foreign Gas Companies in Bolivia Face Sharply Higher Taxes," *New York Times*, May 18, 2005.

(13) Jeremy McDermott, "Bolivian Leader Sworn in as the Left Advances on US Doorstep," *Daily Telegraph* (London), January 23, 2006.

(14) See the documentary *Cocalero* (2007), directed by Alejandro Landes.

(15) "Bolivia Suspends U. S.- Backed Antidrug Efforts," *New York Times*, November 1, 2008.

(16) Jeremy McDermott, "Bolivia Expels US Ambassador Philip Goldberg," *Telegraph*, September 12, 2008.

(17) Candace Piette, "Bolivians Learn Chinese to Boost Their Trade Options," BBC News, December 24, 2009.

(18) Jenny Barchfield, "Bolivia's Morales Calls on Total to Up Investment," Associated

Press, February 17, 2009.

(19) "Bolivia: A New Phase Begins," *Socialism Today*, February 2006.

(20) Tierra website, www.tierra.bo/es/tierra.php.

(21) Dominican Network: The Delegation of the Order of Preachers to the United Nations, August 10, 2003, "Item 3: Administration of Justice----Bolivia."

(22) "Belgium 'Astonished' at 12- Year Sentence for Belgian Citizen in Bolivia," BBC Summary of World Broadcasts, July 22, 2003, www.accessmylibrary.com/coms2/summary_0286-23904531_ITM.

(23) Juan Carlos Zuleta, "Retrasos y Posible Con" icto de Intereses Empañan el Proyecto Piloto de Litio," *El Potosí*, April 23, 2010, www.elpotosi.net/noticias/2010/0423/noticias.php?nota=23_04_10_opin3.php.

(24) Ramiro Prudencio Lizón, "Crisis de la Minería en Bolivia," *La Razón*, April 28, 2010.

(25) Harvey Beltrán, "Analysis: Lithium Development----One Step Forward, Two Steps Back----Bolivia," *Business News Americas*, March 31, 2010.

(26) "As Protests Mount Against San Cristobal Silver Mine, Bolivia Looks to Extract Massive Lithium Reserves, But at What Cost?" Democracy Now, April 20, 2010, www.democracynow.org/2010/4/20/two.

(27) "Intereses Políticos y Económicos Anidan en el Sudoeste," *El Potosí*, April 19, 2010.

(28) Roskill Information Services, "The Lithium Market: 2009 Review and Outlook," paper presented at the Lithium Supply and Markets conference, Las Vegas, January 26-28, 2010.

(29) Ibid.

(30) USGS 2010 Lithium Report, http://minerals.usgs.gov/minerals/pubs/commodity/lithium/mcs-2010-lithi.pdf.

(31) Quoted on the Comibol website, www.evaporiticosbolivia.org/indexi.php.

(32) François Risacher and Bertrand Fritz, "Quaternary Geochemical Evolution of the Salars of Uyuni and Coipasa, Central Altiplano, Bolivia," *Chemical Geology* 90 (1991): 211-31.

(33) Priit J. Vesilind, "The Driest Place on Earth," *National Geographic*, August 2003.

(34) Michael Coren, "Digging for Life in the Deadest Desert: Driest Spot on Earth May Hold Clues to Mars," CNN, August 5, 2004, www.cnn.com/2004/TECH/space/08/04/atacama.desert/index.html.

(35) Kevin J. Vaughn, Moises Linares Grados, Jelmer W. Eerkens, and Matthew J. Edwards, "Hematite Mining in the Ancient Americas: Mina Primavera, A 2,000 Year Old Peruvian Mine," *Journal of the Minerals, Metals and Materials Society* 59 (2007): 16-20.

(36) Chasteen, *Born in Blood and Fire*, p. 178.

(37) Ibid., pp. 178-79.

(38) 이 비판에 대해서는 문헌이 다수 있음. 본서의 조사를 위해서 참조한 자료는, Timothy L. O'Brien and Larry Rohter, "The Pinochet Money Trail," *New York Times*,

December 12, 2004; Gabriel Agosin O., "Un Intocable en el Banquillo," *La Nación*, August 7, 2005 (본문에서 이야기한 카이저 소제에 대하여 언급하고 있음.)

파멜라 콘스터블과 알토로 바렌즈에라에 의해 피노체트 정권하 칠레를 그려낸 매력적인 역사서에서는 폰세 레로에 대하여 2번 언급하고 있음.

Pamela Constable and Arturo Valenzuela, *A Nation of Enemies*, pp. 74, 216.

(39) "Delays and Possible Conflict of Interests Cloud Bolivia's Lithium Pilot Project," Juan
(40) Carlos Zuleta's Instablog, April 24, 2010.
(41) Zuleta, "Retrasos y Posible Conflicto de Intereses"; "Oficinas de EMBRE Deben Tener Residencia en Lípez," *El Diario*, April 30, 2010.

Víctor Quintanilla, "Bolloré Pide un Acuerdo Sobre el Litio 'Lo Más Pronto Posíble,' " *La Razón*, April 28, 2010.

전지 연구자의 사명

자동차를 석유로부터, 전력을 석탄과 가스로부터 해방하는 것을 추구할 때 전지연구자에게는 적어도 2개의 중요한 임무가 있다. 하나는 한층 더 발전을 목표로 주기율표와 눈싸움을 계속하여 매년 조금씩 착실하게 기술의 진보를 재촉할 것, 또 하나는 눈앞의 상품화에 그치지 말고 수십 년 앞의 이상을 좇는 것이다. 그것은 배터리 팩 조립공장에 대한 주정부 세금 공제나 세퍼레이터 재료의 가격에 대해서 토론을 하는 한편으로, 누군가 하지 않으면 안 되는 것이다.

엑슨이 획기적인 리튬 축전지를 만들고 그리고 폐기 이후로 35년, 마이클 스탠리 휘팅검은 아직 열심히 연구를 계속하고 있다. 구불구불한 사우스 케하너 강 상류 강변에 있는 뉴욕 주립대학 빙감톤(Binghamton)교에서 1988년 이후 휘팅검은 교수로 근무하고 있다. 다른 석유회사를 거쳐서 수년을(대부분이 그러하듯이) 고온초전도체에 소비한 후 자본공급이 재개된 1990년대 초부터 휘팅검은 전지연구로 돌아와 있다.

휘팅검이 있는 재료연구소는 캠퍼스 중앙의 바우하우스풍 교실동에 있다. 필자가 방문한 어느 가을날 휘팅검은 어질러진 사무실에 앉아 현장에 있었던 당시의 이야기를 했다. 이야기가 시작되자 곧, 휘팅검은 생긋 웃으며 손을 책상에 뻗어 투명한 플라스틱 블록을 필자에게 건네 주었다. 그 안에는 왕년의 엑슨제 리튬 이황화티탄 전지와 디지털 시계의 디스플레이가 내장되어 있었다. 시계가 나타내는 시간은 맞지 않았지만 30년이 지나 다시 움직이고 있었다.

"전지연구자가 극복하지 않으면 안 될 커다란 문제는 무엇인가?"라고, 필자는 질문했다. "모두라네, 거의⋯."라고 휘팅검은 대답했다. "어떻게 하면 신소재를 값싸게 만들 수 있을까? 그리고, 좋은 전해질이 필요하다. 지금보다 성능이 좋은 세퍼레이터도. 그렇게 말은 했지만 전혀 새로운 재료이다. 지금 관심 영역의 하나가 셀의 배열이다⋯." 휘팅검의 반응은, 존 로그너가 이전 이야기한 것을 생각나게 했다. "이상적인 목표는 가솔린이나 디젤 연료와 같은 에너지 밀도를 실현하는 것이다. 거기까지 가면 '좋아, 목표 달성'이라고 말할 수 있다."

오피스의 지하에 있는 휘팅검의 연구소는 전극, 즉 커다란 약진을 가능하게 하는 혁명적 재료의 발견에 주안을 두고 있다. 그런데 연구소는 극히 하이테크이고, 청결하고, 돈을 들인 것처럼 보이지만 한편으로 타이어 판매점과 같은 방도 있다. 작업대 위에는 공포스런 철제 장치가 놓여 있었다. 분말을 뭉쳐서 펠릿 상태로 하여 고온의 노(퍼니스)에서 소멸시키기에 알맞은 형태로 하기 위해서이다. 학생들은 펠릿에 점화하여 다 태워질 때까지 상세히 측정하면서 재료의 조성을 연구한다.

새로운 전극재료의 탐구에서는 우선 시험하고 싶은 원료활물질 재료를 합성하여 그로부터 시험용의 극히 작은 전지를 조립한다. 순서는 손으로 쓴 라벨을 붙인 용기에서 스푼으로 약품의 양을 측정하는 것부터 시작한다. 마치 다른 혹성으로부터 온 미소생물을 위해서 케이크를 만드는 것 같다. 이 배합물은 차례로 연소되어 테스트용 활물질이 된다.

연구 대상이 되는 분자의 내부 구조를 보기 위해서 전지 연구자는 X선 회절을 이용한다. 이것은 X선을 충돌시켜 되돌아오는 패턴을 분석하여 물질의 분자 형태를 측정하는 것이다. X선은 반사된 원자의 정보―연결되어 있는 원자의 수, 결합의 길이와 각도, 주변을 도는 전자의 거동―를 전달한다. 휘팅검이 대학원생이었을 무렵에는 X선 회절계로 측정하고, 그것들의 구조 화상을 수작업으로 이어 만들어보지 않으면 안 되었다. 오피스에서 허리까지 오는 원자 모형을 가리키면서 휘팅검은 말한다. "그러한 것이 박사논문의 모두였다." 지금은 컴퓨터가 이 작업을 해 주지만 하나의 결정구조를 해명하는 데 그래도 며칠은 걸린다.

이들 재료를 사용한 시험용 전지는 전지 공장에서 이용되는 것을 소규모로 한 공정으로 수작업으로 이루어진다. 분말로 된 전지 재료를 티 수푼으로 몇 개, 결합재, 같은 양의 카본 블랙, 용제로 섞는다. 그 혼합물을 알루미늄 박에 도포한다. 그리고 그것을 소형의 경화로에서 열처리한다. 그 다음 진공 체임버로 옮겨서 적은 양의 수분도 제거한다. 양극 물질의 박막을 벗겨내고 산업용 그레이드의 구멍뚫기 펀치를 사용하여, 연필의 심과 같은 색깔을 한 전극물질을 25센트 동전 사이즈로 뚫는다.

다음으로 배터리 셀이 글러브 박스에서 조립된다. 글러브 박스라는 것은 고무 장갑을 뒤집어 넣은 젖소의 유방처럼 정면에 늘어져 내린 커다란 수조와 같은 것이다. 그 안에 넣어둔 순수한 리튬 금속이 반응하지 않도록, 내부에는 불활성 가스인 헬륨이나 아르곤 가스로 채워져 있다. 장갑을 낀 손으로 작은 실험용 전지의 구성 요소(코인 셀이라고 불린다. 완성품은 각인이 없는 50센트 동전과 닮아 있기 때문이다.)를 만질 수 있다. 우선, 가압한 에어 로크를 사용하여 양극 재료를 헬륨 체임버 안으로 넣는다. 회중시계 뚜껑을 닮은 2개의 디스크형 케이스 안에 내용물을 모두 끼워 넣는다. 디스크를 한 손에 들고, 열처리된 양극을 안에 넣는다. 또 하나를 들고, 원형의 개스킷을 삽입한다. 이것은 완성 후에 셀의 기밀성을 유지하기 위해서이다. 거기에 롤로부터 리튬을 잘라내고 둥근 반죽으로 쿠키 형태를 찍어 내는 것 같이 하여, 작은 형태로 리튬 금속을 둥글게 자른다. 리튬 금속의 원반, 즉 음극을 왼쪽 디스크에 수납한다. 둥근 세라믹의 세퍼레이터를 봉투로부터 꺼내어 음극 위에 하나를 둔다. 스포이트로 전해액을 대여섯 방울 떨어뜨려 세퍼레이터를 적신다. 그 다음 또 하나의 개스킷을 넣어 양측을 합쳐서 끼운 후 코인 셀을 압착기로 세게 닫는다. 이것으로 작은 코인 셀이 완성, 시험 준비가 된 것이다.

위층의 전지 사이클 연구실에서는 2개의 목제 서랍에 이 50센트 동전형 셀이, 각각 전원과 컴퓨터에 배선으로 연결되어 놓여져 있다. 각

셀에 충전과 방전을 반복하여, 어느 정도의 에너지가 저장 가능한지, 그 에너지를 어느 정도 빨리 방출 가능한지, 못쓰게 될 때까지 몇 회의 충·방전에 견디는지 등의 반응을 모니터 하고 있는 것이다.

이와 같은 치밀한 연구에서 얻어진 데이터에 의해 휘팅검과 같은 과학자는 이들 재료 안에서 정확히 무엇이 일어나는가를 해석할 수 있게 되었다. 이온이 결정 안에서 이동하여, 예상대로의 장소에 결합하고 있는가? 역으로 반응을 시켰을 때 이온은 다시 나오는가? 그 결과 구조가 무너지지는 않는가? 이러한 종류의 작업은 결과적으로, 시속 제로~60마일(96km/h) 가속이나 고속도로에서의 추월 가속과 같은 차량의 성능을 좌우한다.

이러한 연구야말로 매사추세츠 공과대학의 도널드 새드웨이와 같은 사람들을 전기화학에 열중시킨 것이다. "전기자동차를 운전하면 내연기관으로 되돌아가고 싶어지지 않는다."라고 새드웨이는 말한다. "전기자동차는 어느 것이나 목뼈가 부러질 것처럼 가속이 좋고, 토크 커브가 플랫하다. 제로에서 50km/h까지로 머리가 젖혀질 것 같고, 80km/h에서 110km/h까지에서도 그러하다. 맹렬한 가속이다. 벌써 오래 전부터 말하고 있는 것이, 이 나라의 환경보호의 문제점은 그것이 주로 의식이 높은 사람들의 것이라고 여겨져 있어서, 일반인들은 고행이 의무와 같은 것이라고 생각되는 것이다. 새로운 스타트나 재기의 기회인 것을 느끼지 못하는 것이다. 단순히, 보충하기 위해서 지금까지와 같은 정도의 성능으로 탄소 강도가 낮은 것을 만들자는 것이 아니다. 더욱 더 좋은 것을 만들 절호의 찬스인 것이다!"

이와 같은 이야기를 하는 동안에 새드웨이는 완전히 설법조가 되어 있었다. "나는 여기의 대학 강의실에서 1년생에게 화학을 가르치고 있는데, 가끔 개인적인 의견을 끼워 넣을 때도 있다. 나는 학생들에게 자신에게 도전하라고 말하고 있다. 현재와 비교하여 환경에 영향을 최소로 하는 제철 방법같은 발상이 아닌 역으로 공기를 깨끗하게 하는 방법, 물을 깨끗하게 하는 프로세스를 생각해 보라고⋯. 그러면 제련소의 주변에는 나무가 무성하고, 물은 제련소로부터 정화되어 나오기 때문에 모두 앞다투어 제련소를 자신의 집 가까이에 유치하려고 할 것이다. 거리를 달리면 빨아들인 공기보다 깨끗한 공기가 배기관으로부터 나오는 자동차를 생각해 보자. 왜 그러한 생각을 해보지 않는가? 왜 우리들에게 가능한 최선이 제로라고 생각하는가? 지금, 우리들은 마이너스 쪽에 있지만, 바라 마지않는 최고의 상태는 마이너스쪽에 있으면서 가능한 한 제로에 가까이 가는 것인가? 나는 이렇게 말하고 있다. 왜 제로축을 돌파하여 플러스 쪽으로 갈 수 없는가? 왜? 그것을 방해하는 것은 당신들의 상상력의 한계인 것이라고⋯."

미래의 리튬 이온 전지

1970년대와 1990년대에 전기자동차 부활이 좌절된 것을 목격한 고참 전지학자가 지금도 이러한 상상력을 일으켜 세우고자 하는 것은 인상 깊다. 앨톤 케안스의 경우를 보자.

케안스는 1960년대 후반에 제너럴 모터스의 연구를 고온 전기자동차용 전지로 가져온 인물이다. 현재 캘리포니아 대학 버클리 학교와 로렌스 버클리 국립연구소에 포스트를 얻어 어떤 종류의 차세대 리튬 전지기술을 전문으로 연구하고 있다. 그것은 가솔린 엔진에 필적하는 성능을 이야기하는 로크너의 목표 달성에 크게 쓰일지 모르는 것, 리튬 황 전지이다.

이 전지의 개념은 단순하여 리튬 금속의 음극, 황 원소의 양극, 이온 액체와 액상 폴리머와 리튬염의 혼합물로서 되어 있는 전해질로 구성되어 리튬과 황이 Li_2S를 만드는 반응으로 작동한다. 이론상 리튬 황 전지는 현재 사용되는 리튬 이온 전지의 5배의 에너지를 축적할 수 있다는 계산이 나와 커다란 기대를 모으고 있다.

당장의 이점 중 하나가 탄소를 사용하지 않는 것이다. 현재 리튬 이온 전지의 음극에는 모두 LiC_6가 사용되고 있다. 리튬은 중량으로 그 10%에 지나지 않는다. 탄소의 중량을 모두 활성을 지닌 전하를 운반하는 리튬으로 변환시킬 수 있다면 가벼운 고 에너지 밀도의 전지를 만들 수 있는 장점이 생긴다.

황 또한 커다란 메리트를 가진다. 황 원자의 무게는 현재 가전용 전지에 사용되고 있는 산화코발트 분자의 약 3분의 1로서 특히 1개의 황 원자는 2개의 리튬 원자와 결합하는 것이 가능하므로, 양극쪽에서의 경량화 효과도 크다. 리튬 황 전지를 제대로 작동할 수 있게 한다면, 1kg당 수백 와트시(Wh)를 축적하는 것이 가능하여, 전기자동차의 항속거리를 한 번에 500~600km의 영역으로까지 올리기에 충분하다. 하지만, 이 전지가 안고 있는 근본적인 문제는, 황의 전기전도율이 최악인 것이다. "황전극을 제대로 작동하게 하려면 나노 스케일에서의 많은 처리가 필요하다."라고 케안스는 말한다.

황 베이스의 리튬 전지의 등장은 몇 년이나 이후에 가능하겠지만, 기술 진보에 이용 가능한 당분간의 대용품이 있다. 규소이다. 황과 같이 규소는 현재의 리튬 이온 전지의 전극으로 사용되는 재료보다도 많은 리튬 원자와 결합 가능하다. 규소를 사용하는 리튬 이온 전지는 얼마 지나지 않아 생산된다. 예를 들어, 파나소닉이 판매예정인 전지는 규소합금을 음극에 사용하여, 에너지 용량은 4암페어시(Ah)에 이른다. 이것은 현재 입수 가능한 가장 고용량의 전지보다 30% 향상된 것이다.[1]

그러나 규소는 한 층 더 커다란 비약이 가능할 지 모른다. 2008년에 이 쿠이라는 스탠포드 대학의 젊은 교수가 음극의 탄소를 대체할 수 있는 실리콘 '나노와이어'를 발표하여 크게 주목을 받았다. "규소원자 1개는 4.4개의 리튬 원자와 결합 가능하다."라고 쿠이는 말한다. 한편 리튬 이온 1개와 결합하기 위해서는 탄소 원자는 6개가 필요하다. 규소는 탄소보다 무겁지만 그렇더라도 총합하여 보면 규소는 같은 양의 탄소와 비교하여 10배의 리튬을 보유 가능하다.

난점은 규소가 리튬과 반응할 때 체적이 크게 변화하여 충전하면 팽창하고 방전하면 줄어드는 것이다. 이것은 결국 전극을 변형시켜 고장을 일으키게 된다. 나노와이어는 물리적인 변형이 문제가 되지 않을 때까지 사이즈를 줄임으로써 이 문제를 회피할 수 있다고 쿠이는 생각한다. "물체를 부술 수 있는 사이즈보다 먼저 더 작게 하면 그 이상 부숴질 수 없다."

2008년에 실리콘 나노와이어를 상품화하기 위해 앤프리우스라는 회사를 공동으로 설립한 쿠이는 말하자면 전지의 천재이다. 규소의 연구 외에 쿠이는 매우 색다르고 크리에이티브한 전지의 연구를 진행하고 있다. 리튬 이온 전지를 종이나 천과 같은 것으로 만드는 계획이다. 쿠이는 예를 들어, 종이를 리튬 이온 전지의 기판으로써 사용한다고 한다. 즉, 프린터 용지를 카본 나노튜브 또는 나노와이어의 '잉크'로 적시면 종이는 놀랄 정도의 전기 전도율을 가지는 것이다. "종이는 무척 가볍다. 거기에 내부 구조는 셀룰로오스 섬유로 되어 있어서 '전지활물질'을 잉크처럼 흡수한다. 활물질이 안에 들어가면 전해질은 그 곳에 재빨리 도달하여 고출력을 얻을 수 있다." 언젠가 제지공장과 같은 공장에서 전지를 생산할 수 있는 날이 올 것이라고 쿠이는 예상한다.

🦫 녹아 있는 금속의 스폰지 케이크

도날드 세드웨이는 별도의 구상을 가지고 있다. 그것은 리튬 없이 전지는 어떻게 진화할 수 있는가를 보여 주는 것이다. 수년 전, 세드웨이는 송전망용 에너지 저장의 과제와 이 용도에 있어서 전지의 주요 제약에 대해서 생각하게 되었다. "전지는 본질적으로 전하를 저장하는 것이지만 고전류와는 궁합이 나쁘다."라고 세드웨이는 말한다. "그래서 우위에 서기 위한 방법은 얼마나 고전류를 취급 가능한 전지로 설계하는가?"이다. 송전망에 접속하기 위해서는 그와 같이 할 필요가 있다. 풍력발전이 풀 회전하고 있을 때에는 대량의 전기를 급속으로 흡수하고, 바람이 멈추고 주변 일대에서 에어컨을 켜면 이번에는 급속으로 전기를 송전망으로 방출하기 위해서이다.

필자는 문제를 거꾸로 생각해 보았다. 원래부터 고전압을 다루는 장치로부터 시작하여 거기에 충전하는 기능을 더하면 되지 않을까? 고전압과 궁합이 좋은 것이라면 알고 있다. 알루미늄 제련소이다. 그러면 어떻게 해서 이것이 전지가 되는 것인가? 알루미늄 전지는 왜 2차 전지가 되지 못하는 걸까?

세드웨이의 학생 데이빗 브랏도웰은 석사 논문을 위해서 이 착상의 연구를 진행했다. "최종적으로는 양전극에 액체 금속이 필요하다는 것을 알았다."라고 세드웨이는 말한다. "이것은 불가능하다. 양극을 금속으로 하면, 음극은 비금속이 되기 때문이다. 이것이 연구가 필요한 부분이다."

세드웨이는 라미네이트 가공된 식탁보 크기의 주기율표를 구해서 눈 앞의 커피 테이블에 펼쳤다. "여기 금속 원소들이 있다."고 철 원소 부근 일대를 손가락으로 짚으며 말했다. "주기율표의 75%는 금속이다. 그 외에 비금속으로 불소·염소·산소·질소 등이 있다. 그렇지만 금속으로부터 비금속의 영역으로 갑자기 변하는 것은 아니다. 이 단계에는 반금속이라든지 메탈로이드라고 불리는 것이 있다."

여기서부터 화학수업의 혜안 순간을 늘어놓는 시간이 되었다. "어느 날 나는 주기율표를 보면서 이렇게 생각하고 있었다. 여기에 안티몬이 있다. 그 전기음성도는 2.05이고, 황에 가까운 친척뻘 원소이다. 그리고 황은 비금속이다. 그러나 안티몬은 훌륭한 금속이다. 주변에 광택이 있고, 전자를 통과시킨다. 하지만 마그네슘을 보면, '어어! 여기'—라고 하며 세드웨이는 손가락으로 가리켰다. —전기 음성도가 1.3이다. 상당히 좋은 전자 공여체이므로 마그네슘을 안티몬과 하나로 하면, 안티몬은 압도되어 전자수용체가 될 것이다. 바로 그때, 깨달은 것이다." 세드웨이는 해결방법을 찾은 것이었다.

안티몬과 마그네슘은 융점이 가깝지만 밀도에 큰 차이가 있는 것을 세드웨이는 깨달았다. 즉, 이 두 가지를 녹여 같은 용기에 넣으면 분리된다는 것이다. "그렇게 해서 액체금속이 손에 들어왔다. 그것은 액체염에는 녹지 않고, 액체염도 액체금속에 녹지 않는다. 이것으로 3개의 층이 얻어진다. 층 분리다. 밀도의 차이로 층이 생긴 것이다. 그리고 고체의 세퍼레이터(분리막)는 불필요한 것이다! 물과 기름과 같은 것이기 때문이다."

자연적으로 분리되는 녹아있는 금속의 층으로 이루어진 스폰지 케이크 같은 전지를 만든다는 발상의 기발함이 흥미를 돋우는 것은 물론이거니와 이 설계에서 주목해야 할 점은 이론상 매우 확장성이 높은 것이라고 세드웨이는 말한다. "나트륨 황 전지를 120리터들이 쓰레기통 사이즈로 확대하고 싶어도 불가능하다." 나트륨 황 전지가 작동하기 위해서는 고체의 베타 알루미나 전해질(1967년에 현대 전지과학 발흥의 계기를 만든 것과 같은 것)을 종이와 같이 얇게 하지 않으면 안 된다. 작은 베타 알루미나의 시트는 얇게 할 수 있다. 그러나 큰 것은 할 수 없다. 부서져 버려 시스템 전체를 정지시키기 때문이다. 하지만 이 액체금속의 전지는 델리케이트한 얇은 부품을 필요로 하지 않는다. 얼마든지 양이 많아도 각각의 액체는 문제없이 채울 곳에 채워진다. "120리터의 쓰레기통 사이즈를 만들 수 있다면 거기에 맞게 각각의 사이즈의 것을 만들면 된다. 액체 금속을 제일 아래에 넣고 그 위에 용용된 염, 제일 위에 액체금속을 넣는다. 전류는 위로부터 들어가 아래로 나온다. 이 뿐이다." 이것은 어쨌든 구상이다. "현재로는 작은 커피컵 사이즈이지만⋯."

2009년에 세드웨이는 하이리스크 하이리턴 연구에 출자하는 에너지 성의 기관, ARPA-E로부터 700만 달러의 조성금을 받았다. 이 전지의 구상이 커다란 규모로 제대로 될지 어떨지를 확인하는 것이 테마이다.[2] 프로젝트로부터 돈과 명예와 출세 길을 얻는 것에 관심은 없다고 세드웨이는 말한다. 그의 생각으로는 송전망 에너지 저장기술은 환경을 위해서 필요한 것이지만, 저장 장치가 경쟁하는 것이 될 시장이 불합리하다고 한다.

송전망 에너지 저장에 관해서 "경쟁 상대는 다른 전지가 아니다."라고 세드웨이는 말한다. "경쟁 상대는 가스화력 피크시의 발전설비이다. 날씨가 흐리고 바람이 불지 않을 때, 전자는 어디서부터 온다고 생각하나? 가스화력 피크시 발전설비, 즉 가스 터빈이다. 그것을 전지로 바꿀 수 있다면, 흐린 날에도 태양으로부터 전자를 빼 쓸 수 있다는 이상적 상황을 얻을 수 있다고 말하고 싶은 것이다. 아침의 경우 이것은 실로 설득력이 있다. 아침에 일어나자마자, 그 전기를 사용하기 때문에…."

🐭 하이리스크, 하이리턴─리튬 공기전지

적지 않은 과학자들이 매일 몰두하고 있는 것이 리스크도 보상도 최대로 큰 전지 기술, 리튬 공기전지이다. 현재, 리튬 공기는 전지연구자들 사이에서 가솔린 엔진에 이길 수 있는 최선책으로 생각되고 있다. 그 발상은 세련되고 적어도 이론상으로는 엄청나게 큰 에너지이다.

비교를 위해서 납축전지가 1kg당 40와트시(Wh) 정도의 에너지를 비축가능하다고 하자. 현재 최고의 리튬 이온 전지는 1kg당 200와트시(Wh) 축적 가능하며, 이론상 최대치는 1kg당 400와트시(Wh)이다. 리튬 공기전지의 이론상의 최대치는 1kg당 1만 1,000와트시(Wh)이다.[3] 중량, 효율 등 예상되는 여러 가지 기술적 장벽을 계산에 넣어 나누어, 논의를 위해 리튬 공기전지가 이론상으로 에너지 용량의 15%밖에 발휘할 수 없다고 가정하더라도 여전히 가솔린에 필적한다. 내연기관의 효율이 너무 나쁘기 때문이다. 그런 연유로 과학자들은 몇 십 년이나 그 실현을 계속 꿈꾸고 있다. "커다란 보답이 있는 것은 항상, 그 목표 달성이 간단하지 않다."라고 피터 브루스는 말한다.

리튬 공기는 놀랍게도 생각해볼 수 있는 가장 순수하고 소박한 전지재료일 것이다. 리튬과 산소와 탄소, 우주에서 가장 가벼운 금속과 모든 생물에 불가결한 탄소, 이 2종류의 기본적 원소만이라고 하는 단순하기로 이 이상이 없는 구조이기 때문이다. 현재 리튬 공기전지의 연구에서 세계 제일인자인 브루스는 원리를 이렇게 설명한다. "리튬 이온 전지의 양극을 다공성 탄소로 바꾼다. 탄소의 작은 구멍은 전해질로 채워진다. 산소는 공기중으로부터 얻어진다." 전해질은 현재 리튬 이온 전지에서 사용되는 것과 같은 유기용제도, 폴리머를 배합한 것도, 물을 베이스로 한 것도 무엇이든 가능하다. 이렇게 하면 리튬 이온, 산소, 외부회로를 도는 전자가 모두 합해져서 과산화리튬(Li_2O_2)의 고체를 형성한다. 충전시에도 다른 축전지와 같이 반대의 반응이 일어난다. "전지를 충전하면 이 고체의 물질이 분해된다. 그러면 리튬 이온과 전자로 되돌아오고, 산소도 원래의 대기 중에 돌아간다."라고 그는 이어갔다.

리튬 공기전지 프로젝트에서 현재 가장 주목을 받고 있는 것은―

원래 자신이 "IBM이 관심을 가지고 있다!"라고 세간에 발표한 것이 그 원인이지만— IBM의 알만 연구 센터 안에서 리튬 공기전지 하나에 전념하고 있는 연구실 '배터리-500'이다. "전기자동차를 실용화하기 위해서는 리튬 이온 전지보다도 한 층 더 긴 항속거리를 실현할 필요가 있다."라고 프로젝트 리더인 윈프리드 윌케는 말한다. "500마일(800km)이 꼭 달성하고 싶은 목표이다." '데이토나500'(500 마일 내구성 레이스, 1959년에 시작되어 매년 2월 개최되는 미국의 오픈 휠 자동차 경주 대회)에서 착안해 IBM이 리튬 공기전지 프로젝트를 '배터리 500'이라고 이름 붙인 이유이다. "이 프로젝트를 리튬 이온 전지의 점진적 개량과 구별하기 위해서이다."

IBM의 사업은 이 문제에 슈퍼 컴퓨터를 도입한 기초물리학적 접근을 하고 있다. "전기화학은 확실히 에디슨과 같은 시행착오의 긴 역사를 가지고 있다."라고 윌케는 말한다. "그러나 리튬 공기전지 프로젝트 정도의 모험적이고 어려운 것에 대해서는 잘 되지 않는다." 왜 모험적이고 어려운지 말하면 "가는 곳마다 과제가 있기 때문이다."라고 윌케는 말한다. "에베레스트에 오르는 것과 같다."

우선 충전이 터무니없이 어렵다. 방전 반응을 일으키면 리튬은 산소와 반응하여 고체의 과산화리튬을 만든다. 최근의 진보 덕분에 이 부분은 문제가 없다. 문제인 것은 그 반대 반응이다. 고체의 과산화리튬이 산소와 순수한 리튬으로 분해되었을 때 음극으로 돌아온 리튬은 그 표면을 거울과 같이 매끈하게 덮지 않으면 안 된다. 하지만 그렇게 되지 않고 깃털 같은 금속의 가시(덴드라이트)가 음극에 부착되는 현상이 오랜 시간 리튬 금속 전극의 고민거리이었다. 또 하나의 문제는 출력이다. 산소와 리튬의 반응은 본질적으로 느려서, 고속도로에서 추월을 위해 한 번에 가속하기에는 너무 둔감하다.

출력문제 해결의 희망은 나노테크놀로지에 맡겨졌다. 그것은 리튬을 베이스로 하는 다른 많은 전지와 같이 전극의 입자 하나하나의 표면적을 늘림으로써 전지가 충전·방전하는 속도를 비약적으로 높인다는 것이다(촉매도 반응속도를 빠르게 하는 것에 유용하다.).

금속 리튬을 포함하는 것은 항상 안전성이 염려된다. 하지만, 안전문제를 생각하기 전에 리튬 공기전지에 조금이라도 실현 가능성이 있는지를 규명하는 것이 먼저라고 윌케는 주장한다. "덴드라이트나 음극이나 위험 등에 대해서 이야기하는 사람은 많이 있다."라고 윌케는 말한다. "나는 이런 문제는 그 다음이라고 생각하고 있다. 한 가지는 리튬 공기전지에 금속 리튬을 실제로 사용할 필요가 없기 때문이다. 탄소 인터컬레이션 음극이나 이 쿠이의 규소 전지와 같은 것을 사용해도 좋다. 그것을 공기 양극과 조합하면 1kg당 1,700와트시(Wh)는 무리라고 하더라도 1,000와트시(Wh)까지는 얻어질지 모른다."

리튬 금속의 위험성에 대해서 전지 분야에서는 훨씬 오래 전부터 경종을 울리고 있는 제프 단은 여전히 신중하다. "모리 에너지가 1980년대 말에 알게 된 것은 리튬 금속 전극은 통상적인 사용이라도 셀의 파손으로 이어져 그 발생률이 높아 상품화는 바라기 어렵다는 것이었다."라고 단은 말한다. 그래도 단은 필자에게 스티브 비스코의 이야기를 들어보라고 권했다. 비스코는 버클리의 기업 폴리플러스에서 최고 기술책임자로서 리튬 금속을 안전하고 실용적으로 하는 것을 담당하고 있는 인물이다.

폴리플러스는 로렌스 버클리 국립연구소로부터 리튬 황을 연구하기 위한 일종의 싱크탱크로서 1990년에 파생된 것이다. "다양한 형태로 전지를 위한 일종의 이노베이션 센터로서 기능하고 있다."라고 비스코는 말한다. 비스코에 의하면 이 회사는 "리튬 황 화학에 관한 개척자적인 연구를 모두 진행하고 있다." 비스코 등은 리튬 황 전지를 연구하는 중에 황이 리튬과 바람직하지 않은 반응을 일으키는 것을 멈추게 할 수단을 찾을 수 없다는 것을 알게 되었다. "그것을 멈추게 하는 방법은 우리들이 아는 한 실질적으로 한 가지밖에 없었다. 그것은 어떠한 형태로든지 리튬을 전도성을 지닌 얇은 글라스 층과 같은 고체 전해질로 싸버리는 것이다."

기초연구를 행한 뒤 그들은 보호층으로 사용 가능한 기존 재료를 찾기 시작했다. 운 좋게 일본의 오하라라는 회사가 마침 필요로 하는 것을 만들고 있었다. 그 회사에 전화하여 플레이트를 몇 장 송부 받았다. 담당자에게 이야기하자 이런 말을 들었다. "그 플레이트라면 있습니다. 2년 정도 전부터 책상 위에 내버려둔 상태이지만⋯." 이러한 재료를 만들 때 커다란 과제의 한 가지가 책상 위에 놓아 두어도 공기 중의 수분과 반응하여 부식되지 않고 안정된 물건으로 만드는 것이다. "그래서 나는 '책상 위에 2년 방치해도 문제가 없을 정도로 안정되어 있다면, 보고 싶다.'라고 생각했다. 그래서 '책상 위에 2년 방치해둔 물건을 샘플로 송부해 달라.'고 부탁했다. 송부 받자 곧, 전도성있는 것을 실제로 확인하고 나서 리튬을 플레이트 위에 놓아 보았다. 그러자 그것은 분해되었다. 우리들은 생각했다. '과연, 그래서 아무도 사용하지 않는 것이군. 리튬에 대하여 안정하지 않다.'"

우연히 폴리플러스는 이미 리튬을 복수의 다른 재료층으로 코팅하는 프로세스를 개발하고 있었다. 이와 같이 함으로써 본래 불안정한 재료의 조합—통상적으로 반응하여 부식, 용해 또는 발화하는 조합—을 안정시키는 것이 그 목적이었다. "리튬을 그 흰색 세라믹 조각에 접속시키지 않고 리튬이 왕복되지만 반응은 일어나지 않는 물질을 사이에 넣었다. 그러자 정말로 안정되어 있는 것 같았다. 그러고나서 당시 우리 쪽에 있던 전기화학자의 한 사람과 이야기 했을 때, '이것이 만약 공기 중에서 안정하다면, 리튬 공기전지가 만들어질지 모른다.'라는 이야기가 되었다."

리튬 공기전지의 아이디어는 몇 십 년 이전부터 있었지만 공기 중에는 수분이 포함되어 있어 수분이 리튬을 부식시킨다는 과제를 해결할 방법을 생각해낸 사람이 없었다. "리튬 공기전지에 대한 논의는 흥미 깊은 것이었지만, 어느 것이나 결함이 있었다."라고 비스코는 말한다. "만들려고 하면 엉뚱한 것이 되어 버리는 것이다. 어떻게 해도 실용적인 것은 되지 않았다."

정말 실용적인 것이 가능한지 어떤지를 확인하기 위해 피복한 리튬 금속을 생각할 수 있는 가장 단순한 방법으로 시험해 보기로 하였다. "위로부터 물을 끼었었다."라고 비스코는 말한다. "'부식되어 분해되든지, 어찌되었든 무엇인가 일어날 것이다.' 우리들은 그렇게 생각하고 있었다. 그 결과에 우리들은 정말로 놀랐다. 그것은 이보다 더 안정된 전극으로서의 가능성을 가지고 있었다. 그래서 '리튬이 들어가고 나오고가 가능한지 어떤지 조사해 보자.'는 것이 되었다. 그러자 놀라울 정도로 제대로 작동하여, 이것은 하나의 중대사라고 생각했다."그 해 2003년에 폴리플러스는 물 밑으로 연구활동에 들어가 비스코와 동료들은 특허명세서의 작성에 그 해 1년을 소비했다.

다시 세상의 무대로 나온 비스코 등은 전지업계의 긴 역사 중에서 특히 흥미로운 비약적인 발전에 대해서 이야기했다. 당연히 그들은 펜타곤의 고등연구기관인 DARPA에 출자를 신청하여 승인을 얻었다. 그들은 서로 다른 2종류의 연구에 착수했다. 하나는 리튬 해수 전지로 해양 조사선이나 군용 함정의 동력으로 사용되는 것이다. 두번째는 리튬 공기전지였다. 리튬 공기 프로그램 중에서 비스코 등은 1차(1회용) 전지의 연구를 시작했다. 이것은 현재 상당히 순조롭게 진행되고 있어, 가장 주목받고 있는 축전지와 같은 수준의 1g당 800밀리암페어시(mAh)의 전하용량을 발휘하고 있다고, 비스코는 말한다.

폴리플러스의 리튬 공기전지는 종래의 리튬 이온 전지의 설계에 흥미로운 작은 개선을 더한 것이다. 음극은 금속 리튬으로 되어 있고, 양극은 공기이다. 양극과 음극 사이에는 세라믹 격벽이 있다. "당사의 전지로서는 여러 배치가 조금 변해 있다."라고 비스코는 말한다. "거의 글라스 파편과 같이 보이지만 흰색이다." 그러나 금속 리튬 음극은 세라믹의 격벽으로 봉해져, 제대로 반응하면서 수분을 완전히 차단하게 되어 있다. "손으로 쥐어도, 물이 든 컵에 넣어도 반응하지 않는다."라고 비스코는 말한다. "완전히 안정되어 있다. 배선을 연결하면 곧 작동한다."

피복 리튬 전극이 얼마나 안정되어 있는지를 알기 쉽게 설명하기 위해 비스코의 팀이 리튬 물 전지는 물의 '전극'에, 크라운 피쉬(디즈니 애니메이션 「니모를 찾아서」에 나오는 주인공 물고기와 동일종)가 헤엄치는 수조를 만든 것이다. 물고기들이 사는 물이 전지의 양극으로 작동하고, 녹색의 3볼트 LED에 연결되어 있다. "말하자면 리튬 전지 안을 물고기가 헤엄치고 있고, 거기다 물고기들은 무엇 하나 곤란해 하지 않는다."

예를 들어, 넘지 않으면 안되는 허들이 있었다. 리튬 공기전지의 연구자들에게 공통의 문제를 비스코의 팀은 안고 있었다. 충전, 즉 고체의 과산화리튬을 원래 성분으로 제대로 돌려놓는 것이다. 하지만 취급하는 대상은 리튬 금속이다. 리튬 금속 전극을 봉입하는 폴리플러스의 방법에 따라 취급이 간단해졌지만, 그것은 충전이 간단하다는 것이 아니다. "아직 리튬 금속 축전지가 가능하다고 제대로 설명한 사람은 없다."라고 비스코는 말한다. 그것이, 폴리플러스의 리튬 공기전지로서 자동차가 움직이게 될 때까지 시간이 걸리는 이유 중 하나이다. "리튬 공기전지를 상업화하더라도 자동차에 사용 가능할 정도의 사이즈로, 성능이 실증된 배터리 팩이 등장할 때까지는 시간이 걸릴 것이다."라고 비스코는 말한다.

패배주의인가, 끊임없는 노력인가?

현재의 전기자동차에 대해 반대하는 말이 너무나도 많다. 보조 가솔린 엔진이 없다면, 전기자동차는 세컨드 카에 지나지 않는다. 모든 주차시간 자동표시기와 차고에 충전 스탠드를 설치할 때까지 전기자동차는 실용적인 탈 것이 되지 않는다. 예를 들어 그렇게 되었다고 하더라도 장거리를 달릴 수 있게 되기까지 고출력 고속충전 스탠드나 전지교환업—샤이 에거시의 전지교환회사 베터 플레이스와 같은 사업이, 지피 루브(오일교환 서비스 체인)과 같이 발전된 것—이 전국 규모로 전개될 필요가 있다.

또한, 인프라 스트럭처에 대해서도 문제가 남아 있다. 예를 들어, 고속 충전기이다. 이것이 있으면 수분 내에 전지를 전자로 채우는 것이 가능하다. 충전에 걸리는 시간은 주유소에서 급유하는 것보다 약간 더 걸리는 정도이다. 하지만 계산해 보면, 충전 스탠드의 대규모 네트워크가 만들어질 전망은 없다. "25킬로와트시(kWh)를 충전할 수 있는 전지가 있다고 하자."라고 엘튼 케인즈는 말한다. "이것을

15분에 충전하고자 하면, 100킬로와트(kW)의 변전소가 필요하다. 50킬로와트시(kWh)를 넘는 테슬라와 같은 것을 15분에 충전한다면, 200킬로와트(kW)급이 된다. 일반 가정에서 사용하는 것은 1킬로와트(kW)이다. 주유소의 전기 버전과 같은 것을 만들려고 하면 수 메가와트가 필요하다는 이야기가 된다. 그러한 것이 가능하리라고 생각하지 않는다."

이러한 종류의 비관적 계산에는 대응이 두 가지이다. 하나는 패배주의, 또 하나는 연구이다. "인프라의 확장은 상당히 어렵다."라고 IBM의 윌케는 말한다. "그것이 '수소' 연료전지가 제대로 되지 않는 이유 중 하나이다." 그래서 더욱 윌케는 현재 리튬 공기전지가 실현 가능한지 어떤지를 지켜보는 작업에 몰두하고 있는 것이다. 한번의 충전으로 차량을 800km 달리게 할 수 있는 획기적인 전지가 있다면 도중에 고속충전이나 전지교환을 필요로 하는 것은 극단적인 스피드광의 장거리 운전자만이다. 그 외에는 모두 호텔의 도로옆에서 충전하고, 다음날 운전해서 돌아간다. "나는 정말로 곤란한 기술적 문제와 맞붙고 싶은 것이다."라고 윌케는 말한다. "이것은 어디까지나 기술적 문제로 몇 조 달러의 인프라는 필요없다. 사회는 보다 에너지 밀도를 높일 것을 필요로 하고 있다."라고 피터 부르스는 말한다. 선택의 여지는 그다지 없다. 우리들은 손 안에 든 선택 안을 탐구하지 않으면 안 된다. 리튬 이온 전지는 이후에도 계속 사용되어 자동차에 대한 주요 기술이 될 것이다." 부르스와 같은 사람들이 태양으로부터 붙잡거나 바람으로 일으킨 전력을 사용하는 살기 좋은 쾌적한 포스트 석유문명에 대한 희망을 가지게 된 것도, 코스트 시산이나 싱크탱크에 의한 예상이 때에 따라서는 어려워지는 것도 우리들이 스타트를 끊은 지 얼마 되지 않았기 때문이다. "리튬 공기전지나 리튬 황 전지의 이점은 적어도 선택 안이 몇 가지 있다는 것이다." 라고 브루스는 말한다. 즉 희망이 있다는 것이다.

[주]

(1) Hideyoshi Kume, "Panasonic's New Li-Ion Batteries Use Si Anode for 30% Higher Capacity," *Nikkei Electronics Asia*, March 1, 2010.
(2) "Bold, Transformational Energy Research Projects Win $151 Million in Funding," Advanced Research Projects Agency, U. S. Department of Energy news release, October 26, 2009, http://arpa-e.energy.gov/Media/News/tabid/83/vw/1/ItemID/20/
(3) Default.aspx.
S. J. Visco, E. Nimon, and L. C. De Jonghe, " Lithium- Air," *Encyclopedia of Electrochemical Power Sources* (New York: Elsevier, 2009).

≫ 에필로그

GM 볼트와 정치

제너럴 모터스(GM)의 디트로이트 햄트러믹 조립공장을 둘러싼 중심가 일대는 탈공업화한 도시의 황량함의 전형이다. 폐쇄된 건축물의 사진을 인쇄한 빈정거리는 듯한 그림 엽서가 살인도시(머더 시티, 디트로이트의 별명)로부터의 인사편지로 기쁨을 준다. 그러나 2010년 크리스마스를 일주일 앞둔 어느 추운 날 아침, 공장의 보안 게이트 안쪽에서 GM은 재생을 향한 새로운 한 걸음을 내딛고 있었다. 온통 눈으로 뒤덮인 곳에서 딜러에게 인도되는 것을 기다리는 볼트의 제1진이 있었다. 5대의 빨간색 적재 차량이 도착하여 종업원들이 앞 유리창을 닦고 하적하기 시작했다. 이렇게 볼트의 데뷔가 시작되었다. 이 출하분은 대도시 뉴욕과 워싱턴 D.C.로 향한다. 주말까지 300대 정도가 더 캘리포니아와 텍사스로 보내진다. 볼트의 PR 팀은 처음으로 하적 사진을 인터넷에 올렸다. 슬라이드쇼를 보고난 첼시 색스톤은 EV1 소동을 경험한 누구나가 생각하고 있는 것을 트위터에 올렸다. "전기 자동차가 하적차에 적재되어 있는 모습은 이전의 때보다 훨씬 좋다!"

볼트의 공개는 실은 수개월 전에 시작되었다. 미디어에 의한 시판 가능한 시험제작차(정식 생산에 들어가기 전에 만들어지는 최종 차량으로, 초심자에게는 일반 고객판매용과 구별이 안 됨)의 시승이 일찍부터 행해지고 있었다. 필자가 운전한 것은 10월로, 일요일 오후 디트로이트 공항에 도착하자 GM의 엔지니어가 도로 옆에 세워 둔 볼트까지 안내해 주었다. 검은 색으로 빛나는 시승차의 운전석에 앉자 1년 반 전에 탔던

급조된 시험제작차가 여기까지 만들어진 것인가 하고 충격을 받았다. 볼트가 매력적이고 장비가 상당히 충실해진 시판차로 완성될 것을 상상했지만, 그래도 다소 놀랐다. 아마 필자가 그 동안의 3년, 볼트에 대해 머지않아 판매될 제품이 아닌 과학적 프로젝트라고 생각해 왔기 때문일 것이다. 승차 존으로부터 달려서 그럭저럭 순항속도에 도달하자 볼트는 스트레스 없이 조용했다. 스티어링은 매끄럽고 정확했다. 이 차는 정지 상태부터 한 번에 가속되어 실제보다 빠르게 느껴졌다. 다음날 고속도로에서 135km/h까지 속도를 냈지만 진동도 없었고 민첩하게 느껴졌다.

이 차는 한 마디로 굉장했다. 하지만 볼트의 공개 프로세스는 매 걸음 어떠한 형태로든 반발이 있었다. 필자가 시승한 주에는 엔진과 모터가 합체된 이 차의 파워트레인의 비밀이 폭로되어 분노가 치밀었다. 어떤 조건하에서, 예를 들어 전지가 소모된 상태에서 고속주행을 하면 차륜을 구동하는 기어 세트에 가솔린 엔진이(소형의 전동 모터를 사이에 두고) 접속되는 경우가 있다는 것이다. 이 알기 어려운 구조를 GM의 엔지니어가 30명 정도의 기자들에게 설명하는 회의장에 필자가 같이 있었는데 당시는 이 뉴스가 큰 논쟁이 되었다고 생각하지 않았다. 하지만 그 직후 이야기가 큰 폭으로 단순화되어 외부에 전달되면서 점심시간쯤 되자 인터넷은 분노의 글로 뒤덮였다.

Edmunds.com(자동차 정보 사이트)의 어느 작가가 트위터에 이렇게 써서 올렸다. '거짓말은 정말이었다. GM은 세계에 거짓말을 하고 있다. 볼트의 엔진은 차륜을 움직이고 있었다. 약속한 진정한 전기자동차가 아니었다.' 곧 자동차 블로그에 마니아들의 분노가 일어나 드디어는 「뉴욕 타임스」가 주목하게 되었다.

GM의 PR 담당은 안타깝게도 이러한 반응에 익숙해 있지 않았다. 2010년 7월 말 GM이 드디어 볼트의 가격을 4만 1,000달러로 발표하자 너무 비싸다는 비난이 일어나 아직 발매가 5개월 후인데도 불구하고, 실패했다고 결론을 내렸다. 「뉴욕 타임스」의 기명기사는 볼트를 GM의 전기 레몬(결함차량)이라고 불렀다. 오바마 정권이 GM에 긴급구원을 해준 것 때문에 볼트의 기원(起源)에 관한 경과가 수정되어 정계의 일부로 정착되었다. 그 이야기에 의하면 볼트는 오바마 정권의 발안이고 이 차를 만들어 내는 것이 정부가 GM을 구제하기 위해서 필요한 조건이었다고 한다. 11월에 조지 윌이 칼럼에서 볼트를 '정부의 착상'이라고 불렀다. 볼트를 시작으로 하는 전기자동차를 지원하는 세액공제는 '뇌물'로 여겨졌다. 윌의 비꼬는 듯한 집필에서 오바마 대통령은 '주임 자동차 엔지니어'로 표현됐고, 연방정부에 의한 GM과 크라이슬러에 대한 긴급구제는 "정부와 실수로 '민간 부문'이라 불려진 것(GM과 크라이슬러)이 공모하여 국가자본주의를 강요한 실례"라고 했다. '모터 트랜드'가 볼트를 '카 오브 더 이어'로 선정하자 럿쉬 리보는 이것으로 이 잡지도 '끝'이라고 격하게 비판했다. "신뢰성인지가 도대체 어디에 있는 건가?"라고 리보는 외쳤다. "한 대도 팔리지 않았는데…."

'모터 트랜드'의 디트로이트 담당 편집자 토드 랏사는 반론을 인터넷에서 공개하여 볼트가 팔리지 않은 것은 아직 발매되지 않았기 때문이라고 지적했다. 거기다 리보에게 귀찮더라도 볼트를 운전해 보면 꼭 마음에 들 것이라고 말했다. "한 가지 충고, 옥시콘틴을 마시면 운전하지 말도록…."(옥시콘틴은 마약 성분을 포함한 진통제. 리보는 약물의존증으로, 이 약의 위법취급으로 체포된 적이 있다.)

하지만 결국 볼트를 둘러싼 대립은 대략 자동차 저널리즘과 정치 깡패의 범주에서 수습되고 있었다. GM이 조립 라인으로부터 나온 2대째의 볼트를 체리티 옥션에 붙이자, 22만 5,000달러에 낙찰된 것은, 더할 나위 없는 공화당 지지자로 알려진 인물-노스캘로라이너의 자동차 딜러로, NASCAR 스프린트 컵의 팀 '핸드릭 모터 스포츠'의 오너-릭 핸드릭이었다. 볼트의 생산이 예정대로 시작된 11월 11일, 리셉션은 한결같은 열기로 고조된 분위기이었다. 볼트에 대한 관심은 터무니 없이 높아 그 때문에 12월 초, GM은 볼트의 생산을 '2배 내지 3배' 높일 방법을 찾겠다고 발표했다. 같은 주에 GM의 새 CEO 댄 아카슨(이전에는 전기통신회사의 임원으로, 8월에 에드 휘티커가 불시에 사임하자 CEO를 인계받았다.)은 세계 도처에서 벌써 볼트의 장래 발표될 자매차종에 몰두하고 있는 약 2,000명에 더해 전기자동차 기술개발직을 1,000명 증원하는 발표를 했다. 더욱이 11월 17일 수요일에 행해진 '신생GM'의 신규 주식 공개의 성공이 이 회사의 신시대를 알렸다. 투자가는 4억 7,800만의 보통주를 사 모았고, GM은 신규 주식공개에서 미국 역사상 최고인 201억 달러를 조달했다.

전기자동차 일람

닛산 리브는 볼트보다도 리스크가 큰 계획이었지만, 2010년 말의 발매에서 소동은 없었다. 리브와 볼트는 전혀 다른 종류의 차—한쪽은 순수한 전기자동차, 다른 한쪽은 플러그인 하이브리드 차의 일종—라고 닛산은 주장하였지만, 이 두 대가 비교되지 않을 리 없었고, 또 작게 다루어졌지만 리브의 발표는 볼트의 스케줄과 거의 완전히 일치되어 있었다. 디트로이트에서 볼트에 시승한 다음 주 필자는 내슈빌 교외에 있는 닛산 북미 본사에서 기자단 사이에 있었다. 테네시 주 농촌의 목장 사이를 지나 꼬불꼬불하게 구부러진 2차선 도로는 리브를 운전하는 데 있어서 기분이 좋았다. 리브는 고속도로를 140km/h 정도로 순항하여 그 속도에서도 여전히 조용하고, 안정적이며 거침이 없었다. 이 차에 대한 평가는 호의적이었다. 1개월 반 후 닛산은 샌프란시스코의 시빅센터 플라자에서 기자회견을 열어 올리비에 샤루이라고 하는 실리콘 밸리의 기업가에게 세계 최초로 리브가 납품된다고 발표했다.

리브가 큰 저항없이 시장에 진입한 것은, 물의를 일으킨 것이 전기차가 아니라 제너럴 모터스라는 것을 의미하고 있다. 즉 볼트를 둘러싼 소란스러운 논쟁은 기본적인 기술과는 그다지 관계가 없고, 볼트가 GM의 제품이라는 사실이 불러일으킨 것이었다. 결국, 2010년 말에 문제는 자동차가 전기화될 것인지 어떤지가 아닌 것이 되었다. 문제는 얼마나 빨리 전동화될 것인가이며, 순수한 가솔린 차와 순수한 전기자동차의 사이에 있는 다양한 선택 중 어느 것이 제일 이치에 맞는가였다. 다른 자동차 메이커는 GM이나 닛산보다 전기자동차 계획에 신중했는지 모르지만 참여하는 것은 시간문제이다. 예를 들어 포드는 이 회사의 포커스인 순수 전기차 버전을 2011년까지, 플러그인 하이브리드 차를 2012년까지 발매할 것을 발표했다. 도요타는 2012년에 프리우스의 플러그인 하이브리드 버전을 판매하겠다고 발표했다. 2010년 2월의 로스앤젤레스 오토쇼에서 미쓰비시는 북미형 iMiEV 전기자동차를 공개하여 1년 후에 미국에 상륙예정임을 말했다. 9월에는 폭스바겐사의 회장 마틴 윈터코른이 하이브리드에 대한 열광은 그것이 '중간에 이어지는 기술'이라는 것을 알아버린다면 없어질 것이라고 「슈피겔」 지에 이야기했다. "다음의 커다란 한 걸음은 전기자동차이다."라고 윈터코른은 말한다. 2개월 후 아우디는 2020년까지 '고급' 전기자동차 시장의 선두에 서겠다고 선언했다. 포르쉐까지도 하이브리드 슈퍼카 포르쉐 918 스파이더의 생산에 시작 사인을 내고, 이 차는 대규모 전기자동차 프로그램의 제1보에 지나지 않는다고 발표했다.

자동차 업계의 트렌드는 A123 시스템과 같은 전지제조회사에는 고마운 뉴스였다. 이 회사는 2010년 9월, 2만 7,000m²의 자동차용 전지공장을 미시간 주 리보니아에 개설했다. A123은 경쟁업체인 에너델 사의 공장을 빈정대는 것같은 선전문구로, '리보니아 공장이 미국에서 최대의 리튬 이온 전지 제조시설'이라고 주장했다. A123은 조업 개시일에 이 공장에는 300명의 종업원이 있었지만 약 1년 이내에 리보니아 공장과 미시간 주 내의 또 하나의 공장에서 3,000명 정도의 고용을 창출하게 된다고 예상하고 있다. 정부에 의한 인센티브의 움직임이 없었다면, 이 고용은 해외에서 만들어졌을지 모르는 것이었다.

A123은 이 공장의 건설비용을 2억 4,900만 달러의 정부 보조금으로부터 일부 조달했으므로 개장식은 정치 이벤트가 되었다. 그날 리보니아에서는 미시간 주지사 제니퍼 그랜호름과 에너지성 장관 스티븐 츄가 옛 민 첸을 시작으로 하는 A123 중역진과 동석하고, 오바마 대통령이 간단한 인사를 했다. "이것이 중요한 것은⋯." 오바마는 참석자들에게 말했다. "여러분들이 공장에서 물건을 만드는 것만이 아니라, 미국 전체에 영향을 미치고 있기 때문입니다. 이것은 전혀 새로운 산업, 차세대 자동차가 중심이 될 산업의 탄생이라는 역할을 할 것이기 때문입니다." 오바마는 A123과 같은 기업을 육성하려고 하는 현정권의 자세를, 이전의 정권과 비교하는 것에 대해 잊지 않았다. "오랫동안 우리나라의 경제정책은 이와 같은 최첨단 프로젝트에 능력을 발휘하지 않았고, 그것이 기술혁신 경쟁에서 뒤쳐짐으로 이어진 것입니다."

CNBC의 인터뷰에 답하여 A123의 CEO 데이빗 뷰는 이 회사의 낙관적 전망을 이야기했다. 2012년부터 2013년에 전기자동차와 플러그인 하이브리드 시장의 이륙이 시작될 것이라고 뷰는 말한다. 2015년까지 그것은 가솔린 가격과 관계없이 극적으로 확대될 것이다.

🦃 전지산업의 미래

2011년이 시작되자 20세기 초 이래 처음으로 양산형 전기자동차가 딜러에 자리잡게 되었다. 미국 내에 리튬 이온 전지 산업을 뿌리 내리게 한다는 꿈이 현실적인 고용와 공장을 만들어 내기 시작한 것이다. 그래도 아직 의문은 남아 있다. 이것이 길게 이어질 것인가? 이 책의 이야기는 영속적인 것, 교통과 에너지와 미국 하이테크 산업의 신시대의 시작인 것일까? 그렇지 않으면, 다시금 플라잉 스타트(부정출발), 과학자와 기업가, 정부가 재차 에너지 혁명의 씨앗을 뿌리려한 것으로, '평상업무'가 재개되어 씨앗은 죽어버린다고 하는 이상한 수년간을 그린 것이 될 것인가?

세계 도처의 자동차 메이커가 거액의 자금을 쏟아 붓고 대대적으로 연구하고 있는 것으로부터(그리고 말할 필요도 없이 중국과 같은 신흥국이 이 새로운 산업을 지배하려고 하는 것으로부터) 판단하면, 서서히 전기자동차로 이행해 가는 것은 피할 수 없는 것이라고 생각된다. 그러나 그것은 곧 일어나지 않을 것이다. 전지 기술이 대폭적으로 개선될 때까지 닛산 리브와 같이 순수한 전기자동차는 주행거리가 긴 미국에서는 수가 늘어나지 않을 것이다. 그러나 쉐보레 볼트를 보면 알 수 있는 것처럼 전기자동차화는 '올 오어 나싱(흥하느냐 망하느냐)'의 과제가 아니다. 솜씨 좋은 엔지니어는 그 시점에서 최선의 전지기술을 이용하여 가능한 한 석유를 사용하지 않고, 그리고 전지가 다하면 가솔린을 이어서 사용하게 하는 것이다.

현재 미국에서 들리는 볼트와 같은 차량에 대한 반대론 중에서 가장 일반적인 것에 가솔린이 아직 그다지 비싸지 않기 때문에, 고가의 리튬 이온 전지로 달리는 차량에 여분의 비용을 지불하는 것이 정당화될 수 없다는 것이 있다. 그러나 이 논쟁도 그렇게 길게는 가지 않을 것이다. 전지의 코스트는 이미 급격히 내려가고 있다. 그것은 비교적 대형의 리튬 이온 전지를 탑재한 닛산 리브의 희망소비자가격이 3만 2,780달러인 것에서 알 수 있다. 또 볼트와 리브가 등장한 무렵 가솔린 가격이 비교적 쌌지만 그 가격이 언제까지 지속되지는 않을 것이다. 석유의 공급에는 한계가 있어 정보에 능통한 사람들은 가까운 장래에 그것이 지금 그대로의 삶의 동력으로 지속되지 않는 희소한 상품이 될 것이라고 생각하고 있다.

또한 검토하지 않은 것이 있는데, '자동차산업의 변화로 누가 제일 득을 볼 것인가.' 이다. A123이나 에너델과 같은 미국의 신흥기업은 파나소닉 등의 거대기업과의 매우 어려운 경쟁에 직면한다. 파나소닉은 현재 도요타나 테슬라 모터스와 함께 차분히 몰두하고 있다. 또 테슬라의 창시자 마틴 에버하드에 의하면, 이 회사는 커다란 전지의 약진, 규소 음극이라는 숨겨진 카드를 가지고 있어 그것에 의한 리튬 이온 전지의 에너지 밀도를 30%나 높이는 것이 가능하다고 한다.

하지만 막 태어난 미국 전지산업에 있어서 최대의 위협은 정치일지 모른다. 2010년 중간 선거에서 반 오바마 물결을 탄 공화당이 하원에서 압승한 것은 발전하는 미국 선진 전지산업에 관계하는 사람 모두가 유쾌할 수 없었다. 선거 직후 미시간 주 선출의 프레드 앱톤 하원 의원(공화당)은, 에너지 성으로부터 주어진 경기부양 자금의 할당에 대한 항의를 스티븐 츄 장관에게 써보냈다.

업계 대변인인 제임스 그린버그는 최근 정책의 변화에 의한 전지의 판매방법이 변화될 것이나(이산화탄소 방출량 삭감의 이야기가 줄고, 해외의 석유를 대신할 것을 개발하는 것으로 에너지 안전보장을 확립한다는 이야기가 많아질 것이라고 예상한다.), 그 자체가 업계에 있어서 치명적인 타격이 되어서는 안 된다고 생각한다. 어쨌든 업계를 육성하기 위해서 무엇보다 효과적인 경기부양 자금은 일회용인 것이다. "선진 전지공업과 전기자동차 서플라이 체인 조성을 위한 에너지 성이 지급한 24억 달러는 전지자금 등이라는 명목으로 제공된 것이 아니다."라고 그린버그는 블로그에 쓰고 있다. "그것은 종합 경기부양 자금의 명목으로 제공된 것이다. 이것은 중요한 차이이다. 경기부양 자금이 사용되어 경기가 회복되기 시작했을 때 전지산업에 대하여 이것에 필적하는 수준의 자금 제공이 지속되는 것은 현실적으로 생각하여 전혀 기대할 수 없다. 업계와 선진 전지사업은 자립하지 않으면 안 된다."

이에 어떠한 포괄적 기후변동 대책법안에서도 가결 가능한 짧은 순간의 기회—탄소방출에 벌칙을 정하고, 전기자동차를 포함한 클린 대체수단을 지원하는 여러 가지 폭 넓은 궁리—는 잃어버려 이후 수년은 되돌아오지 않는 것은 분명하다. 환경보호청은 지금도 온실 가스의 규제를 담당하고 있지만 하원의 공화당은 그렇게 하지 않을 것이다. 클린 자동차 기술의 추진을 촉진하기 위해서 정부가 가지는 가장 효과적인 수단은 아마도 기업별 평균연비(CAFE) 기준이다. 사실 2010년 10월에 환경보호청과 도로교통안전국은 CAFE 기준을 2016년에 예정하고 있는 1갤론당 평균 35.5마일(리터당 약 15km)로부터 2025년까지 62마일(약 26km)의 높은 수치로 올릴 가능성을 시사하였다. 그래도 이후 2년간 워싱턴은 클린 에너지 관계자에게 있어 한층 적대적일 것이다.

2010년 11월 말에 내셔널 프레스 클럽에서 행해진 담화에서 스티븐 츄는 다음 의회에서 의제가 될 가능성이 있는 에너지 연구에 대한 여러 가지 반대에 대하여 공격에 나섰다. 에너지 연구를 위한 예산은 1970년대 이후 일괄적으로 삭감되어 현재 에너지 연구개발에 할당되어 있는 것은 연방예산의 0.14%에 지나지 않는다고 츄는 설명했다. "경기부양 자금은 장기적인 에너지 연구개발 프로그램의 계약금이어야 한다. 문제는 경기부양 자금 이후 이러한 하강 경향이 지속되도록 내버려 둘 것인지, 그렇지 않으면 무언가 조치를 취할 것인지이다."

츄가 행한 프레젠테이션은 정부에 의한 민간 부문의 관리가 어느 정도 필요하다는 것을 설명하고 있었다. 클린 에너지 기술의 이득—깨끗한 공기, 국가 안전보장의 향상, 위기적인 기후변화 리스크 감소, 에너지 가격의 안정—은 '자유시장에 의해 인식되는 것도 보상되는 것도 없기 때문'이다. 커다란 비약을 가져 올 하이리스크, 하이리턴의 에너지 연구는 민간기업에게는 짐이 너무 무겁다. 그리고 극히 솔직히 이야기 하면 많은 신기술은 틀에 박힌 비즈니스의 관행을 밀어제치고 또 저항을 만날지도 모른다. 그러므로 "정부는 '이것은 긴 안목으로 본 장래의 번영을 위해 통과하지 않으면 안 되는 길인 것이다.'라고 말하지 않으면 안 된다."라고 츄는 말한다.

츄의 강연은 '에너지 경쟁—우리들의 새로운 스푸트니크 발사의 때'라고 제목이 붙여져 있었다. 스푸트니크의 비유는 낡아빠졌다고 츄는 인정하면서도, 여기서 냉정하게 받아들여야 한다고 말한다. 그 이유는 미국은 과학기술에 있어서 세계의 리더라는 지위를 분명히 잃어버리고 있기 때문이다. 그 지위를 가장 열심히 추구하고 있는 것은 말할 것도 없이 중국이다. "미국은 1세기 이상에 걸쳐서 세계의 기술혁신을 가장 강력하게 추진해왔다."라고 츄는 말한다. "자동차를 발명하지는 않았지만 그것에 손을 대어 그때까지 세계에 없었던 물건으로 변화시켰습니다.… 오늘날 이 리더십이 위태롭게 되었다고 말하고 싶습니다."

그러나 츄는 스푸트니크의 시대로 비하하는 데에는 한계가 있다는 것을 인정하고 있다. 세계는 '새로운 산업혁명을 필요로 하고 있다.' 라고 츄는 생각한다. 다른 나라가 그 산업혁명을 리드하고, 모든 조건이 같다면 그것은 지구에 있어서 좋은 결과이다.

미국은 솔라 패널, 이산화탄소 회수기술, 선진 전지를 해외로부터 구입하면 된다. 막 움트기 시작한 미국의 에너지 저장산업이 무너지

더라도 미국에 있어서는 존망과 관계되는 위협은 되지 않는다. 그러나 금세기 최대급이 될 것이라고 기대되는 산업에 참여하는 것이 불가능하다는 것은 커다란 기회의 상실이 될 것이다.

세계의 리튬 매장량과 자원량

- 2011년 1월 현재 미국 지질조사부에 의한 최신 추정에 기초함.
- 매장량은 현재 경제적 그리고 법적 채굴이 가능한 광물자원임.
- 기지 자원량은 확인된 광맥을 말함. 단위는 ton(1,000kg).

◆ 매장량(단위 : ton)

칠레	7,500,000
중국	3,500,000
아르헨티나	850,000
오스트레일리아	580,000
브라질	64,000
미국	38,000
짐바브웨	23,000
포루투갈	10,000
합계	12,565,000

◆ 기지 자원량(단위 : ton)

볼리비아	9,000,000
칠레	7,500,000
중국	5,400,000
미국	4,000,000
아르헨티나	2,600,000
브라질	1,000,000
콩고	1,000,000
세르비아	1,000,000
오스트레일리아	630,000
캐나다	360,000
합계	32,490,000

참고문헌

Boschert, Sherry. *Plug-in Hybrids: The Cars That Will Recharge America.* Gabriola Island, BC: New Society Publishers, 2006.

Cade, John F. J. "Lithium Salts in the Treatment of Psychotic Excitement." *Medical Journal of Australia* 2, no. 36 (1949): 349–52.

Chasteen, John Charles. *Born in Blood and Fire: A Concise History of Latin America.* 2nd ed. New York: Norton, 2006.

Chung, Sung-Yoon, Jason T. Bloking, and Yet- Ming Chiang. "Electronically Conductive
Phospho-olivines as Lithium Storage Electrodes." Nature Materials 1 (2002): 123–28.

———. "From Our Readers: On the Electronic Conductivity of Phospho-olivines as Lithium Storage Electrodes." *Nature Materials* 2 (2003): 702–703.

Constable, Pamela, and Arturo Valenzuela. *A Nation of Enemies: Chile Under Pinochet.* New York: Norton, 1991.

Deffeyes, Kenneth S. *Hubbert's Peak: The Impending World Oil Shortage.* Princeton: Princeton University Press, 2001.

Delacourt, Charles, Philippe Poizot, Jean-Marie Tarascon, and Christian Masquelier. "The Existence of Temperature-Driven Solid Solution in Li_xFePo_4 for $0 \leq x \leq 1$." *Nature Materials* 4 (2005): 254–60.

Doyle, Jack. *Taken for a Ride: Detroit's Big Three and the Politics of Pollution.* New York: Four Walls Eight Windows, 2000.

Ellis, Brian, P. Subramanya Herle, Y.-H. Rho, Linda F. Nazar, R. Dunlap, Laura K. Perry, and D. H. Ryan. "Nanostructured Materials for Lithium-ion Batteries: Surface Conductivityvs. Bulk Ion/Electron Transport." *Faraday Discussions* 134 (2007): 119–41.

Ellis, Brian, Marnix Wagemaker, Fokko M. Mulder, and Linda F. Nazar. "Comment on 'Aliovalent Substitutions in Olivine Lithium Iron Phosphate and Impact on Structure and Properties.'" *Advanced Functional Materials* 20 (2010): 186–88.

El-Mallakh, Rif S., and James W. Jefferson. "Prethymoleptic Use of Lithium." *American Journal of Psychiatry* 156, no. 1 (1999): 129.

El-Mallakh, Rif S., and Rona Jeannie Roberts. "Lithiated Lemon-Lime Sodas." *American Journal of Psychiatry* 164, no. 11 (2007): 1662.

Goodenough, John B. *Witness to Grace*. Baltimore: PublishAmerica, 2008.

Halberstam, David. *The Reckoning*. New York: Morrow, 1986.

Holstein, William J. *Why GM Matters: Inside the Race to Transform an American Icon*. New York: Walker, 2009.

Huggins, Robert Alan. *Advanced Batteries: Materials Science Aspects*. New York: Springer, 2009.

Ingrassia, Paul. *Crash Course: The American Automobile Industry's Road from Glory to Disaster*. New York: Random House, 2010.

Jacobs, Chip, and William J. Kelly. *Smogtown: The Lung- Burning History of Pollution in Los Angeles*. Woodstock, NY: Overlook Press, 2008.

Jonnes, Jill. *Empires of Light: Edison, Tesla, Westinghouse, and the Race to Electrify the World*. New York: Random House, 2004.

Josephson, Matthew. *Edison: A Biography*. New York: Wiley, 1992.

Kirsch, David A. *The Electric Vehicle and the Burden of History*. New Brunswick, NJ: Rutgers University Press, 2000.

Makimura, Y., L. S. Cahill, Y. Iriyama, G. R. Goward, and L. F. Nazar. "Layered Lithium Vanadium Fluorophosphate, $Li_5V(PO_4)_2F_2$:

A 4 V Class Positive Electrode Material for Lithium- Ion Batteries."
Chemistry and Materials 20 (2008): 4240-48.

McPhee, John. *Annals of the Former World.* New York: Farrar, Straus
and Giroux, 1998.

Meethong, Nonglak, Yu-Hua Kao, Scott A. Speakman, and Yet-Ming
Chiang."Aliovalent Substitutions in Olivine Lithium Iron Phosphate
and Impact on Structure and Properties." *Advanced Functional
Materials* 19 (2009): 1060-70.

Mizushima, K., P. C. Jones, P. J. Wiseman, and J. B. Goodenough,
"$Li_xCoO_2 < 0 < x < -1$): A New Cathode Material for Batteries of High
Energy Density." *Materials Research Bulletin* 15, no. 6 (1980): 783-89.

Moore, Gregory J., Joseph M. Bebchuk, Ian B. Wilds, Guang Chen,
and Husseini K. Menji. "Lithium-Induced Increase in Human Brain
Grey Matter." *Lancet* 356 (2000): 1241-42.

Nelson, Paul A., Danilo J. Santini, and James Barnes. "Factors
Determining the Manufacturing Costs of Lithium-Ion Batteries for
PHEVs." *EVS24 International Battery, Hybrid and Fuel Cell Electric Vehicle
Symposium* (2009): 1-12.

Ohgami, Hirochika, Takeshi Terao, Ippei Shiotsuki, and Nobuyoshi
Ishii. "Lithium Levels in Drinking Water and Risk of Suicide."
British Journal of Psychiatry 194 (2009): 464-65.

Padhi, A. K., K. S. Nanjundaswamy, and J. B. Goodenough. "$LiFePO_4$:
A Novel Cathode Material for Rechargeable Batteries."
Electrochemical Society Meeting Abstracts 96 (1996): 73.

——. "Phospho-olivines as Positive-Electrode Materials for
Rechargeable Lithium Batteries." *Journal of the Electrochemical Society*
144 (1997): 1188-94.

Pancaldi, Giuliano. *Volta: Science and Culture in the Age of Enlightenment.*
Princeton: Princeton University Press, 2003.

Panel on Electrically Powered Vehicles, U.S. Department of

Commerce. *The Automobile and Air Pollution: A Program for Progress*. Washington, D.C.: GPO, 1967.

Pooley, Eric. *The Climate War: True Believers, Power Brokers, and the Fight to Save the Earth*. New York: Hyperion, 2010.

Powers, William. *Whispering in the Giant' s Ear: A Frontline Chronicle from Bolivia' s War on Globalization*. New York: Bloomsbury, 2006.

Ravet, Nathalie, Ali Abouimrane, and Michel Armand. "From Our Readers: On the Electronic Conductivity of Phospho-olivines as Lithium Storage Electrodes." *Nature Materials* 2 (2003): 702-703.

Ravet, Nathalie, Y. Chouinard, J. F. Magnan, S. Besner, M. Gauthier, and M. Armand. "Electroactivity of Natural and Synthetic Triphylite." *Journal of Power Sources* 97-98 (2001): 503-507.

Ravet, Nathalie, J. B. Goodenough, S. Besner, M. Simoneau, P. Hovington, and M. Armand. "Improved Iron Based Cathode Material." Paper presented at the 196th meeting of the Electrochemical Society, Honolulu, October 17?-22, 1999.

Ravet, Nathalie, J- F. Magnan, J. M. Gauthier, and M. Armand. "Lithium Iron Phosphate: Towards an Universal Electrode Material." Paper presented at the International Conference on Materials for Advanced Technologies, Singapore, July 1-6, 2001.

Sampson, Anthony. *The Seven Sisters: The Great Oil Companies and the World They Shaped*. New York: Viking, 1975.

Schallenberg, Richard H. *Bottled Energy: Electrical Engineering and the Evolution of Chemical Energy Storage*. Philadelphia: American Philosophical Society, 1982.

Schiffer, Michael B., Tamara C. Butts, and Kimberly K. Grimm. *Taking Charge: The Electric Automobile in America*. Washington, D.C.: Smithsonian Institution Press, 1994.

Schlesinger, Henry. *The Battery: How Portable Power Sparked a Technological Revolution*. Washington, D.C.: Smithsonian Books, 2010.

Shacket, Sheldon R. *The Complete Book of Electric Vehicles.* 2nd ed. Northbrook, IL.: Domus Books, 1981.

Shnayerson, Michael. *The Car That Could: The Inside Story of GM s Revolutionary Electric Vehicle.* New York: Random House, 1996.

Subramanya Herle, P., B. Ellis, N. Coombs, and L. F. Nazar. "Nano-network Electronic Conduction in Iron and Nickel Olivine Phosphates." *Nature Materials* 3 (2004): 147–52.

Thackeray, Michael. "Lithium–ion Batteries: An Unexpected Conductor." *Nature Materials* 1 (2002): 81–82.

Thackeray, Michael, W.I.F. David, P. G. Bruce, and J. B. Goodenough. "Lithium Insertion into Manganese Spinels." *Materials Research Bulletin* 18, no. 4 (1983): 461–72.

van Gool, W., ed. *Fast Ion Transport in Solids: Solid State Batteries and Devices.* New York: Elsevier, 1973.

Whittingham, M. S. "Electrical Energy Storage and Intercalation Chemistry." *Science* 192, no. 4244 (1976): 1126–27.

Whittingham, M. S., and R. A. Huggins. "Beta Alumina: Prelude to a Revolution in Solid State Electrochemistry." In *Solid State Chemistry: Proceedings of the 5th Materials Research Symposium,* edited by Robert S. Roth and Samuel J. Schneider Jr., 139–54. Washington, D.C.: GPO, 1972.

Xu, Yong–Nian, Sung–Yoon Chung, Jason T. Bloking, Yet–Ming Chiang, and W. Y. Ching. "Electronic Structure and Electrical Conductivity of Undoped $LiFePO_4$." *Electrochemical and Solid-State Letters* 7 (2004): A131–34.

Yergin, Daniel. *The Prize: The Epic Quest for Oil, Money, and Power.* New York: Free Press, 2008.

Young, Allan H. "Invited Commentary on ... Lithium Levels in Drinking Water and Risk of Suicide." *British Journal of Psychiatry* 194 (2009): 466.

찾아보기

슈퍼배터리와 전기자동차 이야기

2015. 9. 10. 초 판 1쇄 발행
2021. 3. 10. 초 판 4쇄 발행

지은이 │ 세트 플레처
옮긴이 │ 한원철
펴낸이 │ 이종춘
펴낸곳 │ **BM** ㈜도서출판 **성안당**
주소 │ 04032 서울시 마포구 양화로 127 첨단빌딩 3층(출판기획 R&D 센터)
      10881 경기도 파주시 문발로 112 파주 출판 문화도시(제작 및 물류)
전화 │ 02) 3142-0036
      031) 950-6300
팩스 │ 031) 955-0510
등록 │ 1973. 2. 1. 제406-2005-000046호
출판사 홈페이지 │ **www.cyber.co.kr**
ISBN │ 978-89-315-8935-1 (03320)
정가 │ 28,000원

이 책을 만든 사람들
책임 │ 최옥현
편집 · 진행 │ 박경희
교정 · 교열 │ 이태원
본문 디자인 │ 김인환
표지 디자인 │ 박현정
홍보 │ 김계향, 유미나
국제부 │ 이선민, 조혜란, 김혜숙
마케팅 │ 구본철, 차정욱, 나진호, 이동후, 강호묵
마케팅 지원 │ 장상범, 박지연
제작 │ 김유석

검
인

www.cyber.co.kr
성안당 Web 사이트

■도서 A/S 안내

성안당에서 발행하는 모든 도서는 저자와 출판사, 그리고 독자가 함께 만들어 나갑니다.
좋은 책을 펴내기 위해 많은 노력을 기울이고 있습니다. 혹시라도 내용상의 오류나 오탈자 등이 발견되면 **"좋은 책은 나라의 보배"**로서 우리 모두가 함께 만들어 간다는 마음으로 연락주시기 바랍니다. 수정 보완하여 더 나은 책이 되도록 최선을 다하겠습니다.
성안당은 늘 독자 여러분들의 소중한 의견을 기다리고 있습니다. 좋은 의견을 보내주시는 분께는 성안당 쇼핑몰의 포인트(3,000포인트)를 적립해 드립니다.
잘못 만들어진 책이나 부록 등이 파손된 경우에는 교환해 드립니다.